革命老区
全国革命老区县
发展史丛书

全国革命老区县发展史丛书·广东卷

潮州市潮安区革命老区发展史

潮州市潮安区革命老区发展史编委会 编

SPM 南方出版传媒·广东人民出版社
·广州·

图书在版编目（CIP）数据

潮州市潮安区革命老区发展史／潮州市潮安区革命老区发展史编委
会编. —广州：广东人民出版社，2021.3
（全国革命老区县发展史丛书·广东卷）
ISBN 978-7-218-14720-8

Ⅰ. ①潮…　Ⅱ. ①潮…　Ⅲ. ①区（城市）—地方史—潮州
Ⅳ. ①K296.54

中国版本图书馆 CIP 数据核字（2020）第 243210 号

CHAOZHOU SHI CHAOAN QU GEMING LAOQU FAZHANSHI
潮州市潮安区革命老区发展史

潮州市潮安区革命老区发展史编委会　编　　版权所有　翻印必究

出 版 人：肖风华

责任编辑：谢　尚
责任校对：沈展云
装帧设计：张力平等
责任技编：吴彦斌　周星奎

出版发行：广东人民出版社
地　　址：广州市海珠区新港西路 204 号 2 号楼（邮政编码：510300）
电　　话：(020) 85716809（总编室）
传　　真：(020) 85716872
网　　址：http://www.gdpph.com
印　　刷：广州市浩诚印刷有限公司
开　　本：715mm×995mm　1/16
印　　张：27.25　插　页：16　字　数：330 千
版　　次：2021 年 3 月第 1 版
印　　次：2021 年 3 月第 1 次印刷
定　　价：100.00 元

如发现印装质量问题，影响阅读，请与出版社（020-85716808）联系调换。
售书热线：(020) 85716826

广东省编纂《革命老区县发展史》丛书
指导小组

组　　长：陈开枝（广东省老区建设促进会会长）

副组长：林华景（广东省老区建设促进会常务副会长）

　　　　宋宗约（广东省农业农村厅二级巡视员、广东省老
　　　　　　　区建设促进会副会长）

　　　　刘文炎（广东省老区建设促进会副会长）

　　　　郑木胜（广东省老区建设促进会副会长）

　　　　姚泽源（广东省老区建设促进会副会长兼秘书长）

　　　　谭世勋（广东省老区建设促进会副会长）

　　　　廖纪坤（广东省农业农村厅总经济师）

办公室

主　　任：姚泽源（兼）

副主任：韦　浩（广东省农业农村厅扶贫协作与老区建设处
　　　　　　　处长）

　　　　柯绍华（广东省老区建设促进会副秘书长）

　　　　伍依丽（广东省老区建设促进会副秘书长）

潮州市《革命老区县发展史》
编审小组

组　　长：陈立佳（中共潮州市委党史研究室主任）

副组长：陈子新（潮州市地方志办公室主任）

副组长：刘庆和（中共潮州市委党史研究室副主任）

成　　员：蔡钦洪（中共潮州市委党史研究室离休副处级干部）

　　　　　郑佩佩（中共潮州市委党史研究室编研出版科科长）

　　　　　沈　翘（中共潮州市委党史研究室副主任科员）

　　　　　吴　馥（潮州市地方志办公室科员）

　　　　　陆妍慧（中共潮州市委党史研究室办事员）

《潮州市潮安区革命老区发展史》编纂委员会

在举国欢庆新中国成立 70 周年前夕，中国老区建设促进会王健会长请我为《全国革命老区县发展史》丛书作序，作为一名在老区战斗过并得到老区人民生死相助的老兵，回首往事，心潮澎湃，感慨万千，深感义不容辞，欣然应允。

中国革命老区，是以毛泽东为代表的中国共产党人在领导人民推翻帝国主义、封建主义和官僚资本主义三座大山，争取民族独立和人民解放伟大斗争中建立的革命根据地，在这片红色的土地上，诞生了无数可歌可泣的革命英雄儿女，为后人树起了一座不朽的丰碑，她是新中国的摇篮，是党和军队的根。

在艰苦卓绝的战争年代，老区人民把自己的命运与中华民族的命运紧紧地联系在一起，与中国共产党和人民军队的命运紧紧地联系在一起，他们生死相依，患难与共。我曾亲历过战争年代，并得到过老区红哥红嫂的救助，切身感受到发生在身边的一幕幕撼天动地的革命故事，在那极其艰难的条件下，老区人民倾其所有、破家支前，不怕艰难困苦，不怕流血牺牲。"最后一碗米送去做军粮，最后一尺布送去做军装，最后一件老棉袄盖在担架上，最后一个亲骨肉送去上战场"，这是当时伟大的老区人民为建立新中国做出巨大牺牲的真实写照，它将永远镌刻在中国共产党、中国人民解放军、中华人民共和国的历史丰碑上。他们的光辉业绩永载史册，他们的革命精神必将影响一代又一代的革命新人，造就一代又一代的民族脊梁。

在社会主义革命和建设时期，革命老区和老区人民响应党的号召，面对落后的面貌、脆弱的经济、恶劣的生态环境，他们本色不变，精神不丢，自力更生，艰苦奋斗，干一行爱一行。始终坚持"革命理想高于天"，自觉做共产主义远大理想的坚定信仰者和忠实实践者，勇于向恶劣的自然环境和贫穷落后宣战，他们在各条战线上为国建功立业，用平凡的双手创造了一个又一个不平凡的奇迹，彰显了老区人的崇高精神和人格力量。

在改革开放的伟大进程中，老区人民解放思想，勇于创新，发奋图强，攻坚克难，老区的经济社会建设取得了辉煌成就。特别是在改变中国的面貌、中华民族的面貌、中国人民的面貌、中国共产党的面貌的伟大实践中发挥了至关重要的作用。老区人民既是改革开放的参与者，也是改革开放的推动者。

艰苦练意志，危难见精神。老区人民在近百年的革命战争、社会主义建设和改革开放的伟大实践中，孕育形成了伟大的老区精神：爱党信党、坚定不移的理想信念；舍生忘死、无私奉献的博大胸怀；不屈不挠、敢于胜利的英雄气概；自强不息、艰苦奋斗的顽强斗志；求真务实、开拓创新的科学态度；鱼水情深、生死相依的光荣传统。这是党和人民宝贵的精神财富、丰厚的政治资源，是凝心聚力、振奋民族精神的重要法宝，也是社会主义核心价值观的重要内容。

中国老区建设促进会怀着强烈的政治责任感和历史使命感，组织全国各地老促会人员克服困难，尽心竭力编纂《全国革命老区县发展史》丛书，记录老区的光辉历史和辉煌成就，传承红色基因，弘扬老区精神，是功在当代、利及千秋的一件大事。手捧这部丛书的部分书稿，读着书中的故事，倍感亲切，深感这部丛书具有资政、育人、存史的社会功能，有着重要的时代和历史价值。它是不忘初心、牢记使命的源头活水，是赞颂共产党、讴歌老区人民的一部精品力作，是弘扬老区精神、传承红色记忆的丰厚载体，是一项继承优秀传统文化、弘扬革命文化、发展社会主义先进文化，坚定"四个自信"的宏大文化工程。它必将成为一种文化品牌，为各界人士了解老区宣传老区支持老区提供一部有价值的研究史料。希望读者朋友们能从中了解并牢记这些为党和民族的利益不断奉献的老区人民，从中得到教益，汲取人生奋斗的精神动力。

　　新时代赋予新使命，新起点开启新征程。让我们更加紧密地团结在以习近平同志为核心的党中央周围，坚持以习近平新时代中国特色社会主义思想为指导，增强"四个意识"，坚定"四个自信"，做到"两个维护"，弘扬老区精神，铭记苦难辉煌。为实现"两个一百年"奋斗目标，实现中华民族伟大复兴的中国梦作出新的更大的贡献！

边清田

2019 年 4 月 11 日

　　2017 年 6 月，中国老区建设促进会组织全国各地老促会启动编纂《全国革命老区县发展史》丛书，按照"建立中国共产党、成立中华人民共和国、推进改革开放和中国特色社会主义事业"三大里程碑的历史脉络，系统书写革命老区百年历史，深入挖掘革命老区红色文化资源，这对于充实丰富中国革命史籍宝库、在新时代传承红色基因、弘扬革命精神、强固根本，对于激励人们在新的历史条件下夺取中国特色社会主义伟大胜利，实现中华民族伟大复兴的中国梦具有重要意义。

　　丛书编纂以习近平新时代中国特色社会主义思想为指导，以《中国共产党历史》《中国共产党的九十年》等重要文献为基本依据，以党的领导为核心，以老区人民为主体，以老区发展为主线，体现历史进程特征，突出时代发展特色，坚持辩证唯物主义和历史唯物主义相统一、历史真实性与内容可读性相统一的原则，书写革命老区从站起来、富起来到强起来的光辉革命史、不懈奋斗史、辉煌成就史，把老区人民的伟大贡献、伟大创造、伟大成就、伟大精神充分展示出来，形成一部具有厚重历史特征和鲜明时代特色的精品力作。这是一部培根铸魂、守正创新，既为历史立言，又为时代服务，字里行间流淌着红色血脉、催生着革命激情的传世之作。丛书的编纂出版将成为讴歌党讴歌人民讴歌时代、传播红色文化、为革命老区和老区人民树碑立传的重要载体。

　　丛书按照编年体与纪事本末体相结合、以编年体为主的编写体例确定框架结构；运用时经事纬、点面结合的方式记述史实；坚持人事结合、以事带人的原则处理人与事的关系；采取夹叙夹议、叙论结合以叙为主的方法展开内容。做到了史料与史论、历史与现实、政治与学术统一，文献性、学术性、知识性相兼容。

　　为编纂好《全国革命老区县发展史》丛书，打造红色文化品牌，中国老区建设促进会认真组织积极协调，提出政治立场鲜明、史料真实准确、思想论述深刻、历史维度厚重、时代特色突出、编写体例规范、篇目布局合理、审读把关严格、出版制作精良的编纂出版总要求，力求达到革命史籍精品的精神高度、思想深度、知识广度、语言力度，增强丛书的权威性和社会影响力。各省（区、市）、市（州、盟）、县（市、区、旗）老促会的同志，以强烈的使命感、责任感和紧迫感，勇于担当，积极作为，认真实施，组织由老促会成员、专家学者等参加的十余万人编纂队伍。编纂工作主体责任在县，省、市组织协调、有力指导、审读把关。各方面人员以高度负责的精神和科学严谨的态度，满腔热情地投入工作，为丛书编纂出版做出了重要贡献。丛书编纂工作还得到了党和国家有关部委、地方各级党委政府及有关部门的大力支持和积极参与，社会各界也给予了热情帮助。中共中央政治局原委员、中央军委原副主席、原国务委员兼国防部长迟浩田上将，对老区人民怀有深厚感情，对革命老区建设发展十分关注，欣然为《全国革命老区县发展史》丛书作总序。

　　丛书由总册和1599部分册（每个革命老区县编纂1部分册）组成，共1600册。鉴于丛书所记述的史实内容多、时间跨度长和编纂时间紧，不妥之处，敬请批评指正。

中国老区建设促进会

● 党政建设 ●

1949 年 10 月，新成立的潮安县军事管制委员会门前

1953 年 12 月，潮州市首届各界人民代表会议代表合照

1958 年潮安县农民庆祝人民公社成立的场景

1992 年潮安县恢复建制挂牌仪式

1995 年潮安县党政办公大楼在新县城落成挂牌仪式

2016 年 10 月，中国共产党潮州市潮安区第一次代表大会在区会议中心召开

2016 年 10 月，潮州市潮安区第十二届人民代表大会第一次会议在区会议中心召开

2016 年 10 月，中国人民政治协商会议潮州市潮安区第十届委员会第一次会议在区会议中心召开

● 县城新貌 ●

潮安老区新县城人民公园新貌

位于潮安老区新县城的潮安区
实验学校

潮安老区新县城中心区

位于桑浦山革命根据地的潮安垃圾发电厂

位于潮安新县城西北的潮安污水处理厂

潮安经济开发区一角

● 交通发展 ●

行驶在潮安老区的高速列车

通往凤凰革命老区的公路

位于沙溪老区镇的厦深高铁潮汕站

汕汾高速公路潮安老区路段

潮惠高速公路潮安老区路段

通往江东老区镇的江东大桥是现代韩江第一桥

潮安县城潮汕公路与潮安大道交会处

● 经济发展 ●

枫溪广场是潮安老区连接潮州市区的交通枢纽

2005 年 4 月，中国瓷都潮州国际陶瓷博览会在枫溪陶瓷城召开

2005 年，庵埠镇获得"中国第一食品名镇"称号，庵埠镇食品与软包装研究所作为全省 39 家同类型科研机构中唯一一家镇级研究所，成功申报省级新型研发机构

庵埠镇全貌

枫溪陶瓷城中全国最大的浮雕瓷壁画——《清明上河图》，总长 62 米，宽 2.9 米

广东梦佳陶瓷实业有限公司

彩塘经济开发区一角

潮安区顺发五金制品有限公司

位于凤塘老区镇的恒洁卫浴集团有限公司入选"中国十大卫浴品牌"

位于江东老区镇的真美集
团公司

位于文祠老区镇的广东健
诚玻璃制品股份有限公司

健诚公司生产的玻璃陶瓷
制品

古巷镇是中国卫生陶瓷第一镇

位于桑浦山革命根据地的东山湖产业园

位于桑浦山革命根据地的太安堂产业园

东凤老区镇万亩水稻高产创建
活动示范点（国家级）

金石镇的万亩花木苗圃基地

江东老区镇的万亩无公害蔬菜
基地

登塘镇白茫洲老区村万亩荔枝
基地

归湖老区镇千亩
橄榄良种基地

国家一级保护珍
稀植物——南方红
豆杉是潮安老区
的珍稀树种

凤凰老区镇现代化农业示范区茶园

● 红色传承 ●

凤凰老区学校师生到凤凰山革命根据地烈士碑扫墓

中共登塘镇委、镇人民政府在世田老区村举行"红色村"党建示范工程动工仪式

龙湖镇鹳巢老区村举行"鹳巢人民革命斗争史展览馆"暨"村史馆"揭牌仪式

学校师生参观"鹳巢人民革命斗争史展览馆"

庵埠中学举办纪念"潮州七日红"90周年革命传统教育讲座

● 老区乡村振兴 ●

文祠镇赤水老区村新貌

归湖镇狮峰老区村党群
服务中心

归湖镇狮峰老区村广场

赤凤镇田湖老区村新貌

登塘镇白水老区村新貌

归湖镇山犁碗窑老区畲族村新貌

凤凰镇石占坪老区畲族村新貌

赤凤镇水口老区村新貌

登塘镇栖凤老区村新貌

凤凰镇叫水坑老区村新貌

归湖镇克安老区村新貌

归湖镇石陂老区村新貌

金石镇翁厝花木专业村是潮安老区花木产业发展的龙头

● 教育卫生 ●

位于沙溪老区镇的宝山中学是香港同胞独资赠建的一所区直属完全中学

松昌中学是爱国侨胞独资赠建的一所区直属完全中学

位于东凤镇礼阳郑老区村礼阳郑学校

新落成的潮安县人民医院给老区人民提供健康保障

潮安县青少年宫

● 文化旅游 ●

潮安县文化中心

潮安区志愿者"国歌"快闪活动

1966 年 3 月在潮安影剧院举行的大型音乐舞蹈史诗《东方红》汇演场景

国家级非物质文化遗产——大吴泥塑

国家级非物质文化遗产——枫溪手拉朱泥壶制作技艺

国家级非物质文化遗产——嵌瓷

国家级非物质文化遗产——铁枝木偶

位于彩塘镇的从熙公祠是全国重点文物保护单位

位于古巷镇的象埔寨是广东省文物保护单位

古巷镇孚中村黄仁勇状元第

位于龙湖老区镇的龙湖古寨入选广东十大最美古村落

029

位于桑浦山革命根
据地的东山湖旅游
度假村

位于潮汕中心区域
的华夏博物馆为潮
安老区的文化建设
增添新魅力

位于登塘老区镇的绿太阳旅游度假村

位于凤凰老区镇的凤翔
峡旅游区

位于桑浦山革命根据地
的梅林湖海蚀石

位于桑浦山革命根据地
的甘露寺

位于潮安凤凰苏区的旅游胜地凤凰天池，海拔 1325 米

潮安老区新县城中心区

微信扫描二维码
您立即开展本书的
延伸阅读。

　　根据中国老区建设促进会的统一部署，由中共潮州市潮安区委、潮州市潮安区人民政府编纂的《潮州市潮安区革命老区发展史》出版了。这是献给潮安人民的宝贵的精神财富。它将让人们更加深入地了解潮安人民在中国共产党的领导下，为实现新民主主义革命的胜利和社会主义建设的发展而艰苦奋斗的伟大历程，激励我们沿着革命先烈和仁人志士的足迹去建设美好的未来。

　　潮安人民具有光荣的革命传统，革命斗争源远流长。早在1919年，在五四运动的影响下，潮安就掀起了反帝反封建的爱国热潮。五四运动之后，潮安人民接受了马克思主义的启蒙教育，为工农运动的兴起奠定了一定的思想理论和干部基础。1925年，国共合作下的国民革命军先后两次东征获得胜利，同年11月，在周恩来的直接关心和指导下，中共潮安县支部及共青团县支部诞生了！潮安党团组织的建立，推动了工农运动的蓬勃发展。

　　1927年9月，周恩来率领南昌起义军进驻潮安县城，点燃了潮安武装斗争的烈火，成立了潮安县红色政权——潮安县革命委员会。"潮州七日红"期间，潮安人民拼死策应和掩护南昌起义军驻守在潮安的部队，为此后朱毛红军井冈山胜利会师，开辟中央革命根据地作出了重大贡献。此后，在中国共产党的领导下，潮安各区相继建立了党组织，成立了苏维埃政府，壮大了工农武装，开展了轰轰烈烈的武装斗争和土地革命。潮安苏区和途经潮安的红色交通线，为中央苏区在政治、军事、经济等方面提供了强有力的支持，成为中央苏区的南面屏障和后防基地，是中央苏区不可或缺的一部分，在中央苏区的发展和壮大中作出了重大的贡献和牺牲。1934年10月，潮安苏区在中央红军战略转移及粤东周边苏区、游击区相继丧失的情况下，仍然在顽强地牵制着闽粤边区的国民党军队，并坚持了一年卓有成效的游击战争，减轻了主力红军撤离中央苏区的压力。1935年9月，在国民党的重兵"围剿"下，潮澄饶红军及游击队被迫撤离潮安苏区，转移到闽南乌山一带，坚持了三年艰苦卓绝的游击战争，成为南方15个游击区之一。潮澄饶澳根据地是粤东诸苏区中坚持时间最长久，游击区域最广阔，对敌斗争最激烈，牵制国民党军队最多，对中央苏区贡献最大的区域，并且潮澄饶红军及游击队是粤东唯一一支坚持三年游击战争至抗战爆发后北上抗日、成为新四军二支队四团的红军。①

---

① 粤东诸苏区中坚持时间最长久：东江特委管辖的各苏区相继丧失，至1934年，仅存大南山苏区和潮澄饶澳根据地。大南山苏区是1935年6月丧失的，潮澄饶澳根据地至1935年9月才丧失。

游击区域最广阔：潮澄饶澳根据地除了包括潮安、澄海、饶平、南澳、揭阳一部、汕头市区及周边地区之外，红军游击队的活动范围还包括丰顺、大埔及福建的平和、诏安等县。

对敌斗争最激烈：因为潮澄饶澳根据地地处国民党在潮汕的统治中心，在几年中反复遭受国民党军警的"围剿"，损失重大。

牵制国民党军队最多：中央党史研究室研究员王新生已有结论。

对中央苏区贡献最大的区域：除了牵制国民党的军队，坚守中央苏区的南方阵地外，还有红色交通线的贡献。

潮澄饶红军及游击队是粤东唯一一支成为新四军的红军，可查阅《东江革命根据地史》（中共党史资料出版社1989年版，第285—286页），没有提及有另外一支红军参加新四军。

全面抗日战争期间，誓死保家卫国的潮安人民与全国人民一道，在中国共产党的领导下，英勇抗日、浴血山河。潮安党组织在抗击日军的斗争中，高举抗日民族统一战线的伟大旗帜，在中共中央的统一部署下，团结、利用国民党中的进步力量，发挥中国共产党直接领导的游击队的中坚力量作用，紧紧依靠人民群众进行艰苦卓绝的斗争，给日军和反动势力以沉重打击，对潮安的抗日战争作出了不可磨灭的贡献。

在四年的解放战争期间，潮安党组织及其领导的武装队伍，随着内战的全面爆发，从隐蔽活动走向公开的武装斗争，建立了凤凰山根据地，进一步开辟了广阔的平原游击区，对国民党在地方的反动统治，展开了全面的进攻，终于在全国胜利形势的推动下，摧毁了国民党在潮安的反动政权，使潮安全境获得解放。

中华人民共和国成立后，潮安老区人民在各级党组织的坚强领导下，正确贯彻执行中共中央的一系列方针、政策，自力更生、艰苦奋斗、发展经济、奋发图强，战胜了各种风险和挑战，使潮安发生了翻天覆地的变化，初步改变了老区的落后面貌。

改革开放的春风吹绿了潮安大地，潮安人民抓住机遇，凭着自己的聪明才智，不断创造出新的业绩，实现了从贫穷到小康的历史性突破和经济领域的历史性飞跃。中共十八大以来，潮安人民深入学习习近平新时代中国特色社会主义思想和党的十八大、十九大精神，深入学习习近平总书记对广东的一系列重要指示精神，牢牢把握高质量发展的要求，坚定不移践行发展新理念，全力加快改革开放新步伐，推动全区经济社会各项事业迈上新台阶，取得了多方面令人瞩目的新成就。

习近平总书记指出："'明镜所以照形，古事所以知今。'今天，我们回顾历史，不是为了从成功中寻求慰藉，更不是为了躺在功劳簿上，为回避今天面临的困难和问题寻找借口，而是为了总结历史经验、把握历史规律，增强开拓前进的勇气和力量。"①
潮安人民的革命斗争历程，是中国新民主主义革命的一部分。潮安党员干部和人民群众为解放事业在潮安这片热土上献出生命的有一万余人，其中有姓名可考的烈士1000多人，英烈精神永垂不朽！希望全区人民，牢记习近平总书记的讲话，绝不能忘记老区和老区人民的历史，始终保持昂扬向上的精神状态，用我们的实际行动续写前辈震古烁今的动人故事，用时代的创造延展中华民族复兴的光辉篇章。

《潮州市潮安区革命老区发展史》一书，以大量史实展现了潮安人民近百年来的革命斗争和建设发展的光辉历程，真实反映了潮安老区日新月异的变化。因此，《潮州市潮安区革命老区发展史》是一部对潮安广大干部和群众，特别是青少年进行革命传统教育和爱国主义教育的好教材。它的出版，无疑将对全区各项工作再上新台阶起到极大的推动作用。

历史的巨轮，驶进了中华民族伟大复兴的新时代。在机遇与挑战并存的新形势下，我们要坚持以习近平新时代中国特色社会主义思想为引领，发扬老区精神，传承红色基因，不忘初心，牢记使命，凝心聚力，艰苦奋斗，坚定不移将改革开放进行到底，奋力谱写新时代潮安改革开放新篇章。让我们共同为实现"两个一百年"的奋斗目标、实现中华民族伟大复兴的中国梦而不懈努力。

编者
2019 年 5 月

---

① 中共中央党史和文献研究院编：《十八大以来重要文献选编（下）》，中央文献出版社 2018 年 5 月版，第 345 页。

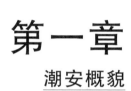

第一章

潮安概貌

第一节 潮安基本情况

一、自然概貌

【辖域位置】潮州市潮安区位于广东省东部，地处韩江中下游，介于北纬 23°26′~24°00′，东经 116°22′~116°49′之间，东邻本市湘桥区、饶平县，南连汕头经济特区，西与揭阳市揭东区交界，北与梅州市丰顺县接壤。地处深圳、汕头、厦门三大经济特区的辐射圈，位于汕头、潮州、揭阳三市的"金三角"地带，是连接珠三角经济区和海西经济区两大经济板块的重要节点。全区总面积 1063.99 平方千米。

【地形地貌】潮安区的地势自北向南倾斜，北部高，南部低；由山地、丘陵向平原逐渐过渡。境内地形，可分为山地、丘陵、盆地和平原四类，海拔 200 米以上的丘陵、山地占土地总面积 85%；海拔 1000 米以上的山峰有 12 座，最高峰凤凰山凤鸟髻海拔 1497.8 米。

潮安区域内的韩江自西北向东南贯穿全境，把潮安分为东、西两片。东片有凤凰溪、岐溪水、石陂水、金砂溪水、江东水；西片有西山溪、中离溪和三利溪。全区水力资源理论蕴藏量为 16.5 万千瓦，年发电量可达 4.5 亿千瓦时。

2017 年，潮安区有耕地面积 2.45 万公顷，林业用地 6.52 万公顷，森林覆盖率 58.35%，林木绿化率 65.88%。生态公益林总面积 3.27 万公顷。境内山区林地材用林树种有 100 多种。潮安区野生动物资源也十分丰富。

【旅游资源】潮安历史悠久，人文鼎盛，风光绮丽，素有"岭东首邑"之美称。北部凤凰山常年云雾缭绕，群峰叠翠，蕴藏着凤鸟髻第一峰、天池仙境、高山茶园、森林生态等自然景观和畲族风情；南部桑浦山荟萃了海洋文化、潮人文化、岩洞文化、宗教文化和温泉文化的精华；梅林湖古海蚀石群被誉为"稀世之宝"，是韩江三角洲沧海变桑田的历史见证；从熙公祠、三元塔及以"潮居典范、祠第千家、书香万代"之美称而名盛于世的龙湖古寨等传承着历代先贤创立的潮文化历史长卷；枫溪陶瓷展览中心是粤东地区规模最大、数量最多、品种最全、档次最高的陶瓷展览馆。全区拥有省级自然保护区 2 个，对外开放的人文、生态旅游景区 11 个，其中，4A 景区 1 个，3A 景区 1 个，按照国家 4A、3A 级旅游景区标准建设的景区 6 个。旅游接待服务设施日臻完善，拥有四星级旅游饭店 3 家；旅行社 7 家，旅行社营业网点 49 个。

二、社会概貌

【历史沿革】潮安区素有"海滨邹鲁"之称。潮安区古称海阳县，始建制于东晋咸和六年（331 年），民国三年（1914 年）改称潮安县。中华人民共和国成立之后，潮安区辖属、称谓几经变化。1983 年撤销潮安县建制，其行政区域并入潮州市。1991 年 12 月 7 日，潮州市升格扩大区域，新置湘桥区，潮安县恢复建制，县人民政府驻枫溪镇。1992 年 9 月，经省政府同意并报国务院批准，潮安县人民政府驻地由枫溪镇迁至庵埠镇。1995 年 12 月，所辖枫溪镇设区，行政领导机关为"潮州市枫溪区管理委员会"，行使县级区职权。2013 年 6 月 28 日，潮安县撤县设区。

【人口语言】潮安区辖 16 个镇和万峰林场，共有 418 个行政村和 32 个社区居委会，至 2017 年底，总人口 130.4 万人。共有 35 个民族，其中，汉族占总人口 98.78%。少数民族 34 个，除畲族是长期居住在本地外，其余都是从外地调入、嫁入或来潮安区经商务工人员。潮安区本地通用语言主要为闽南语系潮州方言，北部山区部分使用客家方言以及畲族自己的民族语言畲语（山哈话）。

【交通现状】潮安区交通、能源、通信等基础设施日臻完善。广梅汕铁路贯穿境内的 6 个镇，并在枫溪镇设立潮州火车站，庵埠镇设立客货站场；厦深高速铁路贯穿境内的 3 个镇，并在沙溪镇设立潮汕三市中心站区潮汕站。汕汾、汕揭、潮惠、潮漳等多条高速公路贯穿境内，与潮汕公路、安揭公路、安黄公路、安凤公路、安丰公路等 5 条出口公路形成畅通的交通网络。潮汕机场距离庵埠镇 20 千米。境内乡村公路四通八达，实现了硬底化公路村村通。

【区镇荣誉】2010 年以来，潮安区经济综合实力稳步增强，以民营经济为主体的食品、印刷、陶瓷、日用不锈钢、皮塑、服装等支柱工业形成产业集群，食品包装机械、药包材等新兴产业蓬勃发展。拥有全国食品工业强县、全国发展乡镇企业先进县、全国农村改厕普及县、全国电气化县、全国生态农业试点县、全国十大魅力茶乡、中国印刷包装第一镇（庵埠镇）、中国第一食品名镇（庵埠镇）、中国民间文化艺术之乡（枫溪镇）、中国不锈钢制品之乡（彩塘镇）、中国五金不锈钢制品产业基地（彩塘镇）、中国乌龙茶之乡（凤凰镇）、中国名茶之乡（凤凰镇）、中国卫生陶瓷第一镇（古巷镇）、中国陶瓷重镇（凤塘镇）等区域品牌。庵埠镇的食品和彩塘镇的不锈钢成为省级产业集群升级示范区；庵埠镇食品产业集群被认定为"广东省第一批外贸转型升级专业型示范基地";枫溪镇被认定为"国家新型工业化产业示范基地";凤凰镇分别被授予"中国乌龙茶之乡"和"中国名茶之乡"称号,"凤凰单丛茶文化系统"入选第二批"中国重要农业文化遗产"。

【经济社会情况】2017 年,潮安区经济社会发展坚持"稳中求进"的工作总基调,树立并落实"创新、协调、绿色、开放、共享"发展理念,积极抢抓广东省振兴粤东西北发展机遇,以供给侧结构性改革为主线,积极推进全区各项规划建设,扎实抓好稳增长、促改革、调结构、惠民生、防风险等各项工作,经济社会发展在新常态下保持缓中趋稳、稳中向好。全区实现地区生产总值 615.01 亿元(包括枫溪镇),同比增长 7.2%;三次产业结构优化为 4.2：58.6：37.2;一般公共预算收入 14.76 亿元。

【今后发展展望】潮安区委、区政府将继续坚持以习近平新时代中国特色社会主义思想为指导,认真贯彻落实习近平总书记视察广东重要讲话精神,认真抓好省委、市委各项决策部署的落实,奋力推动潮安各项工作再上新台阶:一是抓住深化改革开放这个"龙头",继续推动思想解放,汇聚力量,在开创潮安发展新征程上奋力展现新作为;二是牢牢把握住高质量发展这个"主线",大力发展实体经济,加快发展生态文明建设,切实保障和改善民生,促进经济发展质量变革、效率变革、动力变革;三是聚集发展平衡性协调性这个"导向",以更大投入、更精准措施,破解发展不平衡不协调问题,为全面建成小康社会、加快社会主义现代化建设打下坚实基础;四是抓实抓牢党的建设这个"保障",继续全面落实新时代党的建设总要求,坚定不移全面推进从严治党,不断提高党的建设质量,为新时代改革发展提供坚强的政治保证。

潮安革命老区概况

中华人民共和国成立以来，潮安区（县）域内在历次评划时都有村镇被评为革命老区村镇。潮安的老区人民在近百年的革命和建设历程中，与全国人民一道，发扬党的光荣革命传统和无私无畏的奉献精神，为全国新民主主义革命和社会主义各项建设事业作出了巨大的贡献。

1925年11月，潮安县在周恩来的直接指导下成立了中共潮安县支部（此后转为县委），从此，在周恩来、彭湃等革命先驱及各级党组织的领导下，全县工农革命运动如火如荼地迅猛发展。土地革命战争时期，受1927年"八一"南昌起义的积极影响，潮安人民掀起了更加轰轰烈烈的革命高潮。此后，在蒋介石长期实行白色恐怖的严酷形势下，中共潮安县各级组织领导的革命斗争，从县城到农村，从平原到山区，在全县范围内外建立了广泛的游击区、根据地和苏维埃政权，形成了广泛的革命群众基础；组建了强大的红军、游击队、赤卫队等革命队伍，开展了艰苦卓绝的游击战、运动战和长期的地下革命活动，给穷凶极恶的国民党反动派把持的国民政府等反革命势力以沉重的打击。潮安的游击区、根据地和县、区苏维埃政权，都是当时海陆丰革命根据地、东江苏区、中央苏区（闽粤赣边区）及闽粤边根据地的重要组成部分，在潮安这片革命热土上，为中央苏区的发展和巩固作出了巨大的贡献。全民族抗日战争和解放战争时期，潮安老区人民在中国共产党的领导和人民武装力量的带领下，自觉地把自己的命运与党和国家的命运紧紧联系在一起，充分利用原有的革命根据地和革命群众基础，勇往直前，前仆后继，在艰难曲折和残酷的革命斗争中作出了重大的牺牲，为取得全民族抗战和解放战争的全面胜利，为中华人民共和国的诞生立下了不朽的功勋。潮安的中共各级组织和老区人民的光辉业绩与革命精神将永远镌刻在历史的丰碑上！

中华人民共和国成立后，潮安老区与全国一起进入社会主义发展阶段。在各级党组织的领导下，老区人民历经了七十年的一系列艰难曲折的社会变革和经济建设，取得了一次又一次的成功和胜利，从中华人民共和国成立初期贫穷落后的旧潮安，改变为新时期中国特色社会主义的社会昌盛、经济繁荣的新潮安。七十年来潮安老区各项事业不断发展并取得巨大成就的历程，是党的各级组织和广大共产党员与老区人民心连心，齐心协力，不断改革创新，不断克服艰难险阻，不断创造奇迹，不断取得胜利的辉煌历程；是潮安老区人民在社会主义历史时期中为祖国的伟大复兴、实现伟大的中国梦作出的应有的历史贡献。

从1979年以来，在国家、省、市的相关政策指导下，潮安在多次革命老区评划过程中，因当地革命历史较长、区域分布面积广、历程连续性强、斗争残酷激烈，而一直有不少地方被认定为全国较有代表性的革命老区村镇。至2017年底，全区（包括枫溪区）共有革命老区镇12个，分别为枫溪、登塘、凤塘、龙湖、沙溪、东凤、江东、归湖、文祠、凤凰、赤凤、万峰林场等区、镇（场）。在全区老区镇和非老区镇的村委会中，共有238个是有老区的村委会，占全区411个村委会的58%；共有628个老区自然村，约占全区956个自然村的66%，在这628个老区自然村中，属于土地革命战争时期的红色游击区和红色根据地村落的有115

个，属于抗日战争时期和解放战争时期的游击区和根据地村落的有513个。至2017年底，潮安区（包括枫溪区）革命老区镇、村的总人口为73.03万人，占全区总人口130.4万人的56%。

在此需要说明的是：截至2017年底，仍不是老区镇的古巷、浮洋、金石、彩塘、庵埠5个镇中，还有相当数量的行政村和自然村也符合老区村的申报条件；因历次查证和评划工作上的疏忽和失误所致，原有相当部分本该被认划的老区村、镇却被漏划，造成全区目前已被认划的老区村、镇数额上不大准确，这就有待今后国家政策允许时继续予以确认，恢复其应该得到的历史地位。

第二章

潮安党组织创建和大革命时期

第一节 潮安人民早期的革命斗争

一、辛亥革命前后的潮安

1840 年英国发动侵略中国的鸦片战争以后，中国逐步沦为半封建半殖民地国家。在外国列强和本国封建势力的压迫下，广大民众陷入深重的苦难之中。

潮安人民历来就有抵抗外族入侵和反抗统治阶级压迫的革命精神。面对苦难，广大民众纷纷奋起，前仆后继地开展英勇顽强的革命斗争。1854 年，在太平天国农民起义的影响下，上莆区彩塘人吴忠恕、秋溪区官塘农民陈阿什等人，发动了反抗清朝黑暗统治的农民起义，将当时的海阳（1914 年改为潮安）县城围困了一个多月。1858 年夏，吴忠恕旧部归仁都枫洋人苏阿鸲率众举太平天国义旗反清，归仁和大和两都的民众群起响应，时间长达数月之久。从 1858 年起，潮安民众自发组织起来，多次阻挡英国领事进驻潮州城，一直坚持至 1866 年。出生于大和区淇园村的旅泰爱国侨领郑智勇，胸怀民族大义，与孙中山结盟为兄弟，多次捐巨资支持同盟会的反清革命活动。1907 年，彩塘宏安乡的同盟会会员许雪秋，在新加坡被孙中山委任为中华国民军东江都督之后，立即会同饶平县黄冈镇的陈涌波等革命党人，发动了震惊中外的丁未黄冈起义，给清王朝在潮州的黑暗统治势力予以沉重的打击。

1911 年，辛亥革命爆发，潮安民众起而应之，配合孙丹崖、张禄村、梁金鳌等人率领的革命军围攻潮州府城，火攻府衙门楼，活捉清王朝在潮州的最后一任知府陈兆棠，宣告延续几千年的封建王朝在潮州的统治从此结束，海阳县同时光复，进入了中华民国时期。

民国成立后，革命军各派系互不统属，各树一帜，划地称雄，形成大小不一的军阀势力，他们与当地地主豪绅互相勾结，盘剥百姓，加上南北军阀混战的波及，更使潮安生灵涂炭。

1919 年以后，潮安被粤系军阀陈炯明所控制，其部属洪兆麟的指挥部及主要兵力，驻扎在潮安县城（也称"潮州城"，今属潮州市湘桥区）。洪兆麟盘踞潮安期间，强占民地、摧残教育、拍卖司法、卖官鬻爵、迫种鸦片、奸淫杀掠、掳贩妇孺、倡驰赌祸、强娶民妇、横征暴敛，仅在 1923 年，就把各种正税杂捐提前征收到 1930 年，致使潮安民众生活无着，流离失所。有的卖儿鬻女，家破人亡；有的铤而走险，上山为盗；有的离乡背井，远涉重洋到海外谋生。潮安人民仍然身处水深火热之中。

二、五四运动风暴在潮安的反响

1919 年 5 月 4 日，北京爆发了以学生为主导的"外争国权，内惩国贼"的五四反帝爱国运动。消息传来，潮安民众群情振奋，金山中学、韩山师范等 30 多所中小学校 2000 多名学生，高呼"打倒帝国主义列强""打倒北京卖国政府""废除二十一条不平等条约"等口号，在潮安县城各主要街道进行游行、宣传，并且查缴和焚烧日货，反帝爱国运动在潮安迅速兴起。

5 月中旬，金山中学、韩山师范等 30 余所学校，在中山路有德讲堂，成立"潮安学生救国联合会"（简称"学联会"），号召潮安人民联合全国人民，掀起学生和工农联合起来的反帝反封建斗争运动。在此影响下，潮安鳌头中学也召开师生救国大会，汕头岩石中学、潮安城乡一些学校，共派出 400 多名"学联会"代表出席会议，《汕头公言日报》对大会盛况作了专题报道。

与此同时，潮安青年图书社的社员们，与"学联会"紧密配合，分头组织各界民众支持学生爱国运动。在进步青年谢汉一、郭仰川、张卧云等人的动员下，全县的首饰、锡箔、织布、制鞋等 10 个行业分别组织了救国工团。8 月，成立了以张月樵为正会长，以谢汉一、郭仰川为副会长的"潮州工界救国联合会"；郊区农村成立了"农界救国联合会"；女校学生分头发动家庭妇女，联合组织"潮州妇女救国联合会"；自由职业者成立"爱国同志会"；思想进步的青少年成立了"青少年爱国团体"。全县农村也相应成立了救国组织，使潮安的五四爱国学生运动，迅速与工农运动相结合，为今后各种政治运动的顺利开展，创造了有利的条件。

五四运动加速了潮安人民的思想解放，促进了新文化运动的深入发展，同时也推动了马克思主义在潮安的传播。

三、马克思主义在潮安的传播

1917 年，俄国爆发了十月社会主义革命。十月革命的革命思想在中国迅速传播，使潮安的进步青年和学生受到了极大的影响和启发。随着新文化运动的兴起和人们的思想解放，许多人特别是知识分子和青年、学生阶层，已不满足于一般的资产阶级民主思想，纷纷到广州、上海、北京等大城市求学，探求新思想和救国真理，而且带回一批有关马克思主义学说的书籍。这时，由进步人士主办的汕头《岭东日报》，以及创办于潮安县城的《韩江报》《粤南报》《自由报》等报刊都相继传播着进步思想。城东"发成号""万泰号""协茂号"等十余家柴炭行的进步青年店员，自发地成立青年图书社，学习新思想和新理论。谢汉一、方惟精、郭仰川等一批进步青年，经常到工人、农民、市民中宣传马克思主义和十月革命的思想，使进步思想在潮安得到迅速的传播。

1922 年纪念潮安青年图书社成立五周年合影

1920 年 1 月，潮安青年图书社，为适应新形势的需求，在开元寺设立了"新刊贩卖部"，销售从广州、上海、北京等地购进的《新青年》《新生活》《新潮》等数十种宣扬新思想、新文化的进步刊物和丛书。同年 2 月，从新加坡回来的姚维殷、廖质生加入了青年图书社，将从国外带回来的《社会主义史略》等八种马克思主义进步书刊共 2000 余册，交给新刊贩卖部，定期在潮安县城乡各中小学进行宣传和销售。1923 年 3 月，青年图书社提出"宣传新文化，介绍新思想，建设新社会，创造新生活"口号，并集资将"新刊贩卖部"扩办为"青年书店",将销售范围扩展至澄海、揭阳、汕头、潮阳等县、市学校。1924 年,青年书店作为共青团广东区委赠阅和代销党、团机关报刊《向导》《中国青年》的定点书店,成为潮汕地区宣传社会主义、传播马克思主义学说的重要阵地。

1921 年 1 月,姚维殷等青年图书社的 30 名成员在县城真武堂成立了潮州社会主义青年团,组织青年学习马克思主义,在各行业工人中开展工作,成为当时全国最早的 17 个青年团之一。同年 5 月,上海社会主义青年团因故暂时解散,在此影响下,潮州社会主义青年团组织逐渐处于解体状态。1922 年 5 月,潮安青年团员叶纫芳在广州出席中国社会主义青年团第一次代表大会。潮安一批在国内外接受教育的先进知识分子,在十月革命和五四运动后,接受和选择了马克思主义,成为早期在潮安传播马克思主义的重要力量和新思想的有力推动者。

原籍庵埠凤岐陇村的青年许甦魂,在新加坡接受先进思想教育,回到家乡后,致力于改革旧制教育,创办女子夜校,鼓励妇女学习新文化,与旧礼教决裂,解放自己,成为新的女性。在许甦魂进步思想的影响下,周边的官里、茂龙、仙溪、文里等村的妇女,也纷纷进入女子夜校学习,她们成为潮安在新文化运动中首先觉醒的女性,也成为马克思主义在潮安传播的支持者。

潮安进步青年李春涛,在日本东京早稻田大学留学期间,与彭湃、杨嗣震一同组织成立了"赤心社",出版《赤心》刊物,学习、研究马克思主义和俄国革命经验,探讨中国革命的实际问题。1921 年夏,李春涛回国后,在任金山中学教务长、代校长期间,改革校政,主编出版《金中周刊·进化》,并定期向学生讲解社会主义学说,传播马列主义理论。这期间,金山中学培养出洪灵菲、戴平万、李绍法等一批进步青年。

马克思主义在潮安的传播，为潮安先进分子提供了新的观察和改造社会的思想武器，并努力同工农民众相结合，极大地激发了潮安人民的救国精神，为工农运动的兴起奠定了一定的思想理论基础和干部基础。

四、工人运动迅速兴起

民国前期，随着近代工业的出现，潮安的资本主义经济有了初步发展，20世纪20年代，潮安已拥有3万多工人，在农村也拥有相当数量的手工业作坊。在十月革命和五四运动的影响下，潮安的工人运动逐步兴起和发展。

1920年5月1日，由青年图书社和工界联合会共同发起和组织潮安各工团近3000人，在县城开元寺集会，隆重纪念五一国际劳动节，会后举行示威游行，这是潮安县工人阶级第一次大规模举行五一庆祝活动。青年图书社赶印了几千份《劳动节史略》，分送给与会工人和市民，使工人们了解五一节的来历，开始懂得为维护自身利益和政治地位而斗争。

同年12月，潮安锡箔工人开展了增加工资的斗争，在工界联合会的支持下取得了初步胜利，使工人阶级尤其是底层工人受到了鼓舞。1921年2月，在工界联合会的组织下，数百名店员、工人联合开展抵制增加印花税款的斗争，包围县税局，迫使县署收回成命；船业工人、瓷业工人分别举行反对东关税局随意增加瓷税和牌照税的斗争；印刷工人也开展要求加薪的斗争。这几次斗争都取得了一定的胜利。5月，工界联合会和青年图书社，发动了揭露潮安县长贿选丑行的斗争，这一正义行动遭到反动军阀洪兆麟的干涉和迫害，谢汉一等14名领导者被拘捕，青年图书社及工界救国联合会被查封。这一恶行激起了工人们的愤怒，他们上街游行、请愿，积极营救被捕工友，同时通电广州，向各界发出呼吁，取得舆论和群众的支持。在广州各政治团体及各地区群众团体的支持和声援下，谢汉一等人终于安全获释。潮安工人反贿选、反迫害和争取民主权利的政治斗争，表明了潮安工人阶级开始登上政治舞台，走上团结斗争的道路。

1922 年 8 月，进步青年方惟精、张卧云、余益求等，分别深入到上莆区的乡村，发动工友组织工团。他们在赖厝组织染踏布女工，成立染踏布工团；余益求通过思想进步的织布女工许锦屏，把上莆、东莆两区的几百名织布女工组织起来成立织布工团；方惟精在生聚洋（孙厝洋）发动、组织锡箔工人成立工团；上莆区的贝灰、农船、建筑工人也相继成立工团。各工团在方惟精等人的领导下，成立"潮州工界联合会上莆支会"，推选方惟精、赖其泉为负责人。与此同时，郭瑞芳、林玉英到庵埠，串联进步青年辛国基、陈定中等人，发动工人成立"潮安工界联合会庵埠支会"。在陶瓷业密集、陶瓷工人集中的枫溪以及以排船工人为主的意溪，也相继成立支会。至此，潮安工界已有 4 个支会，28 个工团，拥有工人 1.3 万人，成为潮汕地区各业工团最全、拥有工人最多的县。

1923 年 2 月，北洋军阀吴佩孚制造了震惊中外的京汉铁路"二七"惨案。军阀的血腥暴行，激起了潮安工人群众的义愤，工界联合会 4 个支会 28 个工团，联合致电慰问京汉铁路工人，表示潮安工人与全国工人一道，愿作京汉铁路工人的后盾，誓与军阀斗争到底。

1925 年 5 月，林琪英代表潮安工人出席第二次全国劳动大会。

五、农民运动在彭湃的指导下蓬勃开展

在潮安工人运动迅速兴起的同时，潮安农民运动也在农民运动领袖彭湃领导的海陆丰农民运动的影响下，以及在潮安工运的推动下逐渐兴起。

1922 年 10 月，潮州工农运动负责人谢汉一、郭仰川、方惟精等，深入东莆区，发动进步青年孙戊昌、孙清宜，在西林紫来轩书斋，同几十户贫苦农民一起秘密成立了"西林农界救国联合会"。接着，生聚洋、前陇、白沙湖等村也组成规模不等的农界联合会。

1923 年春，在海陆丰农民运动的影响下，潮安不断发展起来的农会组织，纳入了以彭湃为领导、在全国率先组织起来的广东农民联合体系。同年 9 月，彭湃为营救海丰县农会遭到军阀镇压、逮捕的会员，特地来到潮安，他一面委托李春涛为其草拟了《海丰全县农民泣告同胞书》，一面会见潮安工农运动负责人谢汉一、郭仰川等，介绍传授海陆丰农民运动的经验，指导潮安的工农运动。依照彭湃的建议，把"西林农界救国联合会"改称为"潮安农民协会"，张卧云、谢汉一为正副会长，潮安成为粤东继海陆丰之后最早成立农会的县份。年底，潮安农民协会归属于彭湃在汕头组织、领导的惠潮梅农会。此后，陈炯明下令解散农会，彭湃根据形势，为"保存力量，坚持长期斗争"，决定暂将农会转入秘密状态。

为了培养农民运动的骨干，经共产党人提议，国民党中央执行委员会决定自 1924 年 7 月起在广州开办农民运动讲习所，共产党人彭湃、阮啸仙、毛泽东等先后主持了六届农民运动讲习班，培养了一批农民运动的骨干力量。年底，在潮安上莆、东莆一带从事农运工作的方惟精，通过在广州从事革命活动的共青团员、同乡杨石魂，介绍大寨乡进步青年、农运骨干赖盛杰、赖绵奎、黄纲常、陈明察 4 人，参加广州农民运动农讲所第三期学习班。他们经过三个月的学习后回到潮安，成为潮安农运骨干。

1925 年 5 月，庵埠农船工会林友佳、鹳巢乡农会李亚敬代表潮安出席广东省第一次农民代表大会。

9 月，广东军阀陈炯明、洪兆麟在潮汕实行"清乡"，潮安农会组织遭到严重破坏，被迫转为隐蔽活动。

潮安早期兴起的农民运动，虽然汇入了海陆丰农民运动的行列中，但那是农运初级阶段，在全县范围内还不普遍，一些组织还较松散，也未能有组织地开展对封建势力的斗争。然而，潮安的农民运动，为即将到来的农运高潮以及土地革命，打下了一定的基础。

潮安党组织的建立与工农运动的发展

一、第二次东征与中共潮安支部的成立

（一）国民革命军第二次东征与潮安党组织的成立

1924 年，在中国共产党的帮助下，孙中山在广州召开的国民党第一次全国代表大会上，确立了"联俄、联共、扶助农工"的三大政策，实现了第一次国共合作，宣告了革命统一战线的正式建立。

1925 年 2 月，在中共广东区委和苏联顾问的推动和帮助下，广州革命政府将所辖各军组成东征联军，举行第一次东征，讨伐陈炯明军阀，以巩固广州革命政府。3 月，东征军占领潮汕，广东区委首先在汕头市建立了中共汕头特别支部，杨石魂为首任书记。共青团汕头特别支部也同时成立。

9 月底，广州国民政府组织三个纵队构成第二次东征军。11 月 5 日，东征军收复潮安。第二次东征的胜利，使潮安人民受到空前的鼓舞，各工农群众组织，公开恢复了活动。同月，中共潮梅特委委员郭瘦真，以东征军政治部驻潮安特派员的公开身份来到潮安，负责组建潮安党组织。在周恩来的关心和直接指导下，成立了中共潮安县支部，书记为郭瘦真。

1926 年 2 月，郭瘦真调回广州，潮安党支部由黄法节任书记。随着党员人数的迅速增加，潮安县支部扩展为特别支部，书

记朱叟林。与此同时，中共潮梅特委先后从普宁调派方思琼（方方）、方思忠等党员到潮安，加强潮安党组织的领导力量。在特别支部的领导下，先后成立的基层支部有上莆区支部、上莆区工人支部、潮安县农民协会支部、庵埠总工会支部。

1926 年夏，中共潮安特别支部改为中共潮安县部委员会，书记朱叟林，工运书记赖炎光，农委书记方临川，宣传部部长方慧生，委员李绍法、方方。年底，朱叟林因病离职，由文农（原揭阳县部委书记）接任潮安县部委书记。潮安县部委辖：上莆区、庵埠总工会、上莆区工人、东厢区、大和区、东莆区、潮安农会、潮安总工会、金山中学、秋溪区、潮安妇女改进会等支部。

从此，潮安县部委在广东区委和周恩来的领导下，成为反帝反封建的战斗堡垒，领导工农运动掀起了新的高潮。

与此同时，潮安一批进步青年在外求学或从事革命活动，先后加入了中国共产党。浮洋人徐光英于 1922 年赴法国勤工俭学期间，就加入了中国共产党。1924 年，早期接受社会主义思想的进步青年许甦魂、洪灵菲、戴平万、柯柏年，分别在广州、上海等地加入中国共产党。1925 年，庵埠进步青年杨邨人，在董必武监誓下入党。这些人后来成了早期共产党组织的中坚力量和优秀组织者。

（二）潮安团组织的建立

在潮安党组织建立的同时，共青团组织在周恩来的关心和指示下，得到了建立和发展。

1925 年春，杨石魂来到潮安东莆区，吸收方惟精、余益求、赖其泉等人加入共青团，大寨乡成立了团支部，成为共青团汕头地委辖下的三个团支部之一。随后，生聚洋也成立有 6 名团员的团支部。

11 月，在共青团汕头地委召开的第二次团员大会上，潮安方临川被选为青年农民委员会成员，余益求被选为妇女运动委员会成员，赖炎光被选为经济斗争委员会成员。

11 月底，韩山师范学生陈府洲等 5 人及金山中学学生方慧生，被吸收入团，韩师和金中先后成立了团支部。金山中学随即爆发了驱逐反动校长黎贯的学潮。12 月 9 日，周恩来指派潮安党组织负责人郭瘦真偕同杨石魂、杨嗣震、刘康侯等前往金山中学，指示该校共青团组织，要消除学潮中的意见分歧，使"倒黎"斗争最终取得胜利。24 日，经周恩来推荐，广州国民政府委任杜国庠接任金中校长。①

1926 年春，共青团潮安特别支部成立，书记方慧生，有团员41 名，主要成分是青年师生。团特别支部设立干事会，主持日常工作。4 月 26 日，金山中学学生陈国威、韩山师范学生黄联绎，在汕头团地委改选中，当选为地委委员，负责组织及经济委员会工作。同年夏秋间，共青团潮安县部委成立。

（三）妇女解放运动的兴起

潮安的妇女解放运动也像共青团组织一样蓬勃兴起和发展。早在"五四"反帝爱国运动之后，潮安就成立了第一个妇女群众组织"潮州妇女救国联合会"，1925 年春，潮安第一个女工组织"潮安妇女职工协会"成立，有力地领导城乡各地的女工工团开展反帝反封建的斗争。潮安党组织建立后，给妇女解放运动带来了生机和动力。11 月，共青团汕头地委成立了妇女运动委员会，潮安妇女运动先驱余益求被任命为委员会委员，负责潮安妇女运动工作。

11 月，中共广东区委委员兼妇女部部长邓颖超，以国民党广

---

① 中共汕头市委党史研究室编：《中共潮汕地方史大事记（新民主主义革命时期)》，中共党史出版社 2001 年版，第 35 页。

东省党部潮梅特派员的公开身份，来潮梅协助整理党务，指导妇女运动工作。她和周恩来多次接见了潮安先进妇女代表，在各种集会上作了关于妇女问题的演讲，揭示了妇女解放的道路和方向，使潮安妇女运动随着革命的发展而发展。11 月下旬，邓颖超到金山中学、韩山师范等学校，接见了女师生代表，随后到县城扶轮堂召开各界妇女活动分子座谈会。25 日，邓颖超代表国民党中央妇女部，参加了潮安工、农、商、学各界一万多人在西湖运动场举行的"国民革命军第二次东征祝捷大会"，并在大会上作了妇女解放运动的演说，号召潮安妇女界联合起来，投身国民革命，以求得自身解放。1926 年 1 月，在邓颖超的指导下，广东妇女解放协会潮安分会在县城扶轮堂成立。12 月，潮安妇女改进会成立。之后，部分学校和乡村也相继建立了妇女改进会分会。潮安蓬勃发展的妇女解放运动，动摇了几千年的封建礼教，成为革命运动的一支重要力量。①

二、黄埔军校首个分校在潮安开办

1924 年，在共产党人的建议下，国民党"一大"决定创办一所陆军军官学校。5 月，"中国国民党陆军军官学校"（简称黄埔军校）开学。黄埔军校从此成为国共两党共同培育英才的摇篮。

1925 年 3 月，广州革命政府组织的第一次东征占领潮汕后，为了使参加东征联军的黄埔军校第二期学生能边打仗边上课，补习因东征而耽误了的课程，决定在潮安县城筹建黄埔军校潮州分校。5 月，由于驻广州的滇军杨希闵、桂军刘震寰乘孙中山在北

---

① 刘纪铭、蔡超主编，中共汕头市委党史研究室、中共潮州市委党史研究室、揭阳市史志办公室编：《中共潮汕地方史（新民主主义革命时期)》，中共党史出版社 1998 年版，第 46 页。

中央军事政治学校（黄埔军校）潮州分校正门

京逝世和粤军东征之机，悍然发动叛乱，蒋介石遂率党军迅速从潮汕回师广州平叛，潮州分校暂时停办。

为彻底消灭反动军阀的残余势力，巩固广东革命根据地，广州国民政府发起第二次东征。10月1日，以蒋介石为总指挥、周恩来为总政治部主任的东征军踏上征途。11月5日，东征军第一纵队收复潮安。随后，黄埔军校潮州分校复办并着手招生，潮安乃至潮汕、客属和闽边各地有志青年，纷纷前来报考。

12月18日，黄埔军校潮州分校举行开学典礼。蒋介石兼任潮州分校校长（后由何应钦接任），汪精卫任党代表，何应钦任教育长（后由王绳祖接任），周恩来任政治部主任（后由刘康侯接任）。分校校址设在中山路的李厝祠和黄氏宗祠。1926年5月，潮州分校改称为中央军事政治学校潮州分校。

潮州分校建成后，由周恩来聘请黄埔军校的熊雄、恽代英、萧楚女等共产党员任政治教官。还聘请潮安人李春蕃（马克思主义原著翻译者)、李春涛到校授课,并指示政治部宣传科长杨嗣震(共产党员)创办校刊《韩江潮》,作为宣传革命思想的阵地。

黄埔军校潮州分校从 1925 年 12 月正式开办,至 1926 年底结业,共举办两期学员培训班。第一期毕业人数 348 人,与黄埔军校第三期学员同等待遇,分配到第一军各师见习;第二期毕业生 380 人,与黄埔军校第四期学员同等待遇,分配到国民革命军各军中。

潮州分校连同录入的第一军参加培训的下级军官,共为此后的北伐军输送了 990 多名学员,其中潮安籍学员 12 人。从潮州分校毕业的学员,为中国革命作出了应有的贡献,他们曾在国民革命、北伐战争、抗日战争及其军事、政治、外交、社会诸多方面留下各自不同的轨迹与风采。[①]

三、深入潮安乡村传播革命火种

大革命时期,潮安县党、团组织的建立,和工农、学生运动的蓬勃发展,以及在斗争中取得的一个又一个胜利,是与周恩来的关心和指导分不开的。

1925 年 3 月第一次东征胜利后,时任中共广东区委常委兼军事部部长、黄埔军校政治部主任的周恩来来到潮安,深入到民众中,对潮安的工农运动进行详细的调查。他依靠共产党员、共青团员以及进步人士,着手组织和恢复被军阀摧残而暂停或半暂停的工会、农会、学生会等群众组织;指导筹建潮安的共青团组织。同时,周恩来以国民党东江党务组织主任的身份,根据中共中央

---

① 陈予欢著:《潮起潮落(黄埔军校潮州分校研究)》,广东人民出版社 2018 年版,第 11、64—152、345 页。

关于全党"当以扩大国民党之组织及矫正其政治观念为首要工作"① 的要求，整顿恢复地方各级国民党党部。他委派黄埔军校政治部干事潘学吟，任潮安县国民党党部筹备处登记主任；随东征军同时进入潮安的中共党员周逸群，遵照周恩来指示协助开展工作。这些努力使原来处于军阀高压下的潮安人民，在全心全意投身工农革命运动的同时，为国共合作的革命事业作出了贡献。

周恩来为了提高潮安工农运动领导人的文化水平，在第一次东征进入潮安后，便倡办夜校，由东征军中的共产党员当教员，招收方惟精等一批工农运动的领导人、积极分子进夜校参加学习。他们通过学习，将学到的文化知识和提高的理论水平，应用到革命实践中。方惟精等工农骨干，依照周恩来的指示，发动庵埠船民加入了农船工会，并组织了1600余名船工，联合起来抗议潮梅海陆丰船政局庵埠分局强征船牌捐，取得胜利。与此同时，余益求、孙应采等妇救会领导人，也在周恩来的关心指导下，在加强妇女组织方面起到积极的领导作用。

为使潮安农村受到反动军阀压迫的农会组织得到恢复和发展，同年4月，周恩来在杨石魂的陪同下，不辞辛劳来到大寨团支部，会见支部领导人方惟精、张卧云，并先后会见了大寨、赖厝农民协会的负责人。当晚周恩来来到西林乡农会秘密活动地点紫来轩，听取了区农会负责人孙戊昌、孙木乾等人有关农会工作汇报。通过调查后，周恩来对上莆、东莆区的共青团和农会工作加以肯定和赞许，使潮安基层的工农运动领导者受到了极大的鼓舞。

同年7月，西林自然村的生聚洋团支部领导成立"生聚洋青

---

① 《国民运动进行计划决议案》，中共中央文献研究室中央档案馆编：《建党以来重要文献选编（1921—1949）》，第1册，中央文献出版社2011年版，第348页。

年农工同志社"，社员 140 多人，这是在周恩来关心指导下潮安县第一个农工联合革命组织的典范和缩影。

同年 11 月，周恩来以东征军总政治部主任的身份，随军再次进入潮安，接到潮安工农运动遭到回窜的反动军阀镇压的报告。在周恩来的过问和指导下，工会、农会的活动很快得到恢复，出现了新的局面，如归仁区一些乡村的农会组织，不但恢复了活动，而且成立了农民自卫军。周恩来在得悉东莆区农会组建工农革命铁血团之后尤为兴奋，特别指示汕头国民外交后援会，给铁血团送来 40 支毛瑟独响枪。

11 月下旬，周恩来在杨石魂等人的陪同下，再次来到西林乡紫来轩，会见区农会领导孙戊昌等人，在了解了农会活动情况后，对农会的工作作出了指示。①

四、潮安工农运动持续高涨

1925 年 11 月 5 日，东征军二次进入潮安后，原来在洪兆麟重占潮安期间受到压制的农民运动，得到迅速的恢复。12 月初，在县城扶轮堂举行第一次全县农民代表大会。大会选举方临川、方惟精、张秉刚、杨慧生、谢汉一、李子俊、孙戊昌为新的县农民协会执行委员，郭瘦真兼县农民协会秘书长。会后，潮安的农会组织得到全面的恢复和发展。至 1926 年 4 月底，在全县 18 个区中，已有 16 个区成立了区农会，128 个乡建立起乡农会，总入

---

① 周恩来在第一、二次东征和任东江各属行政委员领导潮安的工作内容，可见于刘纪铭、蔡超主编，中共汕头市委党史研究室等编：《中共潮汕地方史（新民主主义革命时期）》，中共党史出版社 1998 年版，第 25—52 页；又见于中共潮州市委党史研究室编：《中共潮安党史（新民主主义革命时期）》，1993 年版，广东省出版物印刷许可证第 109 号，第 16—27 页。

会人数 11304 人（每户以 1 人为代表）。至 1926 年 10 月，农会会员猛增至 2.2 万人。

第二次东征后，潮州工界联合会，由于受到豪绅的拉拢利诱，逐渐被保守派实权人物及右派势力所利用、把持。1926 年 1 月，潮安党组织决定由郭仰川、谢汉一、吴雄华等人重组潮安县总工会，并派出赖炎光、郭仰川、郭瑞芳等一批共产党员、工运骨干到基层工会开展工作，重新发现和培养工运人才。经过一系列的努力，至 7 月底，终于使 63 个工会摆脱了右派的控制，并按建筑、篷船、石业、酒楼、茶室、雕刻、藤业、首饰、印票、人力车、司厨业工人以及庵埠、上莆、大和、秋溪等区的手工业工人，还有潮汕铁路、电轮、邮务、电灯等产业工人总共建立了 32 个党组织领导的工会组织，全县工会会员总数达到 2 万人。5 月，县工运书记赖炎光出席了在广州召开的第三次全国劳动大会，是大会代表资格审查委员会委员之一。7 月 11 日，举行了潮安县第一次工人代表大会。会议贯彻了第三次全国劳动大会精神，明确了工会的性质及斗争任务、策略，正式成立县总工会。

8 月 17 日，潮安各绸缎店员工，联合罢工游行抗议伟纶绸庄随意解聘职工。县总工会立即发动其他行业工人支持绸缎工人的正义行动，最后迫使伟纶绸庄财东接受店员提出的四项条件，恢复被辞店员工作。同月下旬，韩江电轮工人在党组织的发动下，举行要求增薪、改善生活的罢工，终于迫使资方同意工人提出的增薪三至六成，年终加一个月薪金的要求。

在第二次东征取得胜利的推动下，各地农会组织领导农民开展向地主老财提出减租减息的斗争，取得丰硕成果。1926 年 2 月，登荣区农会组织 200 多名农民集中发出罢耕宣言，抗争曲湾乡的地主、劣绅依仗权势强占民田，使地主、劣绅不得不放弃被其强占的土地。上莆区 3000 名农民包围了地主恶霸吴必岩的宅院，抗议其指使爪牙，强行将 3 名上市贩卖柑橘的宏安乡农民抓至区署。在县农会干预下，吴必岩不得不放出了被抓农民，还出面赔礼道歉。潮安党组织坚决贯彻中共广东区委和省农会扩大会议精神，决定以实现农民运动目前最低限度的总要求为中心，全面开展"二五"减租运动，深入发动农民群众，巩固农会权威，把农运继续推向前进。[①] 11 月中旬，登隆区（今龙湖、浮洋镇一带）农会召开全体会员大会，明确宣布"对于田主租谷，每冬还作七成五"，"如田主不肯，则全数勿还，再有多言，则以武力对待"。[②]

随着工农运动的持续发展，以及北伐战争的节节胜利，隐藏在革命队伍中的国民党右派，以及一些反革命分子的反动面目开始暴露出来。在潮安，以潮州卫成司令兼中央军事政治学校潮州分校教育长王绳祖为首的右派军人，利用手中的权力，勾结和利用地方封建势力，支持以侯映澄为代表的右派势力，制造了震惊潮汕的"李子标血案"。

此前，潮安锡箔工会骨干李子标带领工友退出侯映澄把持的潮安工联会，加入共产党领导的潮安总工会，侯映澄指使打手将李子标殴打致重伤身亡。中共潮安县部委发动各团体抗议侯映澄的暴行，要求政府严加惩办。王绳祖竟公开袒护侯映澄，致侯更加肆无忌惮，于 10 月 30 日带 100 多名凶徒持械围攻县总工会，截殴总工会会员，将执委郭瑞芳等 10 多人打至重伤，轻伤者无数。31 日，县总工会、农会组织了 2 万多名工农群众，在县署前

---

① 刘纪铭、蔡超主编，中共汕头市委党史研究室、中共潮州市委党史研究室、揭阳市史志办公室编：《中共潮汕地方史（新民主主义革命时期）》，中共党史出版社 1998 年版，第 67 页。

② 中共潮州市委党史研究室编：《中共潮安党史（新民主主义革命时期）》，1993 年版，广东省出版物印刷许可证第 109 号，第 31 页。

举行追悼李子标、声讨侯映澄大会，抗议右派势力摧残工农运动的暴行，并向县署请愿惩凶，同时呼吁汕头各革命团体声援潮安工人的斗争。王绳祖竟出动武装镇压集会群众，当场打死打伤工农群众5人，制造了震惊全省的"潮安血案"。11月1—6日，潮安县部委发动全县罢工、罢市、罢耕，提出"拥护孙总理农工政策""肃清一切反革命"的口号，并派200多名工农代表组成请愿代表团，赴汕头向各界人民和潮梅警备司令部控诉王绳祖的罪行，提出严惩凶犯、查办王绳祖等四项要求。中共汕头地委立即发动各界成立"援助潮安惨案委员会"，200多个群众团体一致通过，请潮梅警备司令部及东江行政公署，严肃查处潮安血案肇事者，并限于24小时内答复。至3日下午限期已过，汕头军政当局均无答复。于是，地委果断决定组织汕头工人大罢工。汕漳轻便车铁路工人及鮀江篷船工人首先罢工，潮汕铁路工人随后举行总罢工。经过斗争，潮梅警备司令部不得不答应潮安代表提出的严缉侯映澄、王绳祖停职查办、开除枪杀群众的军人、抚恤伤亡四项要求，但王绳祖等实际上并未被查办。潮安代表对此折中方案极不满意，潮安县部委为了顾全大局，保证北伐后方的稳定，决定停止"三罢"。这场斗争，揭露了潮汕国民党新右派镇压潮安工农革命运动的反动面目，也显示了工农群众团结斗争的强大力量。

潮安的工农运动，在与右派反动势力的斗争中得到了持续的发展。为了总结前段的斗争经验，12月23日，潮安总工会依照县部委指示，召开第二次全县工会代表大会。大会肯定了潮安工人在共产党的领导下，在与国民党右派的斗争中所取得的成绩。

在第二次全县工代会的推动下，工人要求加薪，维护本身利益的斗争又进入新的阶段。从1926年冬到1927年春，在潮安县部委的领导下，潮安工人共举行了90多次加薪斗争和60多次罢工斗争，取得了一定的胜利。如 1927 年 1 月，潮安县什染工会的挑运工人，在各行各业工人已普遍获得加薪，而自身要求加薪却遭到拒绝的情况下发动罢工，在总工会执委陈少云的出面干预下，工人薪金得以增加；2 月，潮州商界老板为了对抗工人的罢工、加薪斗争，竟将 300 余名工人开除，引发了一场罢工斗争。在中共汕头地委、潮安县部委、汕头总工会、潮安总工会的支持下，潮州工人迫使资方收回成命，赔偿工人损失，并补偿被扣发薪金。潮安工人运动的持续高涨，既促进了工人队伍的团结，也调动了工人的革命积极性。

潮安的农民运动同样受到右派势力以及地主豪绅的各种攻击和武装挑衅。面对日益严峻的革命形势，潮安民众在党组织的坚强领导下，奋起反击。

1927 年 2 月，潮梅海陆丰第一次农民代表大会暨劳动童子团代表大会在汕头召开。潮安派出以共产党员李绍法、陈卓然为主的代表团参加这次大会。李绍法被推选为大会主席团五名成员之一。中共汕头地委农委书记、省农会常委兼潮梅海陆丰办事处主任彭湃主持会议，并在会上作《潮梅海陆丰办事处会务报告》。主持国民党汕头市党部工作的李春涛在大会上作了演讲。会议期间，彭湃接见李绍法等潮安代表，对潮安的农民协会和童子团工作作了详细的指导。潮安代表团在大会结束回到潮安后，在县部委和县农协的组织下，在上莆召开全县各区农会代表大会，传达和贯彻汕头会议精神。县部委号召全县农会，积极整顿内部，严密组织，以农民为主力军，实现农工商学妇和一切革命力量的团结，进一步发展和加强农民自卫军，为反击国民党新右派的进攻，做好必要的思想准备。

3 月中旬，在潮安县部委的领导下，潮安农工商学联合会、县农会、县总工会等团体，支持金山中学革命师生，粉碎了右派势力企图驱逐金山中学校长杜国庠的阴谋。

五、潮安人民对北伐战争的支援

1926年7月，广州国民政府为了建立一个民主统一的国家，在广州誓师北伐。消息传来，潮安人民欢欣鼓舞。潮安党组织根据中共中央关于支援北伐战争的指示精神，掀起轰轰烈烈支援北伐的高潮。全县在工、农、商、学等各界团体中宣传北伐的革命意义，发动民众从各个方面积极支援北伐战争。为筹措北伐饷需，潮安人民在经济生活仍然十分艰苦的情况下，以革命大业为重，缩衣节食，千方百计筹粮捐款，首期就与潮汕人民一道筹足了3000万元支援北伐。

8月23日，北伐军占领湖南岳阳。潮安县部委举行了全县82个团体参加的庆祝北伐胜利大会。大会代表潮安各界民众发出通电，慰问省港罢工工友及北伐前线将士。会后举行示威游行。

9月，驻潮梅革命军第一军作为北伐东路军出师福建时，中共潮安县部委动员全县人民参军参战，不惜一切支援北伐。在周恩来的动员指导下，成立以学生为主的革命团体，掀起一场声势浩大的劳军募捐高潮，号召有志青年随军出征，承担运送军需用品任务。其时，因连日秋旱无雨，韩江水浅，致使水路运输困难。潮安县部委立即组织了一支由700多名青壮年工人、农民组成的支前运输队伍，攻坚克难，风雨无阻，日夜兼程，帮助北伐军挑粮草、运弹药、抬担架，甚至开路搭桥，一直跟随北伐军进入福建。

同月，潮安县部委根据北伐战争前线的需要，又组成了一支由3000多名青壮年组成的工农运输队，支援北伐革命军。

在潮汕人民的有力支持下，北伐东路军捷报频传。1927年1月1日，潮安各界200余个团体5万多人，在西湖运动场举行大会，热烈庆祝北伐军歼灭孙传芳主力占领九江、南昌等重大胜利。潮安部分驻军和中央军事政治学校潮州分校的学生，也加入庆祝行列，盛况空前。潮安人民对北伐军的极力支持，以及不断加固北伐军后方基地的努力，有力地提振了北伐军官兵的士气，为北伐战争的胜利作出了贡献。

六、"四一二"反革命政变后党组织的反击

1927 年 4 月 12 日，以蒋介石为首的国民党右派在上海发动了"四一二"反革命政变。国民党潮安当局按潮梅警备司令部的命令，于同月 15 日晚，"围剿"中共潮安县部委驻地、金山中学、县总工会、县农会、革命书报流通处等党、团活动地点。中共潮安县部委宣传部部长方慧生、工委书记赖炎光，共青团潮安县部委书记郭子昂、宣传部部长蔡英智以及金中训育主任李雄汉等一批共产党人和革命人士遭到逮捕。方慧生、赖炎光、蔡英智、李雄汉先后遭到杀害，一批区、乡农会领导也遭到逮捕和杀害。

潮安"四一五"反革命政变后，国民党潮安当局成立了潮梅"清党"治安委员会潮安分会，继续悬赏通缉共产党人及进步人士，镇压工农运动，潮安城乡笼罩在白色恐怖中。许多共产党人和群众被迫离乡背井，流亡过洋。事后，潮安县部委委员陈府洲作诗记述："缇骑纷纷街上驰，满城风雨尽凄凄。行人回避居民惧，正是逆军反动时。"[①] 潮安轰轰烈烈的大革命斗争，在以蒋介石为首的反革命右派势力的镇压下遭受严重挫折。全县的党、团组织和工农运动工作被迫转入地下，然而，面对国民党的血腥镇

---

① 刘纪铭、蔡超主编，中共汕头市委党史研究室、中共潮州市委党史研究室、揭阳市史志办公室编：《中共潮汕地方史（新民主主义革命时期)》，中共党史出版社 1998 年版，第 83 页。

压，共产党人没有被吓倒。在事变中脱险的农委书记方临川、总工会秘书长方方（又名方思琼）等负责人紧紧地和人民群众团结在一起，在与上级党组织失去联系的情况下，他们决心依靠仅有的人员及少量的枪械组织起来，以牙还牙，以血还血，强力反击国民党右派对工农革命力量的残酷镇压和屠杀。

4月16日夜，100多名工农骨干组成的武装队伍沿潮汕铁路撬开路轨，切断电线，破坏统治当局的交通、电信设施，使他们指挥失灵。隐蔽于庵埠的县总工会执委、中共党员郭瑞芳，带领庵埠工农群众，袭击反动乡绅杨树元。19日，潮梅警备司令部为配合"清党"，派出该部秘书兼国民党汕头市党部宣传部长耿勉之带领一支宣传队，到庵埠、彩塘一带进行宣传。20日下午，方临川、方方命赖其泉带领几十名工农武装人员，在宏安乡将耿勉之及潮梅警备司令部直辖的独立营第一、二连政治指导员黄宗仰、姚庆慈等11人抓获处决。21日，武装队伍包围了设于大寨维正小学内的反动据点，抓获并处决了国民党区分部书记赖盛治等6名反动分子。随后，由于国民政府军警的残酷"围剿"，工农武装队伍部分回家隐蔽，部分加入普宁的暴动行列。

七、潮安县委的建立和武装队伍的恢复

1927年6月，坚持在潮安进行隐蔽斗争的共产党人龚文河、陈府洲、许筹、林谦等人与中共广东区委派回潮汕的原汕头市总工会副委员长陈振韬一起，在大和区（今凤塘镇）凤岗村成立了中共潮安县委员会，陈振韬任书记，陈府洲任组织部长，龚文河任宣传部长，委员有许筹、林谦、孙应采、赖其泉。中共潮安县委隶属潮梅地委。

潮安县委成立后，根据中共广东特委"必须坚决地鼓动农民

起来进行有计划的暴动"① 的指示精神，一方面到各区、乡恢复党的基层组织，在上莆、东莆、龙溪等区和潮（安）丰（顺）边境的隬隍区建立了区委或党支部；另一方面恢复农会的秘密活动，发动和依靠原来的农会骨干，在上莆、东莆、大和、归仁等区秘密恢复农会组织；同时，分工县委委员许筹、赖其泉负责重建武装队伍，把县委筹集到的 200 块大洋作为购置枪械经费，成立了县农民自卫军，东莆区西林、归仁区登塘和林妈陂等村也恢复了农民自卫军。7 月，在隬隍葛布村秘密翻印潮安县委机关报《民众新闻》，并印发大量传单。潮安县的革命活动又逐步地恢复起来。

潮安县在大革命时期的党、团组织和革命运动，虽然在国民党右派势力的疯狂镇压下，遭受严重的损失，但是，潮安的党组织和人民没有被吓倒。工农民众在中国共产党的领导下，重新拿起武器，踏着烈士的血迹，迎接新的斗争。

---

① 曾庆榴主编，中共广东省委党史研究室著：《中国共产党广东地方史（第一卷）》，广东人民出版社 1999 年版，第 229 页。

第三章
土地革命战争时期

第一节 "潮州七日红"对潮安革命历史影响深远

扭转中国历史和命运的"八一"南昌起义，历史性地与潮安结下了不解之缘，对潮安的革命历史产生了极其深远的影响。起义军撤出南昌后，一路往潮汕进军，潮安县党组织按照中央和省委的指示，及时组织和发动工农群众，积极策应南来的起义军。起义军的到来，重新点燃了潮安人民武装斗争的烈火，全县城乡各界人民纷纷行动，打土豪、惩劣绅，横扫反动势力威风；出钱出力，无私地支援起义军的给养和满足劳军支前之需；危急中舍身保护革命力量等，在前后七个日日夜夜中，与起义军生死与共、浴血奋战保卫潮安城，这段历史被潮安人民称为"潮州七日红"。"潮州七日红"的光辉历史永远留存在潮安人民的心中。

起义军撤离潮汕后，潮安人民继续冒着千难万险，将散失的革命火种保存下来。"潮州七日红"这段可歌可泣的光辉历史，是潮安革命老区发展史中不可磨灭的一页。

一、潮安党组织策应南昌起义军进驻潮安

1927 年大革命失败后，国民党统治阶级在全国实行反动统治，残酷镇压共产党和一切革命活动，全国革命形势由高潮转入低潮，党的活动被迫转入地下。潮安全县 36 个革命工会和区乡农会被查禁，不少共产党员和群众运动的领导骨干被国民党反动派当局逮捕和残酷杀害，广大工农群众依然在白色恐怖的笼罩下进

行着顽强的抗争。

面对国民党的残酷镇压，1927 年 8 月 1 日，以周恩来为书记的中共中央前敌委员会（简称"前委"），率领共产党所掌握和影响的北伐军 2 万余人，在南昌举行了武装起义，打响了反抗国民党反动统治的第一枪。8 月 5 日，起义军撤出南昌，千里转战，向潮汕挺进。广东省委根据中共中央"即刻在广东接应"的指示，派省委秘书长赖先声到汕头传达中央和省委的指示，同时委任林务农为中共潮安县委书记，立即在江东仙洲村县委驻地部署和指挥接应工作。

起义军南下潮汕的决定传达到潮安后，极大鼓舞了在险恶环境中坚持斗争的潮安党组织和工农群众。县委根据广东省委的指示，首先是抓紧恢复工会和区乡农会的组织；其次是从上到下，层层开展宣传发动工作；再次是发动工农群众进行武装暴动。8 月底潮安农民自卫军成立后，进行了袭击大和区警察署、攻打登塘圩、占领归仁区警察署、镇压国民党暗探等斗争。9 月初，潮安县委派出农民自卫军前往登荣区，在韩江沿岸活动，准备接应起义军进占潮安。沿潮汕铁路线的各村农会和城内的工人、学生骨干纷纷行动起来，破坏铁轨、拆毁桥梁、剪电话线，潮汕铁路工人则举行罢工。

9 月 6 日，5 个月前遭国民党当局非法逮捕的潮安县部委宣传部部长方慧生和共青团潮安县部委宣传部部长蔡英智，在西湖山下慷慨就义。受党的派遣，秘密进入潮安县城，联络接应起义军进军潮汕工作的国民革命军总政治部秘书杨嗣震不幸被捕。9 月 15 日杨嗣震血洒西湖之畔。9 月 21 日，在起义军压境和工农群众运动的重大攻势下，国民党守军和党政要员纷纷逃离潮安县城。在城的党团员和工会、学生骨干，立即行动起来，打开潮安监狱，救出被囚禁的共青团潮安县委书记郭子昂等干部和革命群众、城乡工农群众和进步人士，积极做好迎接起义军进占潮安的各种准备工作。

二、潮安成立红色政权——县革命委员会

1927 年 9 月 23 日，南昌起义军占领了潮安县城，周恩来、贺龙、叶挺、彭湃、刘伯承、郭沫若、周逸群等起义军领导人同时到达，中国国民党革命委员会秘书厅秘书许甦魂、第十一军二十四师参谋长徐光英等潮安籍将士也一起到达。在中共潮安县委的领导和全力策动下，全体共产党员、共青团员、工人、学生、妇女骨干和商会代表与革命群众组织起来，热烈欢迎起义军进入潮安县城。

起义军入城后，中共前委立即成立了潮安县红色政权——县革命委员会，委派第十一军二十四师政治部主任陈兴霖为革命委员会委员长，政治保卫局警卫科长李国珍为县公安局局长。随即，贺龙以国民革命军第二方面军总指挥的名义向全城发布安民告示："照得本部各军，富于革命精神。此次南昌起义，原为救国救民。转战千里来粤，只求主义实行。对于民众团体，保护十分严谨；对于商界同胞，买卖尤属公平。士兵若有骚扰，准其捆送来营。本军纪律森严，重惩决不姑徇。务望各安生业，特此郑重申明。"[①] 布告张贴后，全城秩序井然。周恩来、彭湃分别接见潮安县委书记林务农，仔细询问了潮安的革命情况并作了重要指示。县委根据起义军前委的指示，立即召开会议，部署建立区政权，恢复工会、农会、妇女协会、学生协会组织和发展工农武装等工作。当晚，在彭湃的指导下，潮安、汕头各界组织了沿潮汕铁路

---

① 中国社会科学院现代革命史研究室编：《南昌起义资料》，人民出版社 1979 年版，第 67 页。

线的 8000 名工农群众，连续奋战 12 个小时，修通了被毁坏的铁路。

9 月 24 日上午，隆重的军民大会在潮州西湖运动场召开，热烈欢迎起义军和庆祝潮安县革命委员会成立，周恩来等领导在大会上作了讲话。会后，周恩来带领前委和革命委员会领导，随起义军乘火车前往汕头。潮安沿铁路线各区乡的农会、妇协等革命组织，根据县委的指示，积极发动群众，在各地车站欢迎、慰问起义军，做好向导、运输等工作。周恩来在鹳巢车站还停下车来，向聚集在车站周围的群众演讲革命道理，号召工农大众奋起斗争。①

起义军占领潮安城期间，潮安县委领导工农武装及时地开展了轰轰烈烈的对敌斗争。县公安局根据人民群众检举揭发的材料，在城内处决了 7 名反动分子；农民自卫军在驻潮起义军教导团的协助下，先后攻克了洪巷、徐陇两个反动据点，占领庵埠区警察署，扫除了起义军往返潮州、汕头之间的障碍；鹳巢农会和赤卫队员 80 多人，查封了龙湖盐厂，把没收的大批食盐平价卖给农民；浮洋等地的赤卫队则没收地主、乡绅的财产，分给了贫苦农民；潮安县城各工会组织了一支 60 多人的纠察队，配合起义军维持城内的治安。潮安各界工农武装的英勇战斗，鼓舞了人民群众的斗志，打击了地主豪绅和反革命分子的嚣张气焰。

南昌起义军前委进入潮安后，按照原先所制定的战略部署：全面控制、经营和发展潮汕地区，建立革命根据地，争取共产国际的支援，积蓄力量，再度北伐，彻底推翻蒋、汪政权，所以前

① 中共潮州市委党史研究室编《潮州七日红简况》，中共潮州市委党史研究室主办：《潮州党史与党建》，2017 年第二期（内部资料）第 39 页。

委策划将起义军首脑机关设在汕头，贺龙、叶挺的主力部队向丰顺汤坑前进，朱德率领的后卫部队留在三河坝阻击敌人。① 考虑到潮安县党组织健全，群众觉悟较高，市面贸易繁荣，又不至于直接遭受帝国主义和国民党军舰的攻击，因此将起义军的后勤机关及供应基地设在了潮安县城。由贺龙部队第二十军第三师的教导团及第六团一个营共 600 人驻守，师长周逸群兼任潮州警备司令。

驻守潮安的起义军主要任务是筹集物资。几日间，师长周逸群和党代表徐特立（毛泽东和田汉的老师）带领政工人员在城内组织宣传和动员群众，中共潮安县委与新成立的县革命委员会则组织工、农、商、妇、学等协会，积极配合第三师筹措粮饷，把筹集工作开展得轰轰烈烈，热火朝天。潮安商会动员城内的粮行和粮店，将库存的粮食取出运往揭阳和三河坝前线，并两次上缴军饷共 10 万光洋。通过几天的努力，物资筹集工作大有成效，仓库里面有本地和从潮汕各地筹集到的几十万元军饷、数千支步枪、刚刚制备好的上万套冬装以及其他大批军用物资。这个战备仓库由师警卫队驻守。警卫队的班长，就是后来被称为"百战神将"的粟裕，正是他们在日夜保卫着这个关乎全军命脉的物资仓库。②

三、南昌起义军与工农武装浴血保卫潮安县城

1927 年 9 月 28 日，贺龙和叶挺率领的起义军主力部队在丰顺与揭阳交界的汾水阻击国民党军队的两个师和一个警备旅，由

---

① 南昌八一纪念馆编：《南昌起义》，中共党史资料出版社 1987 年版，第 560 页。

② 南昌八一纪念馆编：《南昌起义》，中共党史资料出版社 1987 年版，第 477 页。

于敌众我寡，起义军先胜后挫，激战数日后，伤亡近半，弹药将尽。为此，贺龙和叶挺决定于 29 日午夜撤出战斗，向普宁方向撤退，同时发电报命令周逸群死守潮州，如失掉潮州，以军法从事。①

9 月 29 日，中共潮安县委书记林务农根据当前的严峻形势，紧急通知各区的农民自卫军、赤卫队火速赶往潮安县城及城北的竹竿山增援起义军；命令县总工会发动意溪轮渡工人，把韩江上的所有船只沉没到江中，防止国民党军队从东面渡江进攻潮安县城；召集工人纠察队配合起义军做好守城的准备工作；动员城内的妇女和各中学学生开展后勤供应及救助伤员等工作。

9 月 30 日上午，战斗打响后，城内的工农武装，纷纷配合起义军投入到守卫潮安县城的战斗中。县总工会发动城内的工人挑水送饭给坚守阵地的起义军，有的工人在枪林弹雨中毅然参加起义军，投入战斗行列。潮州金山中学等学校的学生积极支援前线，送水、送饭，帮部队把西湖山下弹药库里的弹药搬上山。妇女们则煮饭、烧水和运送伤员到各医院。

是日，潮安县各区增援起义军的农民自卫军和赤卫队，赶到浮洋和枫溪之间时，遭到国民党军队的猛烈袭击。由于农军力量单薄，武器老旧，且缺乏作战经验，只得边战边退，回到原有驻地或各自的乡村去。农民自卫军和赤卫队虽然未能到达竹竿山等阵地增援起义军，却有效地牵制了敌人的兵力，为起义军后来的突围赢得了时间，减轻了压力。有的农军和赤卫队员，在起义军面临危难之际，千方百计赶上起义部队，毅然加入起义军的行列。

当日，国民党桂系黄绍竑部两个师 9000 多人蜂拥向潮安县城

---

① 南昌八一纪念馆编：《南昌起义》，中共党史资料出版社 1987 年版，第 459、560 页。

包围过来。上午 9 时，国民党第四师的前锋部队 2000 余人已经到达竹竿山阵地，与起义军交上火。起义军将士们守卫在各自的阵地上，英勇阻击数倍的敌军，拼死抵抗。午后 1 时多，国民党军队全数到达后，以第四师的全部和第六师的一部，向竹竿山阵地发起全面进攻。敌军一再组织敢死队，在猛烈炮火的掩护下，整队整队地向山头发起冲锋。起义军的阵地多次被突破和分割，工事被重炮轰垮了，战士们便躲在山石后面继续抵抗，轻伤的包扎一下再打，没有子弹了，便从烈士的身上翻拣子弹，有的则用石头与敌人搏斗，战斗打得非常激烈和顽强。

战斗进行到下午三四时，竹竿山阵地上有的地方已经被敌人突破，起义军部队伤亡达三分之二，弹药消耗殆尽，教导团第一总队总队长冷相佑腹背受重伤多处，在弹尽援绝的情况下，仍坚持指挥战斗，这位山东硬汉顽强支撑到生命的最后一息才停止抵抗，壮烈牺牲。

第六连连长杨至成发现左前方的山头阵地已遭敌人包围切割，枪声也慢慢地稀疏了。突然，一阵枪声在杨至成背后响了起来，原来敌人除了在正面猛烈进攻外，又以一个团的兵力绕到了城西的火车站，并突破了起义军在西湖山的阵地，切断起义军与汕头的联系并从背后发动攻击。连长杨至成在众寡悬殊、伤亡过半、腹背受敌的情况下，带领剩下的十几位战士撤离了阵地。

下午 3 时，国民党第六师的一个团分两翼进攻城西的西湖山阵地，起义军第三师师代理参谋长苏文钦急令师部特务连前去阻击敌人，特务连没有机枪，根本没办法压下敌人的火力。敌兵很快就绕过特务连的防守阵地，直扑西湖边涵碧楼的起义军第三师师部和警备司令部。司令部除了几个站岗的士兵外，并没有其他部队负责护卫。当四下的枪声响起来的时候，机关里的人都跑出楼来，他们发现已有无数的敌军从山上朝他们冲过来。这些没有经过战斗洗礼和考验的机关工作人员看到这种情形，一时不知所措。就在这时，连长文强带领特务连从阵地撤回，急忙护卫着他们往通往城内的虹桥上跑，敌兵居高临下用机枪向师部工作人员扫射，许多人在奔跑中倒地，伤亡惨重，师政治部科长叶声等同志在桥上中弹牺牲，桥下的西湖水成了一片红色。

敌军攻入城后，四处展开攻击，分割了城内主要街道。起义军第三师师长周逸群在城中指挥着教导团的三个总队，利用街巷盘桓的地形与入侵之敌顽强地抵抗。城内的巷战坚持了四个多小时，周逸群得到各方面传来的消息，各总队的军事主官大部分阵亡，随后，又传来了火车站失守的消息。而恰在这个时候，从汕头来的一列火车载送着第六团一个连的援兵到达潮安县城外。战士们刚要下车就遭到了大队敌军的围攻，随后，火车退到枫溪，与敌军展开了一场激战，多数人牺牲或者失散了，剩下的少数官兵不得不突围，沿着铁路线向南撤退。

30 日下午，城内的起义军多数人已经打光了子弹，而涌进城来的敌军却越来越多；反动民团也火上浇油，趁机从城外冲了进来；城内的反动分子也从高楼上对准起义军开枪。周逸群身边只剩下特务连的几十个人，为了保存南昌起义的革命火种，周逸群只好派手下几名卫兵，迅速通知城内的其他部队想办法突围。自己则带领特务连的卫兵与第二总队的部分战士，打开一个缺口，从东门突围后，沿江边向汕头方向撤退。师代理参谋长苏文钦与周逸群一起突围时被敌兵冲散，他急忙躲进巷子里面的一处院子，藏在院中的一棵大树上。待敌兵进院搜查后，户主阿伯主动拿出自己的破烂夏装给苏文钦，于是他脱下军服，打扮成市民模样，混出城外，追上周逸群率领的余部。

守城的第三师军官教导团团长谢独开、党代表段德昌在与敌军的激战中不幸负伤，分别被城内的群众掩护起来。参谋长周邦采接到了周逸群立即突围的命令后，率领身边的部分战士，边打边往韩江方向跑。此时，东门外挤满了急于渡江的起义军将士，可是江边码头上却连一条渡船都没有，就在大家万分焦急的时候，县总工会的领导带领一帮船工跑到江边，他们纷纷潜入水中，将原来沉没在韩江里的渡船弄出水面。此时突降大雨，船工们不顾危险冒着大雨在朦胧昏暗的夜色中，将起义军接上船。上船后大家纷纷划着船往东岸冲去。追到江边的敌军边开枪边喊话命令停船，船上的人反而划得更快，子弹嗖嗖地从他们头上飞过，一直到他们划到对岸。有的船快到对岸时，被子弹打穿后沉没入江，船上的人就纷纷往江里跳，蹚着没过胸部的江水奔向对岸。于是，起义军便陆续撤离潮安县城。起义军在潮安的活动前后 7 日，史称"潮州七日红"。

四、"潮州七日红"保存了革命火种

南昌起义军约 400 人突围出来渡过韩江后，在教导团参谋长周邦采的带领下，历经几日的风餐露宿、艰难困苦，于 10 月 6 日早晨在饶平县上饶镇茂芝圩与朱德率领的起义军部队会合。原来朱德率领的第二十五师和第九军教导团在三河坝与敌人激战了三昼夜，完成阻击任务后，撤到了这里来。两支杀出重围的部队会合后，周邦采、陈兴霖等参加了由朱德主持的茂芝军事决策会议。此后，起义军两部合一，合成一支 2500 多人的队伍，穿过闽粤，转战湘南，上了井冈山，与毛泽东领导的秋收起义工农革命军会师。①

敌军攻进潮安县城后，疯狂追捕来不及撤离的起义军伤员和

---

① 南昌八一纪念馆编：《南昌起义》，中共党史资料出版社 1987 年版，第 283—284 页，第 478 页。

后勤人员。潮安县总工会干部蓝兴传为掩护起义军，只身在市区西马路与20多名敌兵搏斗，壮烈牺牲。县总工会音乐队长洪令德因足部受伤，未能随队伍撤退，被敌人逮捕，于南较场就义。

起义军撤离潮安后，潮安县城又陷于国民党统治的白色恐怖之中。潮安县委被迫重返江东仙洲村，部分工农骨干也相继离开潮安县城。途中，他们冒着生命危险收容了一些起义军失散人员和伤员，安置在各村农会骨干家中进行掩护和治疗。金山中学数名女生勇敢地救助了几名负伤战士，把他们藏在学生宿舍里，为其包扎伤口，并通过亲戚转移到乡下，伤愈后送他们归队。各地农会、农民自卫军、妇女协会和在城的人民群众，在敌人的大搜捕中，冒着生命危险，想方设法掩护了教导团团长谢独开、教导团党代表段德昌、大队长赵輖、潮安县公安局局长李国珍等一百余名起义军的伤病员和失散人员。庵埠乔林村妇女骨干庄玩月，不顾敌人的搜捕，把两名女战士掩蔽在家中，同时设法与组织联系，派人将她们接走。

当国民党军队攻入潮安县城后，分配在邮政局检查信件的第三师政治部女兵胡毓秀和王鸣皋，因为事先没有接到突围的通知，被困在城中。她们被好心人送到红十字医院，与在电报局工作、撤退时遇敌负伤的女兵谭勤先一起，在厕所里藏了整整一个星期。每天有专人送饭给她们，还有人请医师给谭勤先治伤。此后，她们在红十字会的帮助下，安全脱险去了上海。潮安县城内的红十字医院和民间医疗机构，精心救治着因南下沿途作战而负重伤的南昌起义军一百余人，待他们伤愈后设法送出潮安。潮安人民的情谊在他们的心中留下了永生难忘的回忆。

潮安人民对起义军的一片真情和不怕牺牲的革命精神，掩护和保存了一批南昌起义的革命火种，为中国革命事业作出了卓越的贡献。

1979 年 12 月，位列开国大将之首的粟裕在南昌起义 52 周年之际重返潮安，在当年第三师师部所在地涵碧楼上回忆起"潮州七日红"的战斗岁月，感慨万千，便挥毫作词两首，其中一首为《竹竿山头望》：南昌风雷震大地，潮州七日红南粤。碧血洒韩江，激流汇井冈。重来已过半世纪，地覆天翻今非昔。竹竿山头望，无限好风光。① 粟裕的词立意高远，气势磅礴，他以伟大战略家的独特视野，高度评价"潮州七日红"在中国革命史上的重要地位；深闳地阐述潮安人民与南昌起义军一道碧血洒韩江，突破敌人重重搜捕，保存南昌起义革命火种，汇入井冈山革命洪流的重大贡献；深刻揭示潮安的红色政权虽然仅存在了 7 天，却具有里程碑意义，永载中国革命史册！这就是粟裕将军"碧血洒韩江，激流汇井冈""潮州七日红，青史垂千秋"② 豪迈诗篇的深远意境和深刻内涵！

五、"潮州七日红"期间起义军中党和军队的重要人物

中共中央前敌委员会书记：周恩来。委员：李立三、恽代英、彭湃。中央代表：张国焘。③

国民党革命委员会主席团成员：贺龙、谭平山、郭沫若、恽代英。委员：周恩来、谭平山、贺龙、郭沫若、恽代英、吴玉章、林祖涵（伯渠）、叶挺、张国焘、彭湃、李立三、徐特立、江浩、

---

① 中共潮州市潮安区委、中共潮州市委党史研究室、潮州市社会科学界联合会编：《红色潮安记忆》，准印证字（粤 U）Y0165025，第 41、42 页。

② 中共潮州市潮安区委、中共潮州市委党史研究室、潮州市社会科学界联合会编：《红色潮安记忆》，准印证字（粤 U）Y0165025，第 44 页。

③ 南昌八一纪念馆编：《南昌起义》，中共党史资料出版社 1987 年版，第 556 页。

彭泽民、张曙时、经亨颐等。

秘书厅秘书长：吴玉章。秘书：高语罕、许甦魂（潮安籍）、邹敬芳、丁晓先、肖炳章。

参谋团参谋长：刘伯承。委员：周恩来、贺龙、叶挺、聂荣臻、贺锦斋、张国焘。

第二方面军总指挥：贺龙。

前敌总指挥：叶挺。

政治部主任：郭沫若。

第二十军：军长贺龙，党代表廖乾吾，苏联军事顾问库马宁。下辖第一师师长贺锦斋，党代表方维夏；第二师师长秦光远，党代表陈恭；第三师师长周逸群，党代表徐特立。

第十一军：军长叶挺，党代表聂荣臻。下辖第二十四师师长古勋铭，党代表颜昌颐，副师长欧震，参谋长徐光英（潮安籍）。①

---

① 南昌八一纪念馆编：《南昌起义》，中共党史资料出版社 1987 年版，第 587—590 页。

第二节

潮安革命武装斗争在挫折中奋起与发展

南昌起义军撤离潮汕之后，潮安县委又开始在极其困难的条件下，领导潮安工农群众与国民党统治当局进行激烈的武装斗争。在此期间，潮安县委积极健全党的组织，召开党代会，组建武装队伍，建立县、区苏维埃政府，在创建游击区、发动群众开展武装暴动等方面，不断取得胜利，虽受"左"倾盲动和冒险错误的影响，但革命斗争在严重的挫折后仍不断发展。

一、潮安党组织的恢复与工农武装斗争的全面发展

1927 年 10 月，潮安县委书记林务农调往海丰工作，县委进行改组，原潮安县部委农委书记方临川任县委书记，许筹任副书记，方方任宣传部部长，委员有赖其泉、李子俊、李绍法、林中、许穆锡。与此同时，留在潮安的南昌起义军失散人员，相继加入了当地的武装队伍，一些随起义军撤退的武装骨干，也陆续回到潮安，使农军的力量得到了壮大和加强。10 月底，根据省委指示，潮安农民自卫军扩编为工农革命军东路第二独立团（简称第二独立团），团长许筹、党代表方方，参谋长为起义军留下的武装干部李英平。第二独立团在长枪队和短枪队中建立了两个支部，加强党对工农革命军的领导。同时期，县委还在东莆、上莆、隆津、大和、归仁等区的乡村，建立和发展赤卫队，使党领导下的武装力量得到迅速的发展。

同年 11 月，潮安县委根据上级指示，在群众基础较好、武装力量较强的乡村，发动农民进行抗租抗税和武装斗争。先后进行处决国民政府秋溪区民团局长陈梅友等反动分子、攻打沙溪乡公所、袭击金石区署等斗争。12 月 14 日，为配合广州起义，潮安县委组织第二独立团和鹳巢、西林、林妈陂等地的赤卫队，在鹳巢火车站截劫从汕头开往潮州的列车，袭击押运列车的国民政府军队，伤、毙敌军 10 多人。翌日，第二独立团和赤卫队再度出发，破坏鹳巢至彩塘间长达 12 华里的路面铁轨，拆毁列车必经的仙乐木桥和华美站的火车供水塔，使潮汕铁路运输中断。

潮安工农武装接二连三地举行暴动，使国民政府潮安当局大感"顾此失彼，满城风雨"，因此对秋溪、庵埠、东莆、上莆、隆津、归仁等区的赤色乡村进行军事镇压。在国民政府军警的"会剿"下，各区的革命斗争遭受了严重摧残，县委委员孙应采被捕后坚贞不屈，英勇就义；大和区农会执委陈瑞秋与 8 名农会骨干及许多乡村的革命干部、农会骨干也惨遭杀害。国民政府军警所到之处，民房被烧毁，财产被掠夺，群众被杀害，仅西林乡就被烧毁民房 200 多间，被杀害群众 32 人，全乡在一片火海之中。

1928 年 1 月，国民政府潮安治安委员侯映澄率领治安队与顾光华民团袭击归仁区林妈陂乡，方方带领第二独立团与当地赤卫队奋起反击，打退了敌人的进攻。2 月 25 日，侯映澄和顾光华又率队配合吴少荃保安队，分兵三路再次进攻林妈陂。第二独立团与当地赤卫队在澄海县张志扬率领的赤卫军的配合下，英勇作战，痛击来犯之敌，活捉并处决了国民政府归仁区区长顾光华，击退侯映澄的治安队。当天下午，潮安国民政府调集了一个营的兵力和吴少荃保安队以及潮安治安队，再度进攻林妈陂乡。敌军兵分东、西、南三路"围剿"林妈陂，由于敌众我寡，第二独立团和赤卫队当晚被迫撤至枫树员村，群众也纷纷逃离了本村。翌日早晨，敌军大肆洗劫林妈陂群众财产，烧毁民房 960 多间和 5 座祠堂，抢去耕牛 69 头，砍光全部果林树木，全村变成一片废墟，林妈陂群众被迫逃亡而散乡一年余。

潮安县委及时总结赤色乡村武装暴动的经验教训后，首先加强对群众的宣传教育工作，提高群众的斗争信心；其次积极发展党的组织，县委先后派出党员干部，在工农群众中培养和吸收党员，恢复和建立区、乡党组织。至 1928 年 2 月，全县党员从原来的 100 多人发展至 309 人，先后建立了 9 个区委和 44 个党支部。

2 月 9 日，省委巡视员叶浩秀在汕头市区主持召开潮梅各县党、团书记联席会议，研究武装暴动问题。由于叛徒出卖，潮安县委书记方临川、原县委书记陈振韬及潮梅特委、汕头市委、揭阳和澄海县委等 20 多名领导干部遭敌人杀害于汕头市，使党的领导力量受到极大的损失。

2 月 29 日，潮安县委依照中央、省委有关组织问题决议"从小组、支部一直改组到县委"的指示精神，在大和区召开首届全县党员代表大会，改组潮安县委。会议选举县委委员 11 人，陈木合、方方、李绍法、林耀彬、苏金裕为常委，陈木合为书记。会议为加强武装斗争和职工运动的领导，成立了以李子俊为主任的军事委员会和以方方为主任的职工运动委员会。

2 月，中共潮安县委委员陈宏通以农民代表的身份到莫斯科学习。6 月，潮安县委书记陈木合被捕牺牲，林中接任书记。

1929 年 4 月，林中调东江特委工作，方方任潮安县委书记。下旬，方方参加了广东省委在香港举办的训练班，学习课目包括中共六大政治决议、农民问题、职工运动问题、游击战争及巷战问题。回来后，县委在归仁区白茫洲村举办党团员学习班，全县参加学习的有 70 多人。通过深入学习之后，全县的干部和党团员都能够较好地认识到当前的斗争形势，明确中共六大提出的任务，潮安县委也从前段斗争遭受的挫折中，吸取了盲动错误的深刻教训。这次学习班，使潮安的革命斗争进入了复兴时期。

学习班结束后，县委书记方方带领一批党团干部来到平原地区，在艰苦恶劣的环境下，风里来，雨里去，挨饥受饿，活动于庵埠、东莆、隆津、登云等区。他们团结教育农民，发动群众秘密恢复农会活动，发展党组织。他们首先是积极扩大党的政治宣传，揭露国民党统治阶级剥削压迫农民的罪恶；其次是领导群众开展反迫害、反苛捐杂税、反组织后备队的斗争。在县委的领导下，吴乐桥村党员发动群众抵制国民政府警卫队召集群众开会；乌洋村党支部两次领导农民反对绅士迫害进步青年和封闭农民小商店的斗争，又发动全村700多名农民反对地主升租、吊佃（把租给农民种的田地收回去）的斗争；郭陇村农会联合邻近乡村的群众，处死为非作歹的国民政府龙溪监委郭芳霖等3名反动分子的斗争；西林及附近乡村，开展反对后备队巧立名目、盘剥农民的斗争，都取得了胜利。这一时期，全县又恢复了7个区委，24个党支部，党员人数达到300人；有13个区开展了农运工作，50个乡村建立了农会，发展了一批革命活动点。

1930年12月，潮安县委召开了第三次全县农民代表大会，成立了新的县农民协会。这是潮安人民在革命斗争的复兴中，经过艰苦曲折的斗争所取得的丰硕成果。

在蓬勃开展农民运动的同时，潮安县委领导的工人运动在潮安县城反抗国民政府压迫和盘剥的斗争中也取得了一些胜利。1930年5月，潮安县委紧紧抓住庵埠船工不满和反对潮安航政局增收船牌捐、强迫船业工人加入黄色工会的主要矛盾，发动庵埠5000多名船业工人举行了同盟罢工。数千艘船停泊在庵埠，造成港口瘫痪，水上运输全面中断。罢工坚持了9天之久，迫使潮安县国民政府撤去航政局局长之职，同意了船业工人的要求。罢工取得了胜利，受到中共广东省委的高度评价。

二、归仁区和登荣区山地游击区的创立

1928年5月，丰顺八乡山革命根据地党支部书记古大存在开创八乡山根据地的初期，同李斌（由省委派到东江特委工作，后任红军四十七团团长）等几位同志来到潮安、揭阳、丰顺边界活动，在登塘枫树员村遇到了潮安县委委员、归仁区委负责人张义廉（又名张龙添）。张带古大存到白水等村一起发动当地的群众开展革命活动。8月，梅县畲坑暴动之后，张义廉代表潮安县委来到九龙嶂，参加新成立的七县联合委员会，古大存为联委书记。归仁区因此成为八乡山根据地革命斗争的一部分。

1929年，国民政府各派军阀之间为争夺中央领导权，不断爆发战争，全国处于军阀混战的局面，整个形势对革命斗争的发展比较有利。潮安县委抓住国民政府在潮安驻军薄弱这一有利时机，在靠近丰顺、揭阳边界的归仁区，建立武装队伍，发动游击战争，创建归仁山地游击区，与八乡山根据地的斗争紧密配合。同年三四月份，中共东江特委派卢笃茂到潮安帮助县委开展工作，归仁区一带山村的农民很快被发动起来，先后建立了区、乡赤卫队。归仁区赤卫队先后袭击了周边的国民政府民团，为饱受民团所欺压的群众出了一口气，提高了各村农民的斗争勇气。接着，县委又在白茫洲村有计划地举办赤卫队训练班，提高赤卫队员的作战技术。之后，赤卫队的活动更加活跃。

1929年冬，归仁区成立了潮安县首个区级苏维埃政府，主席蓝亚怀（化名蓝永生）。同时期，古大存率领东江红军从丰顺进入归仁区活动。在东江红军的帮助下，各村纷纷开展抗租、抗债、打击地主豪绅的斗争，镇压了作恶多端的豪绅，鼓舞了贫苦农民

的士气，使归仁各地的地主豪绅惶惶不可终日。

1930 年三四月，东江特委进一步强调在潮安、丰顺、揭阳三县之间建立游击区，东江红军奉命进驻归仁区，推动了归仁区游击战争的迅速发展。东江红军在归仁区赤卫队的配合下，先后攻打了揭阳埔田湖下民团，袭击揭阳新圩下坝、东寮两村，攻打田东圩民团，获得了胜利。5 月 8 日，在居西溜袭击敌人，激战了一天，红军牺牲了 30 多人，敌军伤亡更重。

在加紧开辟归仁山地游击区的同时，1930 年春，东江特委农运部长卢笃茂等又率东江红军短枪队 20 多人，进入潮安东北部的登荣山地开展工作。登荣区成立了苏维埃政府，建立了一支 30 多人的赤卫队，开辟了新的游击区。赤卫队配合红军短枪队先后攻打东溜口铺村，袭击峙溪、安溪、白莲等村，枪毙两名反动分子，缴获当地土豪的枪支和物资。从此，地处潮安西北与东北两处的山地游击区，遥相呼应，互为配合，推动了潮安全县革命斗争的发展。

1930 年 4 月，潮安县在归仁区白茫洲管厝祠成立了县革命委员会，主席张义廉，下辖归仁区、登荣区苏维埃政府，标志着潮安土地革命进入了新的时期。

同年秋，地处八乡山根据地边陲的潮安归仁、登荣游击区，由于红十一军撤离八乡山和东江特委重迁大南山，势成孤立。驻潮州的国民党香翰屏师不断派兵联合治安队和地方民团，多次袭击游击区，各乡村微弱的赤卫队都无法抵抗国民党正规军和地方武装的进攻。8 月 25—27 日，国民党六十二师二四五团孔可权部的一、三营及直属队，会同驻丰顺的教导团陈均仁营和潮揭丰三县警卫队，分兵三路"会剿"潮揭丰边的游击区。归仁区的赤色乡村均被国民党军队占领。敌军到处搜捕赤卫队员，逮捕农会骨干，烧毁民房，掠夺群众财产。潮安县革命委员会、归仁区苏维埃政府以及世田的红军军部和小葫芦村的后勤处均遭到严重破坏，驻地被烧毁。居西溜村农民的房屋全部被烧光。世田村民蓝双龙之母怀有身孕惨遭烧死，各村群众因此流离失所。9月17日，归仁区地下交通员蓝阿芳和世田干部蓝朝毅叛变，诱杀居西溜村张永发、张永贺、张永庭等7名赤卫队员，并将世田及大、小葫芦村赤卫队员埋藏的枪支和弹药，尽数提供给敌人。与此同时，登荣游击区也相继受到潮安警卫队和登荣乡后备队的"会剿"。登荣区苏维埃政府被破坏，区被服厂和三洲寮原红军驻地被烧毁，群众遭受洗劫。归仁、登荣区的共产党员和革命干部及部分赤卫队骨干被迫易地隐蔽或出走南洋，归仁、登荣游击区因此陷落。

红十一军及潮安党组织在归仁、登荣等地的斗争，为后来开辟潮安苏区斗争提供了宝贵的经验，对潮安整个土地革命斗争的影响是深远的。

三、"左"倾盲动和冒险错误对潮安革命斗争的破坏

1927年11月，中共中央临时政治局召开扩大会议，确定全国武装暴动计划，使"左"倾盲动错误在一段时间内对全党取得支配地位。广东省委根据中央精神发出《潮梅暴动计划》，指示潮安县委要领导全县农民用各种斗争方式发起暴动。

1928年2月，广东省委巡视员兼潮梅特委书记沈青、特派员徐克家来到潮安，针对潮安周边有国民政府重兵把守的状况，指示方方领导的第二独立团再次举行暴动，破开韩江北堤以淹没国民党军队。方方明白水火无情，一旦决堤，潮安、揭阳、普宁等县将变成浩渺的"水葬场"，敌人被淹不足惜，可怜的是广大贫民百姓就要遭受灭顶之灾。方方是多年从事群众工作的党员干部，有浓厚的群众观念和阶级感情，深知党的干部应该如何保护群众的利益，不能去做危及人民群众生命财产安全的事情，因此，对

破北堤的指示极力反对，拒绝执行命令，始终没有听从沈青的瞎指挥。方方的群众观念和坚持党的原则性强，保住了潮汕平原黎民百姓的生命和财产安全。

由于潮梅特委执行了省委的指示，一再命令各县暴动，潮安县委也难以避免地执行了盲动的做法。1928年三四月，潮城区委在执行盲动任务中使区委和4个支部被破坏，区委书记邓云辉和两名支部委员遭到杀害。第二独立团和部分赤卫队员200多人，攻打登塘乡郭进元民团，强攻不进，暴动不上一天即告失败。此后，各区、乡虽举行了多次的武装暴动，均因力量对比悬殊，且缺乏经验，先后失败，致使大革命失败后发展起来的革命力量又受到了严重的破坏。在这个这时期的暴动中，潮安县委书记陈木合、县委委员姚为敬、县总工会副委员长谢汉一、潮城区委委员庄淑珍、县少先队队长陈文光、交通科主任方立志等领导被逮捕杀害；原县委委员，农军负责人之一的赖其泉和吴根炎在战斗中壮烈牺牲。在桑浦山坚持斗争的第二独立团由于在战斗中不断遭受伤亡，又逐渐失去群众的支持，除部分领导骨干突围转移外，其余分散回乡或出走外地。

1930年5月，东江第一次工农兵代表大会在丰顺八乡山召开，正式成立了东江苏维埃政府。潮安县委书记杨少岳，委员陈耀潮、李子俊、龚文河、许筹等参加了会议，潮安代表陈耀潮、李子俊、龚文河被选为东江苏维埃政府常委，其中陈耀潮还被选为副委员长。大会正式成立了红十一军。此次会议由于受李立三"左"倾冒险错误的影响，大会确定东江总暴动的策略是以红十一军全部力量，乘虚猛攻潮汕。

6月，广东省委根据中央精神又指示"以夺取潮汕政权为完成地方暴动中心"。东江特委进一步强调在潮安、丰顺、揭阳三县之间建立游击区域、开展游击战争的重要性。在这个大背景下，东江特委党、团合并为行动委员会（简称行委），颜汉章为行委主席，命令前敌总指挥兼红十一军军长古大存率兵攻打潮安县城。古大存率领红十一军的四十六团、四十七团和教导团计 2000 余名红军，开进潮安县归仁区，开展攻打潮安县城的筹备工作。红十一军在世田村设立第二军区，在小葫芦村建立红军后勤站，站长钟信。在潮安县委和归仁区委的领导下，各村农会和赤卫队员积极帮助第二军区运送物资，配合红军作战。潮安县城此时驻有国民党军队两个团，邻近的枫溪驻有敌军一个师，北面的隆隍也有敌军一个师。面对敌强我弱、力量悬殊的严峻形势，东江特委和行委仍然强令红十一军攻打潮安县城。古大存率领红军将士第一次攻打潮安县城，途中在林妈陂歼敌一个营，虽是胜仗，但红军也牺牲了 200 余人，部队只好撤回丰顺崧下休整。部队撤回后，受到行委主席颜汉章的严厉批评，古大存受命率兵第二次攻打潮安县城，途中在枫溪长美与敌军遭遇，结果红军损失很大。经过两次攻打后，古大存向颜汉章陈述利害关系，认为敌强我弱，远途出击，于红军不利，但颜汉章批评古大存"右倾"，命令第三次攻打潮安县城，此次红军出发后在归仁区枫树员被敌包围，遭受了更大损失。因此，红十一军被迫撤离潮安，返回八乡山根据地，归仁、登荣两地游击区因此陷落。

根据"左"倾冒险错误提出夺取中心城市潮州、汕头为目标的指示，1930 年 5—8 月，闽西红十二军、红二十一军与红十一军四十八团进军潮安外围的闽粤边界，先后与国民党军队激战三次，均以失败告终。①

---

① 中共饶平县委党史研究室、中共平和县委党史工委室、中共大埔县委党史研究室、中共诏安县委党史研究室编：《饶和埔诏苏区史料汇编》，广东人民出版社 1994 年版，第 12 页。

国民政府军队占领归仁、登荣两区后，又加紧对平原乡村进行"清乡"。敌人不断派出侦缉队，网罗流氓叛徒，到处追捕共产党人和革命干部，破坏平原各地的党组织。党的多处活动点和交通站遭到破坏，各革命乡村群众遭洗劫。在敌人的大搜捕中，党组织没有采取断然措施，没有及时组织转移，加上叛徒的出卖，致使县委委员陈宗如等县、区领导遭到杀害，二三百名革命骨干有的被投入监狱，有的被枪杀。由于潮安党组织遭受严重破坏，革命斗争再一次进入低潮。县委领导人李子俊、龚文河和少数坚持下来的骨干，秘密转移到潮澄饶边继续进行活动，迎接新的战斗。

潮安县委在贯彻中共六大会议精神后，通过艰苦细致的工作，在平原建立和发展一批赤色乡村，在山地开展游击战争，进行创建革命根据地的尝试，此做法为后来的实践所证明是正确的。但是，由于党内"左"倾冒险错误的影响，党的斗争失去了正确的方向，以致艰苦积集起来的革命力量受到了重大损失，刚建立起来的区、乡党组织和游击根据地又受到了致命的破坏，教训是深刻的。

红十一军和潮安党组织在归仁、登荣创建游击区以及各区的武装暴动斗争，为后来开辟潮安苏区和创建革命根据地提供了宝贵的经验，对潮安整个土地革命斗争的影响是深远的。

第三节 中央苏区的南方屏障和后防基地

土地革命战争时期，潮安党组织在中国共产党的领导下，先后三次建立潮安县革命委员会，各区相继恢复了区委和成立了苏维埃政府，建立了工农武装，开展了轰轰烈烈的武装斗争和土地革命，标志着潮安革命根据地的正式形成。潮安革命根据地范围包括归仁、浮凤、登荣、登凤、龙溪、上莆等区，地理上与福建、江西两省毗邻，在政治、经济、军事上与中央苏区有着密切的联系。潮安的党组织（潮澄澳、潮澄饶、潮澄揭县委）、武装队伍和根据地先后隶属东江特委、中共共同前敌委员会、闽粤赣边区特委（省委）、福建省委、闽粤边区特委领导，因而是整个中央苏区的一个重要组成部分。潮安革命根据地为中央苏区的壮大和发展作出了巨大的牺牲和重大贡献。

一、潮安革命根据地是中央苏区的重要组成部分

潮安位于闽粤赣苏区与潮汕国民党势力的交界处，与闽粤赣边的政治、经济紧密相连，北部梅州市的丰顺、大埔，东部的饶平都是中央苏区，潮安苏区从地缘上同中央苏区紧密连接在一起，是中央苏区的南方屏障，战略位置十分重要。

早在土地革命战争初期，潮安就已经是闽粤边区较早开辟的红色区域。1927 年 9 月 23 日，南昌起义军进驻潮安城，立即成立红色政权——潮安县革命委员会，为计划建立"潮汕革命根据

地"做好政治准备。"潮州七日红"的烈火和鲜血焕发了潮安人民的斗志，不少有识之士和热血青年参军参战，走上革命道路。"七日红"革命高潮之后，潮安人民拼死救护南昌起义部队失散人员，为开辟中央革命根据地作出了重大贡献。

周恩来一直关切着潮安的革命斗争，也是潮安早期革命进程的直接领导者。他曾于 1925 年两次东征中战斗在潮安，1926 年任东江各属行政委员领导了潮安，1927 年率领南昌起义部队南下战斗时指挥机关设在潮安，1931 年他从上海经香港等地秘密进入中央苏区时过境潮安，他一直以来对潮安的人民革命斗争有深入的了解和极大的关注。早在 1928 年 2 月，潮安就建立有 9 个中共区委，44 个党支部，党员发展到 309 名。潮安早期党组织的创建和变更，都一直受到周恩来的关注和直接的指导。①

土地革命战争时期建立起来的潮安革命政权及其领导下的根据地和红军、游击队的革命活动，都与中央苏区始终紧密联系在一起。

（一）红四军成立的东江革命委员会领导潮安再次建立红色政权

1929 年 10 月下旬，红四军转战东江期间，颁布了以毛泽东、朱德、古大存、刘光复、陈魁亚、朱子干、陈海云等 7 人为主席团成员联名签署的《东江革命委员会关于公布执行土地政纲的报告（第 117 号）》。② 1930 年 4 月，在红四军的推动下，中共潮安

---

① 周恩来四次在潮安，1925—1927 年的三次来潮安内容可见于《中共潮安党史（新民主主义革命时期）》，1993 年版，第 16—17 页，第 20—27 页，第 65—67 页。通过红色交通线经过潮安内容出自陈汉初主编，汕头市社科联编：《周恩来在潮汕》，中央文献出版社 2004 年版，第 685 页。

② 闽粤赣边区党史编审领导小组著，林天乙主编：《中共闽粤赣边区史》，中共党史出版社 1999 年版，第 47 页。

县委遵照东江革命委员会的指示，在归仁区白茫洲村成立了全县性的苏维埃政权机构——潮安县革命委员会，下辖归仁、登荣等区的苏维埃政府。1930 年 5 月，东江革命根据地在丰顺八乡山滩下召开第一次工农兵代表大会。大会成立了东江苏维埃政府，选举产生了苏维埃政府执行委员会，潮安县代表陈耀潮、李子俊、龚文河被选为常委，其中陈耀潮被选为副委员长，有力地推动潮安红色区域的发展。

1930 年 2 月，在毛泽东等人的领导下，在江西省吉安县陂头村召开了赣西和赣南特委及红四、五、六军军委联席会议，史称"二七会议"。会议根据形势发展的需要，决定成立既领导赣西南、闽西、东江革命根据地党组织和苏维埃政府及地方红军，又指挥主力红军第四、五、六军的"前委"，毛泽东为前委书记，前委成为当时闽粤赣苏区各革命根据地党政军最高领导机关。① 直至 1930 年 10 月闽粤赣苏区特委成立之前，隶属于东江特委的潮安县委一直归属"前委"的领导。

1930 年 10 月，中共中央为传达贯彻六届三中全会精神，同时落实党中央对闽粤赣苏区的工作计划，建立闽粤赣苏维埃特区党政军的统一领导机关，决定派邓发赴闽粤赣苏区主持工作。11 月初，成立以邓发为书记的闽粤赣苏区特委，撤销原东江特委，在东江设西南、西北分委，并相继建立了边界县委。潮安县与澄海县及南澳成立了潮澄澳工委，书记周大林，属西南分委领导。1931 年 4 月 4 日，《中央给闽粤赣特委信》指出"闽粤赣是整个中央区的一部分，他应当巩固这一根据地打通中央区的联系……"因此，潮澄澳工委已是中央苏区的一个重要组

---

① 闽粤赣边区党史编审领导小组著，林天乙主编：《中共闽粤赣边区史》，中共党史出版社 1999 年版，第 57 页。

成部分，归属闽粤赣苏区特委并受中央苏区的直接领导有半年之久。

（二）与东江特委失去联系，潮澄澳县委接受闽粤赣苏区特委的双重领导

1931 年 4 月 4 日《中央给闽粤赣特委信》中提到："东江分特暂时划与广东省委直接领导，并积极组织潮梅的斗争来帮助闽西。"[①] 中共潮澄澳工委按照中央和省委的指示，从 1931 年 5 月起改为中共潮澄澳县委，书记李子俊，归属新恢复的东江特委领导。同年冬，潮澄澳县委错误清查"AB 团"，李子俊被认为"消极、政治上靠不住"被撤职（1995 年 4 月，潮州市人民政府给予李子俊平反昭雪，恢复名誉），李崇三接任县委书记。

1932 年 6 月，东江特委根据中共苏区中央局"和闽西中央苏区打成一片"的指示，决定"游击的方向是在西北，主要的是偏重潮安至饶平一带，同时在八乡山一带游击，并恢复那边的苏区（接近丰顺县、梅县）配合行动。这样来牵制国民党在闽西驻重兵威胁闽西南红军，是更有效力（这一个决定写了信报告了闽粤赣省委）。"[②] 潮澄澳县委紧紧围绕这一中心任务开展工作。同时，闽粤赣省委也一直在关注和领导潮澄澳的革命斗争。

由于受到国民党军队的重兵"围剿"和分割，潮澄澳县委长时间与东江特委失去联系。1932 年 7 月至 1933 年 3 月东江特

---

① 中共江西省委党史研究室等编：《中央革命根据地历史资料文库·党的系统》，第三册，中央文献出版社、江西人民出版社 2011 年版，第 1564 页。《中国共产党广东地方史》（第一卷）（广东人民出版社 1999 年版）载：因中共广东省委机关遭受破坏，1932 年 3 月 20 日，根据中共中央决定，成立了中共两广临时省委，3 月 29 日，正式成立中共两广省委。

② 中央档案馆、广东省档案馆编：《广东革命历史文件汇集　1932 年　中共东江特委文件》（内部出版物），1983 年版，第 105 页。

委给中央的报告及给潮澄澳县委的指示信，共6件中均有提到失联情况。因此，潮澄澳县委在与东江特委失联的情况下，继续直接向闽粤赣苏区特委（后称闽粤赣苏区省委、福建省委）汇报工作，接受苏区特委、福建省委的双重领导。《中共闽粤赣边区史》称："此后，韩江以东地区党组织和饶和埔县委依然隶属于闽粤赣苏区特委领导。五兴龙、蕉平寻及潮澄饶（潮澄澳）红色区域的革命武装斗争，依然同闽西苏区的革命斗争密切相联系。"①

（三）建立交通站，直接与中央苏区取得联系

中共潮澄澳县委根据形势发展的需要，为打通与闽粤赣苏区省委（福建省委）所在地闽西苏区联系的交通线，于1933年秋季，从凤凰苏区工作队中抽出人员，组成新区工作组，秘密潜入饶平县（2010年10月确认为中央苏区县）三饶一带活动。新区工作队有两项任务：一是打通从凤凰到闽西南联系的交通线，建立交通站；二是发展地方革命组织，建立农会、赤卫队，扩大革命根据地，使潮澄饶澳和饶（平）和（平和）埔（大埔）诏（安）两块根据地连成一片。工作组在南淳的龙居寨村建立地下交通站，张大海任站长，并派张武镇等到饶城北面的西坡、山美、溇溪乡白塔村建立交通点，连接白花洋，形成了一条由潮澄澳通往饶和埔进入闽西苏区的交通线。此后，新建立的交通站、线，恰如一根红线一样，把福建与广东方面的革命斗争紧紧连接起来，贯穿着潮安东北边境，潮澄饶（澳）县委因此与中央苏区的联系更加密切。交通站即便是在风雨之夜，也一次次地把潮澄饶（澳）县委转来的信件和宣传品，胜利地越过敌人的封锁线，安

---

① 闽粤赣边区党史编审领导小组著，林天乙主编：《中共闽粤赣边区史》，中共党史出版社1999年版，第96页。

全转到闽西根据地。闽西苏区的信件，绝大部分从这里转交到潮澄澳县委和东江特委。交通站、线的建立，成为通往闽西南的游击走廊，为红军游击队打击敌人，转移、休整和发动群众提供了可靠的有利条件。

在这条交通线上的同志，英勇战斗，有的被捕牺牲。一次敌人进攻刺竹坑，看守反动犯人的文锡壶被敌人包围在一个山洞中，他不顾敌人火力威逼和叛徒劝降，在山洞中坚持了两天两夜后，果断将 7 名反抗的地主、豪绅杀掉，从一个秘密的小洞爬上山顶，安全撤退。1935 年 9 月，叛徒吴元金带敌方军警和民团近百人围攻龙居寨交通站，站长张大海及 4 名交通员被敌杀害，交通站至此停止活动。

（四）中共苏区中央局直接对潮澄澳县委下达指示

1933 年底，中共潮澄澳县委辖下，已有庵埠、秋溪、苏南、隆都、澄外、上莆、浮凤的党组织和汕头市工委以及铁路总支。八九月，李崇三因在任潮澄澳县委书记时业绩突出而升任东江特委书记，县委书记一职由东江特委常委徐国声接任。

1934 年 1 月，徐国声在瑞金参加中华苏维埃第二次全国代表大会和中共六届五中全会，他是东江特委所属各县中唯一的县委书记代表。六届五中全会结束后，中共苏区中央局直接向参会的徐国声下达指示，将潮澄澳县委分为两个边区县委，以便更有力地牵制国民党军队，配合中央苏区开展第五次反"围剿"斗争。徐国声在回潮安的途中被捕牺牲，中央的指示是由潮澄澳县委的另一位参加中华苏维埃第二次全国代表大会代表陈宗鉴（化名阿宗）回到潮安后传达的。据卢叨（时为潮澄澳县委工作人员）回忆："到江西瑞金参加第二次全苏代表大会（1934 年 1 月）的代表阿宗回来，传达中央指示：潮澄澳县委分为潮澄饶和潮澄揭两个县委，潮澄饶县委划归闽粤边特委领导。"① 中共苏区中央局直接向基层县委下达指示，说明潮澄澳县委在中央苏区的重要地位和与中央苏区的密切关系。潮澄澳县委按照苏区中央局的指示，于 1934 年 10 月改名为潮澄饶县委，陈信胜为书记。1935 年 1 月，将潮澄饶县委分为潮澄饶和潮澄揭两个县委，张敏任潮澄饶县委书记，陈圆圆任潮澄揭县委书记。

（五）中央将潮澄饶县委划归闽粤边区特委，直接受中共苏区中央局领导

为粉碎国民政府对中央苏区的第五次"围剿"，中共中央认为要在敌人之后与侧边猛烈地开展游击战争，遂于 1934 年 1 月决定将中共漳州中心县委和饶和埔县委、潮澄饶县委（潮澄澳县委实际到 1934 年 10 月才改名为潮澄饶县委），合并组成中共闽粤边区特委，直接归属党中央领导（党中央设在中央苏区），指定黄会聪为特委书记。②

1934 年 5 月，潮澄澳红军在闽南开展武装斗争期间，与在靖和浦苏区成立的闽粤边区临时特别委员会取得了联系，潮澄澳县委及红军队伍因此一并归属闽粤边区特委领导。1934 年 8 月 1日，中共闽粤边区临时特委在平和县邦寮召开闽粤边区党的第一次代表大会，正式选举成立中共闽粤边区特委，以黄会聪为特委书记，何鸣、何浚、林路、许其伟、余丁仁、谢卓元、张敏、张华元等为特委委员。闽粤边区特委下辖靖和浦县委、潮澄饶县委、饶和浦县委。《中共闽粤赣边区史》称："特委领导下的红军部

---

① 卢叨著，中共漳州市委党史研究室编：《卢叨诗文集》，中国工人出版社 1994 年版，第 8 页。

② 闽粤赣边区党史编审领导小组著，林天乙主编：《中共闽粤赣边区史》，中共党史出版社 1999 年版，第 96 页。

队，有活动在闽南地区的红军独立第三团……指战员共 300 余人；有活动在潮、澄、饶、澳等县边区的红军第三大队，指战员共 300 余人；还有潮澄饶红军特务大队……指战员共几十人。"①

1934 年 8 月，时任潮澄澳县委委员的张敏在平和县邦寮山参加了闽粤边区特委的成立大会，并在会上当选为边区特委委员。直至 1937 年，潮澄饶（澳）县委始终隶属中共闽粤边区特委领导。

二、潮安境内是中央苏区地下交通线的安全走廊

1930 年底至 1935 年 1 月，中共中央开辟了从上海经香港、汕头、潮安、大埔、永定到达瑞金的秘密交通线，这是中共中央军委书记周恩来亲自组织建立的从上海的党中央通往中央苏区的秘密交通线。

经过潮安的秘密交通线是广东境内最长的一段，其中包括 40 公里的潮汕铁路和近百公里的韩江水路。贯穿潮安南北的韩江沿途有凤凰山革命根据地和平原游击区，潮汕铁路两旁有红军和工农革命武装，还有以桑浦山根据地为依托的游击区，这些，都为秘密交通线潮安路段的安全畅通提供了极其有利的条件。

潮安县城中的地下交通站——交通旅社

为了保障秘密交通线中潮安段通过的人员和物资中转的畅通，在潮安

① 闽粤赣边区党史编审领导小组著，林天乙主编：《中共闽粤赣边区史》，中共党史出版社 1999 年版，第 197—198 页。

县城内的交通旅社建有秘密交通站。中共潮澄澳县委在潮汕铁路线建立了铁路总支部，沿线站区和每个车站都安插有自己的同志；在韩江上建立韩江电船支部，往返潮州至大埔之间的轮船老板和多数雇员是潮安人，而且党组织直接掌控着两艘电船；潮安县城外韩江码头的管理人员和搬运工人中也有地下工作者，这些党组织和地下工作人员积极配合着中央交通局开展工作。

在白色恐怖的险恶环境中，潮安各级党组织和工农武装及人民群众冒着生命危险与国民政府军警、土匪、奸商、叛徒等斗智斗勇，不仅自觉保守秘密，护送革命同志安全进出中央苏区，传递重要信件、情报，而且积极为交通站运送物资等，不惜牺牲自己的一切，用智慧、鲜血和生命架起了这条"红色之路"。如共产党员潮城交通员张姆（马西姆），1934年1月其祖孙三代人被捕，敌人连她年仅9岁的小孙子都不放过，张姆面对酷刑，毫不动摇，视死如归，保守了交通线的秘密。潮安交通线发挥的作用如下：

第一，传递情报，确保中央苏区及时得到党中央的指示。

从1930年底到1933年1月中共临时中央政治局迁往中央苏区之前，从潮安经过的秘密交通线沟通了上海党中央与闽粤赣中央苏区的联系，保证了上情下达和下情上达，使党中央能及时了解和掌握中央苏区的情况，又使中央苏区能及时得到党中央和共产国际的指示。交通线给党中央和中央苏区设置了一双"千里眼"和一对"顺风耳"。

第二，护送干部，保证大批党政军领导干部安全进入中央苏区。

1930年至1934年，潮安各级党组织配合交通站的工作人员，在这条红色交通线上冒着生命危险先后护送的有刘少奇、周恩来、项英、陈云、博古、任弼时、聂荣臻、刘伯承、左权、李富春、林伯渠、董必武、谢觉哉、徐特立、张闻天、王稼祥、李维汉、邓颖超、蔡畅、邓小平、杨尚昆、陆定一、王首道、瞿秋白、李德等党、政、军领导以及国际人士共 200 余人;[1] 还有两次参加中华苏维埃全国代表大会的各地代表;并有一大批电讯技术人员、文艺工作者和进步青年,他们都是途经潮安安全进入中央苏区的。这些党的

20 世纪 30 年代红色交通线上的潮安县城韩江码头

精英进入中央苏区后,在党的建设、政权建设和军事建设等诸多方面都发挥了巨大作用,他们中有很多人后来成为中国革命史上有影响力的著名人物。

第三,物资输送,为苏区的反"围剿"斗争准备了必需物品。

中共潮澄饶(澳)县委利用潮安境内水陆运输的便利条件,采取了多种方法,为中央苏区输送军需及民用物资。一是转运从上海、香港、汕头

转运物资进入中央苏区的潮汕铁路意溪站

---

① 陈万安主编、《东江革命根据地史》编写组编:《东江革命根据地史》,中共党史资料出版社 1989 年版,第 226 页。刘纪铭、蔡超主编,中共汕头市委党史研究室、中共潮州市委党史研究室、揭阳市史志办公室编:《中共潮汕地方史(新民主主义革命时期)》,中共党史出版社 1998 年版,第 168 页。

等地采办的物资，如纸张、电讯器材、印刷器材、军械器材等；二是直接在潮安采购大量的普通物资后运出，如盐、水产品、电池、药材、布匹、火柴等生活用品；三是协助中央苏区对外贸易局通过商业运作来采购和运送物资。潮澄饶（澳）县委还利用潮安作为闽粤赣边商品集散地的重要地位，组织和引导潮州商人在韩江、汀江沿线做生意，用布匹、食盐、灯油等商品向苏区交换粮食、竹器、木材、木炭、茶叶等土特产。

《中共闽粤赣边区史》称："对外贸易局是在反封锁、反奸商的斗争中建立起来的，它的任务是负责苏区与白区之间的贸易事宜，输出苏区生产的粮食和土特产，运入苏区急需的食盐、布匹、药品和军用器材。当时，闽粤赣苏区境内的汀江和韩江，是中央苏区党和苏维埃政府开展对外贸易的主要渠道……在中央苏区的对外贸易中起了极其重要的作用。"①《毛泽东文集》第一卷《寻乌调查》称："盐分潮盐、惠盐。潮盐好，但贵……潮盐色青黑，清洁能防腐。……寻乌的盐，历来是潮盐多，惠盐少。……都是在咸鱼类，一概从潮汕来。……以上盖市到天青鲋各种都是海菜，从潮汕来。"②

从1930至1934年底的几年间，中央苏区300万军民每年需要900万元的食盐和600万元的布匹及其他300多吨紧缺物资大部分是在潮安转运或采购后运出的，潮安人民为中央苏区军民打破国民党的军事"围剿"和经济封锁作出了重大贡献。

第四，送出钱款，支持党中央的活动经费。

---

① 闽粤赣边区党史编审领导小组著，林天乙主编：《中共闽粤赣边区史》，中共党史出版社1999年版，第149页。
② 中共中央文献研究室编：《毛泽东文集》第一卷，人民出版社1993年版，第133—146页。

土地革命战争初期，在上海的党中央所需经费，主要靠共产国际通过德国、法国在上海的银行汇入，或靠交通员从苏联途经东北带入，德国的希特勒上台和日本侵占东北后，共产国际对党中央的经费支持没有以前畅通了，党中央不得不经常通过中央交通局，把中央苏区从敌军和地主土豪那里缴获的黄金、白银、珠宝、现金，经过潮安送入上海、香港等地，作为各级党组织的活动经费，或通过采购点换成钞票银元，用来购买苏区所需货物。

途经潮安通往中央苏区的这条秘密交通线，是中央交通局所确定的华南四条交通线中开辟线路最早、使用频率最高、存在时间最长、所受破坏最小、人员及物资往来最多最安全的一条。潮安苏区和根据地境内畅通无阻的"红色交通线"，对中央苏区和中国革命作出了重大的贡献，因此成为中央苏区牢不可破的后防基地。

三、潮澄饶澳红军坚守着中央苏区的南方阵地

1931 年 5 月，中共潮澄澳工委改名为潮澄澳县委，李子俊任县委书记。东江特委为加强潮澄澳县委的领导力量，先后派李崇三、陈耀潮、张敏（义恭）、陈府洲、姚舜娟等干部到潮澄澳县委工作。潮安处于潮汕地区国民党的统治中心，是敌军设重兵严密控制的重要区域，敌军常驻潮澄饶的兵力达一师之众，粤军第三军军部就设在潮安县城。潮澄澳县委成立后，根据省委"加紧潮梅方面的发展，使之能与闽西之发展会合"①的指示，在建立红军和游击队、开辟革命根据地等方面积极开展工作，逐步成为中央苏区的南方屏障。

---

① 中共潮州市委党史研究室编：《中共潮安党史（新民主主义革命时期）》，1993 年版，广东省出版物印刷许可证第 109 号，第 94 页。

（一）潮安平原游击战争的开展

中共潮澄澳县委成立后，先后派张敏、许日新、郭懊柴加强以桑浦山为依托的庵埠和上莆两个区域的工作。1932年五六月间，成立庵埠区委，书记辛国基；1933年七八月间，建立上莆区委，书记许日新。两个区的许多村党支部和农会先后得到恢复和建立。

1931年11月，陈圆圆等10多名农会骨干成立了桑浦山游击队，并迅速开展了武装斗争，各村农会积极配合游击队的武装行动，游击队很快就发展到30多人。庵埠、上莆两区党组织，积极发动群众，组织地下武装和游击队，庵埠区成立了游击队和乔林、大长桥、郭陇、庄陇等乡的地下武装；鹳巢乡也秘密成立了地下武装，定名为红军游击队第四小队。游击队和地下武装在各级党组织的领导下，积极开展游击战争，先后突袭揭阳属蕉山村，处决乡长陈慎之和联防主任陈亚铁等8人，缴获长短枪20多支；袭击华美村联防队，枪杀队长方杰，缴获长短枪30多支；枪毙长期鱼肉乡民、与革命群众为敌的刘陇乡长刘千树，镇压横陇旗地的反动保长许弟乳，枪杀黄厝巷、陇头、华美周、蕉山、西山等地的7名国民政府侦缉队员和暗探；上莆区几百名群众，在各村党组织的发动下，先后围攻了薛陇、金砂曾厝、华美等村的地主豪绅；鹳巢地下武装经常在潮汕铁路沿线剪断敌人的电话线路，炸毁敌人的炮楼。1933年八九月，庵埠区委书记辛国基在与敌侦缉队进行战斗中，壮烈牺牲，由郭懊柴继任书记。通过一系列的武装斗争，庵埠根据地和桑浦山游击区开始形成。

（二）凤凰革命根据地的形成

1932年1月，中共潮澄澳县委为实现向闽西南发展，连接中央苏区的战略目标，从秋溪游击区中抽出陆益、陆广祥、陆在尚、刘万裕等人，先后进入凤凰白水湖一带的偏僻山区，组织发动群众开辟革命根据地。随后，县委派在潮州韩山师范学校读书的凤凰下埔人文锡响以及陆位保、叶淑兰等一批干部进入凤凰。经过他们艰苦的宣传发动之后，各村成立了农会、妇女会、儿童团，建立了在业赤卫队。在革命斗争中涌现出来的积极分子，陆续被吸收入党后，县委在白湖、坪溪、下埔等村先后建立了党支部。

凤凰山区位于潮安、饶平、丰顺三县的交界地，这里毗邻闽南，地域广阔，地势险要，境内山高路陡，林密洞多，国民政府的统治力量在这里比较薄弱，这也为中国共产党领导红军游击队在凤凰山区开展游击战争，创建革命根据地提供了极为有利的条件。潮澄澳县委在这里成立了浮凤区委和区苏维埃政府，建立了工农武装，开展了轰轰烈烈的武装斗争和土地革命，标志着浮凤苏区和革命根据地的正式形成。

1933 年三四月间，潮澄澳特务大队进入凤凰，袭击南溪火烧寮，拘捕两个地主恶霸，没收其财产。4 月 17 日，又攻打文祠，烧毁汽车一辆，没收一批粮食和布匹，帮助群众解决春荒困难。5 月，赤色乡村的群众，在文锡响和各村党支部的领导下，执行县委开展"红五月"政治宣传的指示，配合特务大队开展武装斗争，先后没收了南溪、南坑岭、下埔和庵下等村地主恶霸的财产，农民第一次分享到了胜利果实。七八月间，中共浮凤区委在白湖村成立，书记文锡响。在区委的领导下，一场以土地革命为中心的急风暴雨般的运动，在凤凰山区大小乡村迅速兴起，有 90 多个赤色乡村组织了农会、妇女会和地方赤卫队。青年农民踊跃参加红军和赤卫队，配合主力红军开展打击乡村警卫队和反动地主豪绅，进行抗租、抗债、抗捐税等斗争，取得节节胜利。妇女群众为红军制鞋、洗衣、送柴、送菜，担负起支前拥军的重担，部分妇女还和男人一样参军入伍，有的还入了党，成为革命运动的骨干。儿童团积极站岗、放哨、带路、送信。是年冬，浮凤区武装联队成立,队长柯良。区委带领农会等组织开展年关斗争,在特务大队的配合下,围捕南坑岭、下埔、三角桠等村的地主恶霸,没收其财产,取得了年关斗争的胜利。

凤凰根据地革命斗争的兴起和发展,在登凤山村的农民中产生了强烈的影响。在凤凰工作组的帮助下,龙须坑、双桠、山犁、望京坪等20多个山村,先后成立了农会和在业赤卫队,有30多名青年参加了红军。接着,登凤区成立了革命委员会。县委先后委派陈作芝、郑国清为区的特派员。登凤区革命委员会把全区的乡村划为两路,组织赤色联防。一方面动员群众进行反"围剿"斗争;一方面打击地主豪绅,没收他们的财产,分给贫苦农民,先后惩办了8名民愤极大的劣绅,同时酝酿分田,使全区的革命斗争形成高潮。

1934年10月,潮澄饶县革命委员会在凤凰根据地叫水坑村成立,东江苏维埃政府副主席兼县委组织部部长陈耀潮兼任县革委会主席。于是,凤凰根据地成了潮澄饶县委、县革委会指挥全县革命斗争的中心地带。

1935年春,潮澄饶县委在凤凰根据地成立了分田委员会,主席张敏。下设查田、分田委员会,相继在三平磜村举办为期15天的分田骨干学习班,为凤凰根据地的分田、建立苏维埃政府准备了条件。凤凰各村选派分田的干部学习分田政策,半个月后就开始分田地,分田政策是依靠贫雇农、保护中农、削弱富农、没收地主。至1935年四五月间,全区共有70多个村庄完成了分田工作。广大群众都欢天喜地地在自己新分到的土地上进行生产,夏收得到了空前的丰产。

7月初,浮凤区在庵下村举行成立苏维埃政府大会,这一天,各村群众代表穿着节日盛装,手持红旗,赤卫队员背着武器,儿童团员拿着红缨枪,从四面八方奔向会场。庵下村群众像过节一样，热情接待各地的代表，红军为大会站岗、放哨，会议盛况空前，气氛热烈。会上，潮澄饶县革命委员会主席陈耀潮宣布浮凤区苏维埃政府成立，主席黄芝固。这次大会之后，白湖、庵下、三平、上春、中段、叫水坑等 19 个村，相继成立了村苏维埃政府。这一斗争得到了中共闽粤边区特委巡视员何鸣的充分肯定，认为："浮凤区能够正确的执行这一路线，组建了 19 个乡苏（政府），建立了区苏政府，武装了几百人的赤卫军，并发展了许多红军。"①

（三）红军的建立与发展

在凤凰根据地发展的同时，潮澄澳县委积极组建红军和游击队，开辟平原游击区，掀起轰轰烈烈的武装斗争新高潮。1932 年 7 月，县委通过武装筹款，获港币 5 万元，除上缴东江特委外，购买了 24 支驳壳枪，以充实武装力量。同月，东江特委为加强潮澄澳的军事力量，调阿进、罗金辉、李金盛、吴元金等 10 人，进入桑浦山周围，配合游击队开展活动。同年冬，中国工农红军东江独立师第二团第三连在潮安秋溪区北坑成立，连长贝必锡，指导员傅尚刚，同期建立了庵埠区游击队。红三连成立后，挺进平原地区，各区党组织迅速组织区、乡武装，配合红三连开展军事行动。1934 年 1 月，红三连开进平原，庵埠区委调集了 20 艘农船运送红军进入西山村，先后袭击了仙德、塔下等村，缴获后备队十多支枪，并向富户筹集经费一万余元；上莆、庵埠区委组织了几百名群众配合红三连攻打刘陇村，打垮据守炮楼的后备队，击毙后备队长，缴获二三十支枪；在横陇新乡内外夹击金石、彩塘警卫队 50 多人，彩塘警卫队损兵折将狼狈逃走，金石警卫队被全

---

① 陈万安主编、《东江革命根据地史》编写组编：《东江革命根据地史》，中共党史资料出版社 1989 年版，第 269 页。

歼。红三连下平原连战连捷，打击了敌人，使游击区的群众分享了胜利的果实，鼓舞了在艰苦环境中坚持斗争的平原党组织和人民群众。

1933 年春，潮澄澳特务大队成立，队长李金盛，政委林乌；同期建立了秋溪游击队，队长罗桂木，指导员曾才炎。此后，潮澄澳红军和游击队在各区频繁开展武装斗争。5 月，中共潮澄澳县委在潮安、饶平交界的草岚武召开纪念五一劳动节大会，当场有 30 多名青年报名参加了红军。六七月间，潮澄澳红军和游击队在县委的领导下，运用灵活机动的游击战术，先后击破国民政府独立二师和潮安、澄海、揭阳三县警卫队对桑浦山游击区的三次合围。8 月，潮澄澳县委成立红军第二中队，中队长吴元金。

同年底，红三连和游击队在秋溪区西坑黄儿坷阻击两路国民政府军队 70 余人的进犯，毙敌队长等 12 人，活捉 12 人，缴获武器一批，取得战斗的辉煌胜利，在游击区和根据地中产生了很大的影响。中央苏区机关报《红色中华》以"东江红军的捷报"作了专题报道。同年底，凤凰共产党员文锡题带领红军游击队近千人，驻扎在白水湖一带，包括凤凰内外，抗击国民党邓龙光部队。①

1934 年春，红三连和第二中队合并改编为潮澄澳红军第三大队，大队长朱增强，政委贝必锡，下辖三个中队。同年底，卢秋桂短枪队从潮普揭转移到潮澄饶澳边区活动。至此，潮安革命根据地拥有 2 支具有较强战斗力的红军队伍共 400 多人枪，同时拥有若干支游击队和赤卫队，总共近 2000 人枪的武装力量。

由于国民政府经常采用潮汕铁路运送军队去进攻苏区，潮汕

① 饶宗颐主编：《潮州志》，潮州修志馆 1949 年版，第 423 页。

铁路工人在铁路总支的领导下，屡次开展阻止国民政府军事运输的斗争。1934 年 4 月 8 日，在游击队的配合下，铁路工人在距彩塘火车站 100 米处，埋藏了 19 颗炸弹，吓得国民政府军警手忙脚乱，自顾不暇。

1935 年 1 月 21 日，潮澄饶县委在凤凰白湖村召开纪念李（李卜克内西）、卢（卢森堡）、列（列宁）大会，红三大队、特务大队、浮凤区联队和各地代表 1000 多人参加。县委在大会上号召全县人民积极参军参战，继续深入地打击地主豪绅，为分田创造条件。会后，县委发布了《告群众书》。当晚，军民进行联欢，演出了反映反"围剿"斗争胜利的话剧。

1935 年 3 月，国民政府潮安县特务队长李映高带领一支人马乘电轮在韩江上巡逻，在洪渡头与平原游击队相遇，双方发生激战，李映高和后备队第四中队长被当场击毙。游击队击毙击伤敌军 20 余人，游击队员许尚稳等 5 人在战斗中牺牲。

在短短的几年里，潮澄饶（澳）县委坚决执行中共中央"积极组织潮梅的斗争来帮助闽西"①的指示，把创建红军与建立游击区、发展根据地与运用游击战术紧密结合起来，开展声势浩大的武装斗争。尤其是 1933 年下半年，在中央苏区的南片——粤东北各根据地先后遭到严重挫折和失败的严峻形势下，地处敌人心脏地带的潮澄饶（澳）县委，却不畏艰险、勇挑重担，毅然领导红军和游击队及广大人民群众多次击败国民政府军队的"围剿"；形成了遍及潮安山地、平原的革命根据地，以此为基础，积极向闽粤边区发展；牵制着国民政府在闽粤边区的重兵，有效地减轻了闽西南红军以至中央苏区的压力。

① 闽粤赣边区党史编审领导小组著，林天乙主编：《中共闽粤赣边区史》，中共党史出版社 1999 年版，第 96 页。

潮澄饶（澳）县委领导的革命斗争遍及潮安全县的山地、平原，先后发展了庵埠、上莆、登凤、桑浦山四个游击区和凤凰根据地，形成了连片的革命根据地，并将斗争深入到潮汕国民政府的统治中心——潮州、汕头。红军游击队经历大小战斗60 余次，毙敌 400 余人，缴枪 500 多支，炸毁敌人炮楼 5 座，狠狠地打击了潮汕敌人的军事力量。1934 年出版的《红色中华》，曾经三次报道潮澄饶（澳）县委领导的军事斗争。《东江革命根据地史》称："在整个东江都处于敌军进攻'围剿'时，地处敌人心脏地区的潮澄饶（即潮澄澳）党组织和红军，充分利用敌人把注意力投入大南山、海陆紫、陆惠的时机，采取灵活多样的政策和军事斗争方法，使红军发展到 400 多人枪，在潮澄饶开创了浮凤根据地。"[①] 由于有英勇善战的潮澄饶澳红军坚守在中央苏区的南方阵地，潮安革命根据地成为中央苏区坚不可破的南方屏障。

四、支援饶和埔诏地区，缓解中央苏区反"围剿"的压力

（一）支援饶和埔诏地区恢复红色根据地

1932 年至 1933 年，潮澄澳县委领导凤凰山区的革命斗争逐步形成高潮之后，开始秘密地向靠近凤凰山的闽粤边区开展工作。此时，地处潮安东面和北面的中共饶（饶平）和（平和）埔（大埔）诏（诏安）县委正处于艰苦的斗争时期（这四个县均被中央党史研究室确认为中央苏区县）。由于国民党驻潮汕军队和驻闽南张贞部的"围剿"，饶和埔诏根据地受到严重破坏，县委部分武装人员被迫退入深山密林，迂回辗转，夜宿山洞，挨饥受冻。

---

① 陈万安主编、《东江革命根据地史》编写组编：《东江革命根据地史》，中共党史资料出版社 1989 年版，第 265 页。

饶和埔诏县委书记刘锡三因此积劳成疾，多次转移，隐蔽治疗。面对这一困境，中共福建省委巡视员赖洪祥到饶和埔诏指导工作后，找到在诏安开展工作的潮澄澳县委委员张敏，向潮澄澳县委下达了福建省委的指示，要求潮澄澳红军向饶和埔诏进军，恢复和发展该地区的红色根据地。

潮澄澳县委根据福建省委的指示，从 1932 年秋开始，多次派出红三连、红二中队及游击队进入饶和埔诏根据地发展地方革命组织、建立农会和赤卫队、开展武装斗争，这时张敏住在诏安县月港村，所有部队的调动和工作部署，都由张敏决定，当时的月港成为饶和埔诏根据地的领导中心。①

1933 年春，潮澄澳县委派遣隆都区委委员赵金弟以区委特派员的身份到诏安一区开辟工作，建立了较好的群众基础，组建了诏（安）黄（冈）新区区委，使潮澄澳和饶和埔诏两块根据地连成一片。

（二）潮澄饶红军挺进闽南牵制敌军

1934 年 4 月上旬，中华苏维埃共和国中央革命军事委员会（简称为"中革军委"）根据第五次反"围剿"形势的需要，决定将福建军区所属的闽西地方红军独立第八团、第九团（以下简称红九团）直属中革军委指挥，并赋予这两个团的任务是："以积极的游击行动破坏敌人的后方运输和筑路计划，打击敌人，牵制和迟滞敌人向中央苏区的进攻，同时广泛发动地方群众，建立游击根据地，并相机向闽南发展。"② 时任红九团政委的方方在瑞金接受任务时，考虑到要牵制闽南和粤东国民党四个师的兵力有

---

① 《诏安党史资料通讯》，1983 年第二期，第 14 页。

② 闽粤赣边区党史编审领导小组著，林天乙主编：《中共闽粤赣边区史》，中共党史出版社 1999 年版，第 199 页。

困难，便向中革军委的领导建议调潮澄澳红军进入闽南协同作战，得到中革军委领导的同意。方方回到红九团后，立即派副营长邓珊来到凤凰根据地，传达了中革军委的命令，要求潮澄澳红军开进闽南，配合红九团共同完成中革军委交给的任务。潮澄澳县委接到命令后，于4月中旬派出属下的红三大队一、三中队和特务大队共200余人（潮澄澳红军主力部队的一半），在贝必锡的率领下，挺进闽南。至当年11月，红军从闽南回师潮安苏区，前后历时8个月，虽然没有与红九团并肩作战，但与新成立的闽粤边区特委接上了联系，并在特委的领导下独立作战。潮澄澳红军首战黄牛山，攻破反动白扇会的巢穴，击毙反动头目沈之光等多人；接着攻打诏安的多处驻军和联防队，歼敌200多人；随后又直捣云霄、平和等地，连战连捷，胜利打通了广东的饶平、潮安、丰顺、大埔和福建的诏安、平和、云霄等县几百里长的区域。帮助当地游击队和群众有效地打击了国民党军队及地方民团，恢复和发展了闽南红色根据地；牵制了国民党的邓龙光部第九师、张瑞贵部独立二师、张贞部四十九师、刘和鼎部五十六师等军队。潮澄澳红军在闽南开展的游击战争，战略上对中央苏区起到了"围魏救赵"的作用，缓解了中央红军反"围剿"和主力红军战略转移的压力。

潮澄澳红军的这次行动，在闽南人民中留下了深远的影响，并为后来开辟乌山根据地，坚持三年游击战争打下了基础。潮澄澳红军也成为初创的闽粤边区特委所赖以立足和发展的一支主力部队。中央党史研究室王新生研究员在诏安县被确认为原中央苏区县的庆祝大会上讲道："这里曾先后建立中国工农红军第四十八团和饶和埔诏第三连，与入诏的闽西红军、潮澄饶（澳）红军等协同作战，不仅消灭了多个反动民团，而且先后牵制了国民党四个师的兵力，减轻了中央苏区其他地方的军事压力。"①

五、潮安是粤东坚持到最后的革命根据地

1933 年起，粤东各苏区相继陷落，仅存大南山苏区和潮澄饶澳革命根据地。潮安革命力量的壮大和武装斗争的胜利，尤其是凤凰革命根据地的建立和发展，震惊了国民政府潮汕当局，国民政府潮汕当局视其为心腹之患必欲除之。为此，"围剿"和反"围剿"的斗争就激烈地展开了。1933 年至 1934 年春，斗争主要在平原地区；1934 年秋至 1935 年主要是在凤凰革命根据地。在此期间，敌军常驻潮澄饶的兵力达一师之众，粤军第三军军部设在潮安，国民政府广东东区绥靖公署设在汕头市。潮澄饶（澳）县委面对敌人的疯狂"围剿"，有效地展开了激烈的反击和斗争。在山区，创造和形成赤色联防，粉碎了敌人一次次的进攻；在平原，潮澄澳红三大队与游击队多次袭击了敌警备队或后备队，取得了七战七胜的战果。1934 年 10 月，主力红军撤出中央苏区后，潮澄饶县委仍然坚守在革命根据地开展了一年艰苦卓绝的游击战争。

（一）平原游击区的反"围剿"

1933 年 6—8 月，国民政府调集独立二师和潮安、澄海、揭阳三县警卫队对桑浦山游击区进行三次"围剿"。潮澄澳红军和游击队在县委的领导下，利用熟悉地形地势的有利条件，采取灵活机动的游击战术，到处袭击敌人，使敌军疲于奔命。在此期间，敌人还不断增加各县的警卫队和后备队，组织乡村联防，扩充地

---

① 中共诏安县委党史研究室、诏安县革命老根据地建设委员会办公室、诏安县老区建设促进会合编：《福建中央苏区纵横（诏安卷）》，中共党史出版社 2009 年版，第 202—204 页。

主反动武装,在交通要道、渡口、村庄修筑碉堡,而且还实行保甲制度,每家钉门牌,联保联坐,妄图隔断群众同党和红军、游击队的联系,群众十分愤慨。当时流传的歌谣道:"钉门牌,祸就来,块字白白如带孝,旺事无头彩,损丁又破财!"[1] 在红军、游击队和人民群众的共同努力下,敌军两个月"剿灭"红军和桑浦山游击队的计划终成泡影,不得不嗟叹"崎岖绵亘,难以剿勘"[2]。

由于红军游击队在平原作战的不断胜利,国民政府潮汕当局十分惊慌,限期各县肃清区内红军游击队。潮安国民政府军警采取了驱迫各村农民修筑炮楼,对桑浦山进行严密封锁,威胁群众不得接触和接济游击队的办法,集中兵力对桑浦山及其周边乡村进行搜索"围剿",抓捕革命干部和共产党员,破坏革命活动点。1934年2月,潮安侦缉队长李映高两次率队"围剿"潮澄澳县委机关驻地郭陇乡,搜走一批文件和宣传品,捕捉地下工作者郭正娟等20多人。不久,郭正娟等9名革命骨干被杀害于潮安县城。3月17日,李映高率队包围设在桑浦山狮尾洞的游击队看守所,陈大荪等6名游击队员被围困在洞内五天,宁死不屈,被敌人放火烧死于洞内。5月18日,敌军罗基营包围庄陇村,100多位群众被拘留于庄陇祠堂内,4名干部被杀害。艰难的环境没有把平原游击区的红军游击队吓倒,他们在人民群众的支持下继续不屈不挠地开展更加隐蔽的斗争。

(二)凤凰革命根据地的反"围剿"

1934年1月,浮凤区大队成立。驻凤凰圩的敌军罗静涛(外

---

① 陈万安主编、《东江革命根据地史》编写组编:《东江革命根据地史》,中共党史资料出版社1989年版,第271页。

② 陈万安主编、《东江革命根据地史》编写组编:《东江革命根据地史》,中共党史资料出版社1989年版,第256页。

号"豁嘴罗"）连为镇压凤凰根据地的革命斗争，会同东兴、福南、坑美等地的后备队，不断对赤色乡村进行袭击和"围剿"，搜捕党的领导人和革命干部。"围剿"和反"围剿"在凤凰根据地激烈地展开。

在反"围剿"斗争中，广大党员、团员和革命群众都奋不顾身，英勇战斗。1月15日，浮凤区委委员黄来敬、交通员黄秋富等4人，在凤凰圩许宅村开会时受敌包围被捕。在狱中，年仅16岁的女共青团员黄秋富，面对死亡威胁，丝毫没有改变自己对革命事业的忠心。敌人多次对她施以残酷的肉刑，她始终用"不知道"三个字回答敌人的逼供。面对敌人的利诱，她痛骂敌人"臭狗，要杀就杀，天下红军杀不绝"。① 2月27日，她和区委委员黄来敬等4人昂首挺胸，怒视敌人，高呼"打倒国民党反动派！""中国共产党万岁"的口号英勇就义。凤凰区委书记文锡响，坚定地带领凤凰人民开展革命斗争，敌人恨之入骨，到处张贴布告，悬赏捉拿文锡响。他在南洋的母亲劝他去南洋躲避，凤凰的亲人们也劝他离开凤凰，他婉言谢绝了母亲和亲人们的劝说，坚定自己的革命信念，斩钉截铁地对妻子说："我革命的路子是走定了，就是把我砍成四段，丢到溪里浸上几天几夜，也洗不掉我革命的本色。"② 文锡响于1935年10月被国民党逮捕后，被杀害于凤凰圩，年仅22岁。李梨英是秋溪区大坑村一位普通的农村妇女，在短短的几年里，先后有三个儿子和一个女婿为革命事业献出了生命。她深明大义，强忍悲痛，毅然带着小儿子上了凤凰山，在凤

---

① 陈万安主编、《东江革命根据地史》编写组编：《东江革命根据地史》，中共党史资料出版社1989年版，第276页。

② 中共潮州市委党史研究室编：《中共潮安党史（新民主主义革命时期）》，1993年版，广东省出版物印刷许可证第109号，第109页。

凰根据地以及后来转移到乌山的伤兵站忘我工作，以母亲的情怀和坚定的意志，精心护理伤病员，为保全革命力量作出杰出贡献。

1935年春，敌军在"围剿"潮安平原地区的游击队之后，接着"围剿"凤凰革命根据地。罗静涛连多次伙同后备队进行"清剿"，闯入民房，抢劫群众财产，屠杀农会骨干。潮澄饶县委针对敌人的军事进攻，建立了赤卫大队，统一对全区赤卫队进行领导和指挥，在全区形成了赤色联防。浮凤区委利用山高地险的地理条件，广泛发动群众，把全区划分为四个支路，每个支路成立一个赤卫中队，在主要路口设立哨所，在主要山头设立瞭望哨，制定联络信号，配备值班赤卫队，监视敌人的动态。敌人来时，各个山头瞭望哨鸣呼报警，传播暗语，互通敌情，互相响应，并迅速组织群众转移和隐蔽物资，使敌人到处扑空。赤卫队则依据有利的地形地势，声东击西，利用土枪、土炮、土炸雷杀伤敌人。人民群众在反"围剿"中创造的赤色联防网，能够灵活机动地打击敌人，粉碎了敌人一次又一次的进攻，保卫了人民群众的生命财产安全，发展了游击战争。如在只有9个赤卫队员的笔岭村，于一次敌人进犯时，赤卫队员利用熟悉地形，声东击西，与人数众多的敌人战斗了一整天。

与此同时，潮澄饶红军和游击队主动出击，不断取得胜利。1935年1月，红军和赤卫队在白水湖村罗汉石山居高临下击退罗静涛连的进攻，伤、毙敌排长1人和10多名队员；当日午后，在虎作池伏击陈克养后备队300多人，队长陈克养和10多名队员当场毙命。2月，红三大队和特务大队袭击下埔梨树下后备队，活捉后备队长文锡律和队员10多人。3月，红三大队和特务大队以及浮凤区联队，先后攻打丰顺东隘的居林村，袭击下塘铺大廊后备队，活捉下塘铺后备队长文锡恭和队员12人，拘捕居林村地主豪绅10多人。红军、游击队英勇作战保卫革命根据地胜利果实的壮举，鼓舞了凤凰人民群众，也威慑了当地的敌军和地主豪绅，使他们不敢轻举妄动，凤凰根据地出现比较稳定的局面。

（三）平原游击区的丧失和潮澄揭县委屡遭破坏

1935 年 1 月，潮澄饶县委分为潮澄饶和潮澄揭两个县委。2 月，潮澄揭县委在上莆区金砂村召开党代表大会，正式成立中共潮澄揭县委，书记陈圆圆，县委下辖庵埠和上莆区委以及铁路总支。同时，潮普揭红二中队卢秋桂率领短枪队到潮澄饶活动，归属潮澄揭县委领导。

4 月，国民党邓龙光部队在加紧进攻大南山根据地的同时，派二十五团李绍嘉部布防于潮安、澄海两县，纠合县、区两级警卫队和侦缉队，对平原游击区发动全面"围剿"。面对强敌的进攻，潮澄揭县委采取了更加隐蔽的斗争策略，昼伏夜出，神出鬼没地打击敌人。卢秋桂的红军和游击队先后攻打了湖美村地主豪绅，炸毁沙溪炮楼，袭击登岗警察所，在浮洋闹市中枪杀恶绅"洪师长"，与敌人进行不屈不挠的战斗。但潮澄饶红军大部分集中在凤凰根据地，潮澄揭县委领导的武装力量极为薄弱，敌我力量过于悬殊，游击区孤立无援，最终无法挽回被破坏的局势。4 月 21 日，潮澄揭县委在上莆区大寨廖厝村秘密开会，当晚，因反动地主告密而被敌军包围，突围时，县委书记陈圆圆中弹牺牲，妇女干部蔡巧香、黄玩娟受伤被捕后在潮安县城遭杀害。陈锦豚接任县委书记后，带领游击队镇压了告密的廖大志。4 月 28 日，敌军包围上莆区黄厝巷村，潮澄揭县委交通站长杨佳清和许木耀在与敌军战斗中牺牲，上莆区委书记黄宏阳和区团委书记黄乌皮遭捕后被杀害于潮安县城。5 月中旬，庵埠区委书记郭懊柴与组织委员陈学外出活动时被敌发现，在庵埠新桥头活动点被敌军包围。郭懊柴临危不惧，英勇抵抗，后因弹尽而壮烈牺牲，陈学受重伤被捕后在汕头遭杀害。敌人

的疯狂镇压，并没有使平原游击区的党组织和人民屈服。7月
30日夜，游击队袭击了汕头近郊的月浦乡上厝警卫队炮楼，消
灭守敌，缴获长短枪20多支。游击队炸毁炮楼后，沿潮汕铁路
散发传单，轰动了汕头市。

8月20日，国民政府潮安当局在庵埠召开绥靖会议，制定了
进一步强化政治"剿匪"的七项措施。在敌人对平原地区进行反
复"围剿"后，各区赤色乡村的革命斗争均遭到破坏，被迫停止
活动。潮澄揭县委秘密转入汕头市进行隐蔽斗争，红军和游击队
几经周折，转移到凤凰根据地。11月，秘密设在汕头的潮澄揭县
委机关被驻汕宪兵队包围，县委书记陈锦豚等人被捕；县委委员
张名青也在岐山乡被捕。陈锦豚和张名青被捕后在潮安城遭杀害，
潮澄揭县委被严重破坏而终止活动。至此，对国民政府潮汕统治
中心给予严重威胁和猛力打击的桑浦山革命根据地及潮安平原游
击斗争被迫终止。

（四）凤凰根据地的陷落和潮澄饶县委、红军的转移

1935年六七月，邓龙光带领国民党第三军第九师在攻占了大
南山苏区后，又先后攻陷潮安的秋溪、登凤、上莆等游击区，转
而向凤凰革命根据地进行疯狂的"围剿"。8月，敌军以两个团的
兵力分三路进攻凤凰，并在大埔、丰顺靠近凤凰边境集结两个营
兵力防堵，以洪之政特务队扼守在东南面的青岚，形成四面夹攻
的包围圈，凤凰根据地完全被敌人孤立。"进剿"的敌军采取进
攻中央苏区的办法，分兵合击，步步推进，移民并村，以割断红
军与群众的联系。潮澄饶县委、浮凤区委在严峻的形势下，领导
红军和赤卫队英勇抗击敌人，为保卫根据地、捍卫土地革命的成
果而战斗，但是，由于县委采取了消极的防御策略，集中红军固
守凤凰根据地，限制了红军的外围作战，致使平原游击区逐个被
击破后，苏区日趋孤立。

　　此时，在闽粤边区辗转游击的中革军委红九团，闻讯后派出副营长邓珊率领一支小分队经饶和埔进入凤凰与潮澄饶县委取得联系，他听取情况介绍和察看地形之后，建议县委主动甩掉敌人，保存实力，逐步向闽南转移。为了保存革命力量，潮澄饶县委接受了邓珊的建议，带领主力部队和游击队以及县、区委机关先后突围至闽南，凤凰根据地因此丧失。

　　红军、游击队撤离凤凰之后，敌军分兵三路，长驱直入凤凰根据地。敌人到处纵火烧山，搜捕革命干部和农会骨干，洗劫群众财产，枪杀红军干部家属，根据地处于一片火海之中，人民群众遭遇到空前的灾难。凤凰根据地由于多次遭到敌人的"围剿"，被烧毁的房屋共有3600多间，仅叫水坑村就被国民党烧了9次；枪杀的牲畜有上万头；数万亩树木和竹林被砍光、烧毁。凤凰区委的两任书记也都不幸被捕，英勇就义。上坑村党支部书记戴宗孝为救出被拘押的60多位群众，挺身而出，壮烈牺牲。白水湖村畲顶的茶园村原有29人，村民同敌人血战到底，最后全村仅有3人幸存。区苏维埃政府主席黄芝固的父亲，因抗拒劝降，惨遭敌人杀害。

　　潮澄饶县委在闽南乌山根据地立足后，曾多次派出小股部队和干部，试图恢复凤凰根据地，均告失败。

　　作为中央苏区的南方屏障，潮澄饶澳革命根据地的武装斗争积极配合中央苏区主力红军的历次反"围剿"斗争，为缓解中央苏区的军事压力以及后来主力红军转移长征作出了突出的贡献。红军长征后，潮澄饶红军、游击队仍然坚守在根据地开展了一年的游击战争，潮安是粤东坚持到最后的一块革命根据地。潮澄饶澳革命根据地是粤东诸根据地中坚持时间最长久，游击区域最宽阔，对敌斗争最激烈，牵制国民党军队最多，对中央苏区贡献最大的红色区域。①

1951 年，中央革命老根据地代表团粤东分团到革命老区凤凰镇慰问，对凤凰根据地的历史贡献予以充分的肯定。

六、潮澄饶红军撑起闽粤边的革命红旗

1935 年 9 月，潮澄饶县委、浮凤区委及红军带领游击队进入福建诏安乌山，在闽粤边区特委的领导下，与闽南红三团小分队一起创建乌山根据地。1936 年春，潮澄饶红军改编为闽粤边区特委直接领导的独立营，浮凤赤卫队改编为潮澄饶第一大队。此后，独立营又改称"中国人民红军闽南抗日第一支队"，潮澄饶的其他几支红军小部队改编为"中国人民红军闽南抗日第五支队"，成为闽粤边区特委所领导的主要军事力量，撑起了闽粤边的革命红旗。潮澄饶县委干部，除部分隐蔽在浮凤开展工作外，大多数转移到闽南。县委书记张敏调任闽粤边区特委委员，后任特委代理书记，部分县委委员调云和诏县委加强工作，为开辟以乌山革

---

① 粤东诸苏区中坚持时间最长久：东江特委管辖的各苏区相继丧失，至 1934 年，仅存大南山苏区和潮澄饶澳根据地。大南山苏区是 1935 年 6 月丧失的，潮澄饶澳根据地至 1935 年 9 月才丧失。

游击区域最广阔：潮澄饶澳根据地除了包括潮安、澄海、饶平、南澳、揭阳一部、汕头市区及周边地区之外，红军游击队的活动范围还包括丰顺、大埔及福建的平和、诏安等县。

对敌斗争最激烈：因为潮澄饶澳根据地地处国民党在潮汕的统治中心，在几年中反复遭受国民党军警的"围剿"，损失重大。

牵制国民党军队最多：中央党史研究室研究员王新生已有结论。

对中央苏区贡献最大的区域：除了牵制国民党的军队，坚守中央苏区的南方阵地外，还有红色交通线的贡献。

潮澄饶红军及游击队是粤东唯一一支成为新四军的红军，可查阅《东江革命根据地史》（中共党史资料出版社 1989 年版，第 285—286 页），没有提及有另外一支红军参加新四军。

命根据地为中心的云和诏苏区，坚持闽粤边的三年游击战争，作出了积极的贡献。

1935 年秋至 1937 年的两年间，在闽粤边区特委的领导和广大革命群众的支持下，潮澄饶红军与闽南红三团一起粉碎了敌人 10 余次的"围剿"，消灭敌主力部队有一团之众，攻破敌人堡垒、土楼百余个，缴获枪支千余杆，从而使靖和浦、云和诏、潮澄饶游击区打成一片，成为三年游击战中南方 15 个游击区之一，一直坚持到抗战全面爆发。《中共闽粤赣边区史》称："1934 年 10 月中央主力红军转移长征前后至 1937 年 6 月，国民党中央军和粤军及地方保安团，接连对留在闽粤边革命游击根据地的红军游击队发动三次残酷的军事'围剿'。中共闽粤边特委及其领导下的闽南红三团、潮澄饶红三大队和各县游击队，以原来的靖和浦苏区、潮澄饶苏区、饶和埔苏区和后来新开辟的云和诏苏区为游击根据地，以矿仔石山、梁山、大芹山、乌山、凤凰山为依托，在闽属之……县边界，粤属之潮安、澄海、饶平、大埔等县边境，依靠广大革命群众，为保卫土地革命战争的胜利而坚持不屈不挠的反'清剿'游击战争。"①

1936 年 4 月，潮澄饶县委书记陆位保和县委常委蔡茂，根据闽粤边区特委指示，到潮澄饶开展抗日救亡工作。五六月间，因叛徒出卖，陆位保和隆澄区委书记陈绵裕、区妇委刘碧花在汕头被捕。翌年春，陆位保、陈绵裕、刘碧花被杀害于潮安县城。

9 月，重组潮澄饶县委，以陈耀潮、曾才炎、黄芝固三人为常委，秘密潜回潮澄饶开展恢复工作。由于敌人到处追捕，黄芝固、曾才炎先后在对敌斗争中牺牲。翌年 5 月，陈耀潮被迫出走

---

① 闽粤赣边区党史编审领导小组著，林天乙主编：《中共闽粤赣边区史》，中共党史出版社 1999 年版，第 248 页。

马来西亚，潮澄饶县委停止活动。

1937 年 7 月 16 日，闽粤边区特委代理书记张敏在诏安县月港村主持召开云和诏县委扩大会议，商讨如何联合国民政府闽南当局一致抗日的问题，被沈东海带领的国民党诏安县保安大队包围。张敏等 13 位党的各级领导干部被捕后遭杀害，史称"月港事件"。

1938 年 1 月，根据中共中央关于南方红军游击队编入新四军的指示，闽粤边区红军游击队（包括原潮澄饶红军）400 多人正式编入新四军第二支队第四团第一营，开往苏皖前线，踏上了抗击日本侵略者的征途。

潮澄饶红军是粤东诸红军中唯一一支能够坚持三年游击战争，直至抗战爆发后北上抗日，成为新四军劲旅的部队。

七、潮安军民对中央苏区作出巨大贡献和牺牲

从 1927 年反击蒋介石"四一二"、广东军阀"四一五"政变起，潮安军民在各级党组织的领导下，进行了长达 10 年的土地革命斗争，尤其是中央苏区建立以后，潮安军民赤胆忠心为中央苏区的建立、巩固和发展，前仆后继、英勇斗争、视死如归，作出了重大的牺牲和贡献，为中国革命事业建立了彪炳史册的功勋。潮安老区成千上万革命先烈的鲜血染红了韩江两岸、闽粤大地，谱写了可歌可泣的革命英雄主义的诗篇。中华人民共和国成立后，潮安老区各地先后建造了 10 多座革命烈士纪念碑，其中，仅凤凰山革命根据地的烈士纪念碑，牺牲的烈士有姓名可考的就达 1000 多人。

土地革命战争时期，历任中共潮安县委（含潮安领衔的潮澄澳工委、潮澄澳县委、潮澄饶县委、潮澄揭县委）书记共 16 人，其中有 12 人在这一时期死难，他们中大多数人离世时只有 20 多

岁。在这些死难的县委书记中：陈振韬、方临川、陈木合、周大林、徐国声、陆位保、陈锦豚、张敏先后在被捕后宁死不屈，慷慨就义；杨少岳、陈圆圆在同敌人战斗中英勇牺牲；李子俊、陈信胜因被怀疑为"AB团"而错杀，中华人民共和国成立后党和政府为他们恢复了名誉。

潮安县及各区委的一些领导为了革命理想，为了帮助穷人翻身解放，不惜抛头颅、洒热血，铸就了潮安土地革命历史的辉煌。中共潮安县部委工委书记赖炎光、潮安县部委宣传部部长方慧生、共青团潮安县部委宣传部部长蔡英智、潮安县委委员孙应采、潮城区委书记邓云辉、潮安县委委员姚为敬、潮安县总工会副主席谢汉一、县少先队长陈文光、潮城区委委员庄淑珍、潮安县交通科主任方立功、潮安县委委员兼县农军负责人赖其泉和吴根炎、潮安县委委员陈宗如、浮凤区苏维埃政府主席黄芝固、浮凤区委委员黄来敬、上莆区委书记黄宏阳、上莆游击队长许木潮、东莆区长孙木乾、庵埠区委书记辛国基和郭懊柴、团县委书记黄木松、潮澄澳县委宣传部部长兼汕头工委书记陈府洲、铁路总支书记张炳琴、秋溪区革命委员会主席傅尚刚、潮澄饶县委委员兼红军特务大队政委林乌、潮澄饶县委宣传部部长文锡响、潮澄饶县委委员兼秋溪区委书记许若愚、潮澄揭县委委员兼铁路总支书记张名青、潮澄饶县委常委曾才炎等一大批党、政、军领导干部，他们把自己的鲜血洒在潮安的大地上。

1927年9月30日，南昌起义军第三师700余名将士与潮安人民一起浴血保卫潮安县城，200余名起义军将士为潮安人民的解放事业献出了自己的生命，这些无名英雄都来自全国各地，潮安的土地上洒满了五湖四海革命者的鲜血。

1930年，古大存带领红十一军四十六、四十七团和教导团进入潮安开辟归仁、登荣游击区，三打潮安县城，先后牺牲的将士

400 余人，他们大多数来自潮安以外的各县，为潮安的革命斗争英勇捐躯。

潮安县委委员孙应采，年仅 16 岁的共产党员庄淑珍、共青团员黄秋富，18 岁的共产党员黄恒吟，都是顶天立地的女英雄，她们被捕后任凭敌人软硬兼施，百般凌辱，受尽酷刑，坚贞不屈，都把鲜血洒在这片红色的土地上。

农村妇女李梨英先后有三个儿子和一个女婿为革命事业牺牲，她坚定信念、百折不挠，为潮安革命根据地的建设和发展作出了巨大的贡献，被潮汕人民誉为"红军阿姆"和"革命母亲"。1951 年，李梨英应邀进京参加国庆观礼，受到毛泽东、周恩来等党和国家领导人的接见，并受南方根据地代表的委托，向毛主席敬酒。

被毛泽东赞誉为"农民运动大王"的彭湃牺牲后，党组织为了他的家人免遭反动派的搜捕，将他年仅 6 岁的次子彭士禄安排到潮安隐蔽，寻找机会转移到中央苏区。潮安先后有 20 多位"妈妈"，她们不怕坐牢，不怕杀头，接力保护与抚养着彭士禄。彩塘金砂村的潘舜贞，是抚养彭士禄时间最长的一位"妈妈"，她家境贫寒，节衣缩食，让彭士禄吃饱穿好；被捕后为了保护革命烈士的后代，忍受着各种酷刑，始终不承认士禄是彭湃的儿子，为此坐了几年牢。数十年后，成为中国工程院资深院士的彭士禄回忆在潮安的那段往事时感慨地说："几十位'母亲'给予我的爱抚，感染了我热爱老百姓的本能……我对人民永远感激，无论我怎样的努力，都感到不足以回报他们给予我的恩情。"①

这就是在中国共产党的领导下，在长期革命斗争中磨炼和成长起来的潮安人民及革命战士的光辉形象和伟大业绩。潮安老区

---

① 杨新英著：《彭士禄传》，中国青年出版社 2015 年版，第 102 页。

的土地革命斗争史，就是由成千上万知名和不知名的英烈的鲜血写出来的。上述的这些英雄群像的光辉事迹，将永远镌刻在历史丰碑上，也将永远激励着后人，沿着他（她）们的足迹，在共筑"中国梦"，实现全民族复兴的伟大征程中奋勇向前！

4

第四章
全民族抗日战争时期

第一节 东北沦陷与潮安抗战的兴起

一、九一八事变传来，潮安各界群情激昂

1931年9月18日，日本帝国主义制造了九一八事变，并迅速侵占沈阳，在蒋介石"攘外必先安内"的不抵抗政策主导下，东北四省很快被日军占领，激起了全国人民的抗日怒潮。

九一八事变消息传来，潮安各界群情激愤，在全国人民同仇敌忾、反对国民党当局的不抵抗政策、一致要求抗日的浪潮中，中共潮澄澳县委以潮澄澳苏维埃政府的名义，号召各地工农大众组织各种抗日团体，积极开展广泛的抗日反蒋运动。

潮安的青年学生、爱国知识分子和社会各阶层中的进步人士，纷纷行动起来，要求国民政府一致抗日，停止内战，踊跃声援东北抗日官兵。一场群众性的抗日救亡运动，很快在潮安各地兴起。县城的青年学生，更是勇敢地走在抗日运动的前头。

同年12月1日，金山中学、韩山师范、潮安县立中学的进步学生，不顾国民政府潮安当局的反对，成立了潮安学生抗日救国联合会。各校进步学生纷纷走出校门，走上街头，深入农村，用各种形式宣传抗日救亡；在学校和社会上进行捐款募资，支援和慰问在东北抗日的抗联部队官兵，并发动民众抵制和查禁日货。学生们慷慨激昂的爱国义举，唤起了潮安民众的觉醒。韩师师生在中共地下工作者的主导下，出版《抗日旬刊》，组织学生义勇

军及救护队，进行军事训练，随时准备奔赴抗日前线，对潮安迅速掀起抗日浪潮起到了极大的推动作用。

1932年秋，潮安城内培英小学教师、大革命时期参加党组织的刘斌（刘光涛），联合在城的进步教师李开胜、刘蕴喜等人，在笔架山后秘密成立岭东教育劳动者同盟，号召进步教师、青年学生和各界爱国人士组织起来，拥护共产党的抗日主张，反对国民政府迫害进步人士及坚持的投降政策，进行抗日救国斗争。随着劳动者同盟的成立，同盟成员与韩师进步学生相配合，把油印的传单和标语在潮安城、枫溪、桥东、意溪、浮洋、官塘、店市等地广为散发。

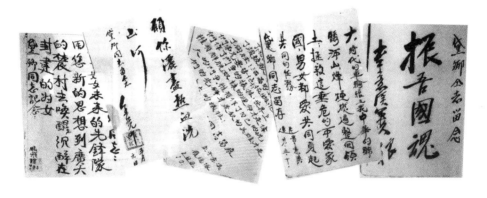

意溪华侨抗日救护队（后编入国民革命军陆军独立第九旅）战士的豪言壮语

在金山中学任教的共产党员教师，通过联络站团结了一批进步学生，秘密把抗日反蒋传单和标语送到秋溪游击区和浮凤根据地，又从这两处带回介绍中央苏区和潮澄澳革命斗争形势的宣传品和战斗捷报，鼓动潮安人民群众投入爱国抗日运动。虽然这期间由于潮澄澳县委力量主要集中在游击区和根据地领导武装斗争，而且领导层个别被捕后叛变，但是潮安人民的抗日救亡运动并没有因为国民党的无情扼杀而停止。

在中华民族生死存亡的时刻，潮安国民政府当局及驻军迫于形势，奉令备战，也采取了一些备战的措施：设置防空警报、挖防空洞、夜间施行灯火管制；成立抗日后备队，抽派、训练壮丁。代表潮安两大地方实力派的"大光派"与"建设派"，顺应全国抗日形势，在汕头青年救亡同志会的推动下，创办了《大光报》和《建设报》，通过正确舆论引导，让潮安城乡多数人赞成抗日救国。

二、七七事变后，潮安党组织领导抗日救亡运动

土地革命战争后期，潮安党组织屡遭国民政府摧残。在国民党白色恐怖笼罩的严峻形势下，中共潮澄饶县委领导下的党组织于1937年7月暂停组织活动。为保存革命火种，当年8月，在香港的中共南方临时工作委员会（简称"南临委"）派潮安籍党员邱创荣回汕头，由中共韩江工作委员会（简称"韩江工委"）分配到潮安负责恢复潮安党组织工作，成立中共潮安职工支部，并担任书记。这是潮安党组织恢复后的第一个支部。8月21日，由共产党人发起组织的潮安青年救亡同志会在潮州英聚巷扶轮堂成立，钟骞等11人被选为理事会理事。

10月，为开展抗日斗争做好组织准备，成立中共潮安县工作委员会（简称"潮安县工委"），书记金缄三。11月，金缄三调动后，由谢南石接任。

1938年1月，潮安青年救亡同志会改称潮安青年抗敌同志会（简称"青抗会"）。该会在党组织的领导下发展迅速，至潮安县城沦陷前，已拥有会员四五千人。为了确保抗日救亡运动的健康发展，潮安党组织不但在青抗会中经常加强政治思想教育，而且发动工人队伍中的革命骨干，分头组织青抗会工人会员深入基层，团结广大工人，在全县掀起一场声势浩大的抗日救亡活动，并根

据农村的分散特点，组织各级开办夜校和识字班，宣传抗日救国道理，提高了农工们的爱国主义热情和民族志气，形成更大的抗日力量。

为促进抗日救亡运动向各学校延伸，5月，潮安党组织通过党员林西园以民运督导团员的身份，组织金中、韩师、县中、龙溪中学以及从汕头市迁来潮安二区的汕头市一中等学校，成立"潮安学生救国联合会"，同农工相结合，助力潮安抗日救亡运动更加广泛深入的发展。

潮安江东佘厝洲的知识青年李习楷，在广州受党组织的委派，从广州回乡开展抗日救亡活动。经过他的组织发动，建立了深厚的群众基础，于11月成立了中共佘厝洲支部，李习楷任书记。随后，陆续发展了几十名党员，不断壮大基层组织力量。这是抗战时期党在江东建立的第一个战斗堡垒。在李习楷的带动下，党支部成员和进步青年以讲古、唱潮曲等形式，深入到集益轩等书斋闲间，发动组织了"识字班""姐妹会""拜月会"，向妇女宣传抗日救国和翻身解放的道理。党支部以护村"守菁队"名义，凭借村中10多条公枪和李习楷公祖留下自卫的4条私枪为武装，秘密建立了"抗日游击小组"，在韩江两岸开展灵活机动的游击斗争。

为激励前线抗日将士的斗志，潮安青抗会发动全县民众积极开展支援抗日前线的活动。同年9月，仅用半个月就完成派发3万封慰劳信和发放慰劳袋的任务，发动了5万人完成纪念九一八事变七周年的签名任务；10月，为配合国民政府第九战区总动员会解决前线战士的御寒需要，发动征集百万件棉背心运动，完成了潮安县后援会分配800件的任务；在纪念"八一三"事变的献金运动中，取得了献金1万元的成绩。

1939年1月，重新成立的潮安县工委，为贯彻中共中央的

"全国人民总动员，广泛发动群众，武装群众，实行全体人民参加战争、支援战争"的全面抗战路线，领导潮安青抗会开展抗日救亡运动，并以青抗会为核心，带动和指导了"潮安妇女抗敌同志会""潮安学生救国联合会""暹逻华侨救护队"等群众组织，使抗日救亡运动蓬勃发展。

三、日军侵占潮安和党组织的重新部署

1937年卢沟桥事变后，日军频繁派出飞机轰炸潮安。8月31日晨8时，2架日机飞临潮汕地区，在丰顺、汤坑、隆隍等处投弹数枚，开始了对潮汕地区的轰炸。9月9日下午3时，日机首次轰炸潮安县城，3架日机在潮安西车站、发电厂和县立第一中学投弹6枚。潮安人口、物资开始疏散。10月17日下午，日机第二次轰炸潮安县城。此后，日机对潮安轰炸渐趋频繁，目标多处，重点是铁路线、飞机场、水运河道、码头和一些重要设施。

1938年8月13日上午7时左右，1架日机在湘子桥上空向韩江投弹2枚，掷中江心湘子桥的梭船，死伤70多人。10月，日军侵粤，广州失守，潮汕人心浮动，潮安县城内居民不断迁避他处。

1939年5月4日，日机轰炸枫溪、意溪等地。

从1937年8月至1939年5月（6月以后日机配合日军作战的不计），日机空袭潮安超过200多架次以上，投弹400枚左右，伤亡数百人，人民财产遭受惨重的损失。

1939年6月，日军进逼潮安，局势越来越紧张。16日，广东保安司令邹洪、驻潮警备部队国民革命军陆军独立第九旅（简称"独九旅"）旅长华振中下令拆毁潮汕铁路，破坏潮汕沿线桥梁和马围机场，阻碍日军进入潮境。入侵华南的日军二十一军团，调集一三二旅团和第五舰队的海军陆战队一部，飞机40余架，舰艇

40 余艘，兵员近万人，在少将旅团长兼粤东派遣军司令后藤十郎的指挥下，向汕头、庵埠发起进攻。日军侵占潮安庵埠时适逢端午节，赶集的群众因逃避不及，被杀死 100 多人。当天下午，几十艘民船和一艘电轮从韩江下游逃离汕头到达庵埠时，被日军截住。船上 300 多人被囚禁于赐茶庵，深夜被铁丝捆绑后，拖到江边戮死后推入江中。23 日，华振中发布"拆除警报、烧毁电厂"

青抗队破坏了潮汕铁路和沿途桥梁以阻击日军

的命令，潮安县城内昌明电灯公司以及电厂厂房、设备被毁。24日，日军调集麾利、龟井、田中九等三个大队 2000 多人，分兵三路，沿潮汕铁路、护堤公路和韩江水路向潮安县城进攻。这时，整条潮汕铁路已被青抗队员全面破坏，国民政府军队虽利用地形进行阻击，但因没有集中优势兵力防守，阻挡不了日军的进攻。27 日晨，日军三路兵力在潮安县城郊同时进占县城，烧、杀、抢、掠，奸淫妇女，惨无人道。潮安人民因此陷入了深重的灾难中。

日军占领庵埠和潮安县城后，分别成立"澄庵警备司令部"和"潮州警备司令部"，派一个中队驻扎彩塘，控制大寨至庵埠的铁路线地段；在护堤公路的春城楼、云步、乌树、龙湖、东凤、朱角院、鳌头、梅溪、赐茶、龙尾设10个据点，以控制潮安至汕头的交通线。

1939年6月，日军侵占潮安时，国民政府的军、政、党机关纷纷撤离潮安县城躲避日军锋芒。独九旅司令部撤入二区伍全村，县国民政府撤至归湖溪美村，县党部撤入归湖梨树下村。这时国民政府军队的控制区域为：独九旅三个团分布在枫溪、北山、登塘一带；广东省保安第四团驻金石、沙溪一带；广东省保安第五团驻青麻山、乌洋山一带；潮澄饶澳自卫总队驻意溪、磷溪、铁铺一带；第七战区挺进队第十纵队驻归湖、文祠一带。

日军侵占南澳后，潮汕局势非常严峻。潮安党组织决定把工作重点从城市转向农村，在农村和山地建立游击支点，部署潮安沦陷后的应急措施和任务，开展抗日游击战争。

同年7月，新组建中共潮（安）揭（阳）丰（顺）边县委，书记林美南。10月，潮汕中心县委改组为潮澄饶中心县委，书记李平。11月，潮澄饶中心县委决定在江东佘厝洲村建立抗日游击战争据点，率领全体党员、青抗会等抗日群众团体，发动广大群众，拿起武器，在各个战场上和日军展开战斗。

潮安抗日民族统一战线的建立

1937 年七七事变前后，中共韩江工委在南方临时工作委员会的协助下，进一步做好国民革命军潮汕驻军一五五师师长兼东区绥靖公署主任李汉魂的统战工作，得到了他对抗日救亡运动的支持，因此，党组织在潮安建立起抗日民族统一战线。

一、潮安党组织在抗日民族统一战线中的中坚作用

1937 年 10 月，潮安党组织在协助部队开展抗日宣传和民众工作的同时，派出张灵夫等 12 人，参加"潮汕青年北上随军工作队"随军北上。1938 年 7 月，庵埠青抗会派会员参加了由岭青通讯处组织的"一五七师战地服务团"。该团在澄海和丰顺集训后，因一五七师一个团驻防枫溪，服务团第四分队随军到枫溪，分队中成立了中共支部，在军队中开展政治思想工作，宣传抗日救国道理，激发士兵的爱国热情。同时，在枫溪一带开展抗日救亡宣传，组织军民联欢会，发动民众支援军队等工作，起到促进军民团结抗日的作用。

1938 年 8 月，国民党第九区民众抗日自卫团统率委员会举办自卫团分队长教导队集训班，中共潮安中心区委派党员林作顺任中队助教，潮汕各地党组织动员党员和爱国青年报考参加，潮安参加集训的有陈望秋、许凤山、陈作然、何英展、陈少初等人。教导队集训班在潮安东津开始集训，采取边行军边训练的方式，

历时四个多月。与此同时，国民政府潮安县抗敌后援会组织"抗敌救国工作团"，在国民党党部扶轮堂集训后分赴各区工作，潮安青抗会选派了能力较强的 50 多名会员参加，充分利用国民党这一组织，进行抗日救亡宣传。

潮安地方实力派"大光派"的主要人物是国民党潮安县特派员钟勃，领导潮安青抗会的中共党员钟骞是他同父异母的兄弟。钟骞积极做好钟勃的统战工作，减少了开展抗日宣传活动的阻力。鹳巢乡位于潮汕铁路的中段，是土地革命战争时期的赤色乡村。中共潮安县工委组织部部长钟声曾于 1938 年 2 月到此开展工作，从教育爱国的知识青年入手，发展了青抗会和党的组织。潮安民运督导团里的共产党员林西园和中共潮安中心区委宣传部部长邱达生，也先后到这里活动，建立了乡青抗会和党组织，开展抗日救亡活动。当乡青抗会向乡长陈若鸿提出要借枪组织"抗日护乡团"时，大房和五房的士绅联合签了名，顺利地借到了 30 多支长枪，组织了一支 50 多人的地方武装队伍。

1938 年 10 月，日军占领广州后，国民革命军一五七师奉令调防粤北，中共领导的战地服务团第四分队坚持随军到粤北服务。独九旅接防潮汕，旅长华振中兼任潮汕警备司令（华原是十九路军将领，参加过淞沪及武汉保卫战，有爱国思想）。这时在独九旅中，有徐先兆和胡沥（黄斯明）、张村（白漳川）三名没有公开身份的中共党员。徐先兆任潮汕警备司令部秘书，胡沥、张村任独九旅政治工作队正副队长。他们接受中共广东省委统战部部长古大存的派遣，公开任务是做独九旅的政治工作，暗中与地方党组织联系，为提供独九旅的内部情报起到很大作用。中共潮汕中心县委派钟骞多次与华振中联系，其中一次是以中共闽西南特委机关报《前驱》报社社长、共产党员的身份与其洽商的，争取了华振中对抗日救亡运动的支持。1939 年 5 月，潮安青抗会在县城水平路施茶庵举行"保卫大潮汕"誓师大会时，华振中出席并讲了话，军民共表抗日决心。此后，中共潮汕中心县委先后在独九旅设立了中共游击队总支部、工作四中队总支部、工作五中队总支部和政工队小组等党组织。

日军入侵潮汕前夕，中共潮安县委即派青年部部长兼一区宣传委员张旭华与独九旅旅长华振中商谈成立战工队的意向。潮安县城沦陷后，张旭华又到黄竹径与华振中商定，由潮安青抗会负责组成"独九旅战时工作队第三中队"，人数120人，列入独九旅编制，于1939年6月底在文祠石门宣布成立，中队长庄云光（庄椿），独九旅派少校督导员钟俊生为指导员。中队下面设三个小队：第一小队队长许敦才，活动于仙洋一带；第二小队队长赵世茂，活动于归湖葫芦市一带；第三小队队长许拱明，活动于磷溪的北坑一带。当国民政府军队组织反攻潮安县城和阻击日军进犯时，战工队员立即奔赴前线，为军队带路、当翻译、收集情报、救护伤员、送饭送水等。

撤退到揭阳西淇的庵埠中共党员和青抗会员，也应国民政府保安四团的要求，组织了"随军服务队"，在揭阳的邹堂、南陇、枫美、钱岗、炮台、南潮和潮揭交界的洋淇、沙溪头一带活动，协助沟通军队与当地乡村政权的关系，为军队当向导、救护伤病员、雇民夫、出担架、劳军等。后来国民政府广东省保安处政治部政工纵队到揭阳埔田时，随军服务队被编为政工第二分队。

由钟声带领的共产党员和青抗会员撤入登塘白水后，便以青抗会名义在白水组织"军民合作站"和巡逻队，协助驻于伍全、黄竹径的独九旅部队，做好军队生活资料供应和巡逻放哨、递送情报等工作。接着，在二区的古巷、林妈陂、白云、三乡、枫树员、水美、枫洋、孚中，和一区的长美、枫溪及三区的赤内等地都成立了军民合作站和巡逻队，负责沟通军民关系，给群众开通行路条，放哨把关，防奸肃特，收集情报等工作。据不完全统计，全县组织的巡逻队，二区400多人，三区400多人，四区500多人。

庵埠青抗会则在中共潮揭丰边县委的领导下，派出青抗会骨干陈鸿明、陈作宾、黄诗律和汕青抗的杜膺扬等人打入焦山自卫队，开展打击日伪的活动。这些地方武装，成为当时中共领导和影响下的群众性自卫武装，在抗击日军，保卫家乡的斗争中发挥了积极作用。

二、党领导下的游击队以合法身份抗击日、伪军

抗日战争期间，共产党人勇于担当，组织武装力量坚决抵抗日本侵略者。1939年6月21日，日军入侵潮汕当晚，经潮汕青年抗日同志会的杜桐和罗林、冯志坚、黄玉屏等领导研究，决定从撤退至桑浦山池边乡的汕青抗联各战工队中挑选出30名青抗会员，建立一支武装队伍，暂称"汕青抗日武装大队"，开进桑浦山田心村，做好抗敌准备。不久，为加强潮安抗日斗争的领导力量，中共潮汕组织领导人林美南、卢叨、陈勉之、方朗等以及闽西南潮梅特委的代表姚铎也到田心村，对这支队伍进行扩编。7月7日，"汕青抗日武装大队"（党内命名为潮汕青年抗日游击大队，简称"汕青游击队"）在潮安桑浦山宝云岩宣布成立，政委卢叨（兼），大队长罗林，副大队长冯志坚、黄玉屏，全队共有100多人，下设5个分队、1个侦察班及宣传组、救护组、后勤班。大队设中共支部，不久成立中共总支部。

汕青游击队成立后，以桑浦山区田心村为主要活动据点，向东面的铁路线和南面的池边、蓬州一带活动，发动群众，打击日伪军，破坏敌人交通线，镇压汉奸走狗。

7月下旬，中共潮汕中心县委在揭阳西淇村开会，研究了游

击队面临的形势和发展问题，认为在日、伪军和国民党军对峙中间的狭小地带，这支力量弱小、无公开名义的部队缺乏活动的余地。中共闽西南特委指示，在保证党的领导和队伍独立性的原则下，争取公开合法活动。为争取国民党军队对汕青游击队的支持，潮汕党组织派人与独九旅谈判。在旅长华振中承认游击队独立性的原则下，游击队接受"中国国民革命军陆军独立第九旅游击队"的番号，按照原定的安排，罗林被委任为队长，冯志坚、黄玉屏为副队长，王珉为秘书（队内称指导员）。在西淇设立后方办事处。独九旅还给游击队补充了一些枪支弹药和军饷（11 月下旬，改称为"中国国民革命军陆军独立第九旅搜索大队第一中队"），游击队在潮安境内开展抗日游击战争。

8 月中旬，汕青游击队开赴北厢一带。北厢地区接近潮安县

活捉日军伍长的云步村柴圈铺巷

城，是日军与独九旅之间的一片狭小缓冲区。9 月 10 日，黄玉屏带领第一分队进入西塘村后，获悉一股日军向西塘村进扰的情报，立即部署队员埋伏于路旁甘蔗园内。当日军进入伏击圈后，他们便采用麻雀战术从四面八方向敌人射击，打得日军晕头转向。日军抬着伤兵仓皇逃走。当月 13 日，一队日军骑兵进扰莲墩村，侦察班长林克清带领 3 名队员在云里山进行伏击，打死日军 4 名，阻敌前进。这两次伏击胜利，被称为"莲塘初捷"，对群众和游击队员的鼓舞很大。12 月 26 日，重庆《新华日报》刊登了《活跃在前线的潮汕游击队》这则消息。

10 月 7 日凌晨，汕青游击队的小队长许英和林克清各带一个小队，隐蔽在距离枫溪云步市场几百米的东边村和羊头村策援，副队长黄玉屏带领侦察班陈忠心、李朝道、王炳荣等人身藏短枪及手榴弹，化装为农民，潜入市场，察看动静，伺机行动。上午 9 时许，日军伍长加藤始助独自从堤边据点出来，到云步小食店喝酒。几名游击队员会意之后，由个子大、气力足的李朝道先冲上去，勒住日军伍长颈部将他按倒在地，另几名游击队员一拥而上，抓住其手脚，日军伍长拼命挣扎。王炳荣将其击昏后，向附近人家借来一架木梯，把他绑在梯上，抬着迅速撤离。据点的日军闻讯，立即出动追击，遭埋伏在东边、羊头的两个游击小队的夹击，因遭受伤亡，只得退回据点。

此次生俘日军伍长，在潮汕前线还是第一次，消息传开，人们奔走相告，汕青游击队声誉倍增。华振中给予高度赞扬，并授予奖金 1000 元。十八村维持会长闻讯后惊恐万分，逃匿于附近香蕉园内。根据群众报讯，汕青游击队的侦察班活捉了这个日伪走狗。这一行动，使周围汉奸闻风丧胆。

乌洋山是潮汕铁路上的战略要地，为敌我两军所必争。汕青游击队在云步活捉日军伍长的消息传来，给驻防乌洋山一带的保安团很大鼓舞。保安团有一姓陆的排长，经常教育士兵，要敢于与日军血战到底。此时，在云步受打击的日军恼羞成怒，把兵力由一个小队增到一个200多人的中队，于10月28日从云步向乌洋山进攻。驻守乌洋山的保安团早有准备，当日军逼近山前三四百米时，山上守军的机枪猛烈射击，日军退避到乌洋村"后包"的围墙下。汕青游击队早已埋伏于围墙内，乘日军不备，把大量手榴弹投向墙外，日军死伤20多人。仓皇逃离围墙的日军，又受到山上游击队机枪扫射，无心恋战，拖着20余具尸首，逃回云步村。

11月14日，云步日军据点又出动400多人，配备大炮三门，再次袭击乌洋山保安团阵地。大炮安置在羊头村旁一个坟埔上，猛烈向乌洋山轰击，对保安团阵地威胁很大。驻扎在高田村的汕青游击队，派出第一、第三两个小队，利用甘蔗园作掩护，潜行至日军炮兵阵地侧面，出其不意，猛烈射击，毙敌炮兵5人，伤8人，使其大炮变成哑巴。后来，游击队把这一役称为"羊头侧击"。

同月，日军把步、骑兵分成两路，又一次对乌洋山发起进攻。南面一路，从乌洋村前到达"勝投堆"（荆棘丛），正要越过铁路，就遭到西沟村前一排守军的重机枪猛烈扫射，日军伤亡甚众。北面一路日军，从乌洋村后凶猛向山上攻击。保安团受到前后夹攻，战至下午5时，抵挡不住，全线撤退，乌洋山被占领。退守福全岗的汕青游击队第一小队，见乌洋山被日军侵占，遂插到云步日军据点周围，开枪射击。日军发觉巢穴被袭，马上撤退。这里正值秋收，日军撤退时，把田里的打谷桶拿去运尸体。这一役，日军伏原喜郎、田中三藏等近百名官兵被打死。

1940年1月25日，汕青游击队夜袭护堤路边的阁洲村日伪自警团，缴获长短枪19支，俘敌9名。

3月，由于国民政府掀起反共高潮，独九旅中的顽固派企图以"集训"为名，消灭汕青游击队，因此党组织果断将游击队化整为零，转入敌占区，开展抗日武装斗争。

三、抗日正面战场对日军的反击

日军占领潮安县之后，潮安国民政府驻军表现了一定的抗日积极性，多次与日军展开激战，重创日军，但是由于国民政府实行片面抗战路线和单纯防御方针，因此使潮安的战局非常不利。

1939年7月15日，独九旅旅长华振中，利用日军立足未稳之机组织反攻。他统率独九旅六二五团，六二七团以及保安四团、预备六师、潮澄饶自卫总队和县自卫团等部队约6000人，反攻潮安县城，但因军队之间派系不同，作战配合不力，致使负责主攻城内日军警备司令部的独九旅六二五团，孤军浴血奋战三昼夜，遭受重大损失，只得撤退。至此，日军已牢牢控制住潮安县城和附近地区。

当得知驻扎彩塘的日军翻越桑浦山向沙溪进犯时，驻守沙溪的国民政府保安团营长古煌，立即带领全营士兵前往桑浦山杨厝屏阻击敌军。12月17日与日军苦战一整天，各有伤亡，难分胜负。18日，双方继续血战，因敌我装备悬殊，政府军在战况不利的情况下准备撤退时，驻守五嘉陇的兄弟部队在麦营长的带领下及时赶到增援，共同将日军击败。政府军此役以牺牲70多名官兵的代价守住阵地，虽损失惨重，但他们勇抗强敌、不怕牺牲的英雄气概深受潮安人民的敬仰。

1940年2月2日起，驻潮安的日军先后出动1000多人，猛烈进犯枫溪的西塘等村，遭到国民政府守军和当地乡民的顽强回击。激战三昼夜，日军被歼四五百人。西塘之战是潮安抗战史上日军伤亡较多的一次，也是国民政府守军打得非常漂亮的一仗。2月5

日晨，日军溃退，沿途大肆焚劫。西塘、竹围、大园、田东、徐厝桥等乡无辜百姓被杀 107 人，伤 51 人。

3 月初，日军分三路再次攻打枫溪：一路从城西沿铁路线向枫溪大路前进；一路从北门开往大顶山出枫洋，从背面攻击；另一路从汕头开进乌洋山边的青麻山，至佘厝桥，从侧面围攻。枫溪守军及乡民浴血奋战，死伤几百人。因敌我力量悬殊，至 3 月 9 日，枫溪陷落。

4 月 4 日，驻枫溪的日军渡边大队几百人由古巷进扰登塘时，在浩桥被独九旅六二五团的施排长率部顽强阻击，战斗持续了几个小时，日军死伤近百人，因无法前进，于当天下午败退。

4 月 17 日，日军渡边大队倾巢出动，五百余名日军登上白云村后望天石山峰，炮击登塘圩境内。下午，当日军正要撤退时，独九旅炮兵于登塘尖尾山后炮轰望天石日军阵地。一时，枪声四起，日军仓皇溃退，至古巷彩旗埔附近的岭内，陷入伏击圈，立即遭到独九旅机枪连的猛烈射击，日军全军溃败。当日军逃到"黄蜂采花"地段时，又遭到埋伏在狗尾村后一个连的伏击。至夜 9 时，进犯的日军才被来自汕头的援军救回。此役，凶极一时、曾在潮州桥东一次杀害 34 人的日军大队长渡边，被子弹击中，子弹从他的肩胛后面穿向前胸。几日后，渡边被免职，由岩田代理大队长职务。

9 月初，独九旅奉命调防河源县，国民革命军第十二集团军独立第二十旅（以下简称"独二十旅"）从清远县调来潮汕接防，旅长张寿，旅部驻登塘伍全村黄竹径。

1941 年 4 月 6 日，国民政府军队出击青麻山。日军遂迁怒乡民，焚劫英桥、长美、古巷，向杨梅山进攻。国民政府守军在林妈陂与之交战，击退日军。

1942 年 5 月 4 日，驻守登塘的国民政府军独二十旅旅长张寿召集潮州、丰顺各界代表开会，决定对日军实行经济封锁。

1943 年夏，日军在枫溪长美大路口垒砌碉堡后从枫溪驻地推进枫洋，并在杨梅山及杨铁岭开挖战壕工事作为前沿阵地。

7 月，国民政府在丰顺召开军事会议，部署全面反攻，新调一八六师进驻登塘。师长李卓元大造"一定要把日军赶下海""八月中秋到潮州吃月饼""上司将要派 30 架飞机来助战"[①] 等舆论，同时夜以继日地做好反攻的准备。9 月 11 日夜 10 时，一八六师五五六团反攻杨梅山，仅用一小时便夺回杨梅山阵地。另一个团反攻杨铁岭失利，连攻两夜都未成功，只得撤走。

9 月 13 日，日军为夺回杨梅山，从驻潮安县城和浮洋的日军中，调兵增援。凶残的日军，在登山时抓了几十个农民走在前面，反攻部队难以开枪，主动撤退，结果杨梅山复被日军占领。

随后，日军本田中队趁一八六师退走之机，派兵进占了登塘村前的凤地山，从北侧威胁大脊岭。日军的中村中队则从南侧进犯大脊岭，几次进攻都失败了。中村孤注一掷，连续四天，拼命进攻，又有飞机助战，仍无法攻下，反而伤亡了几十人。日军首脑只得另调种田中队来更换中村中队。种田虽吸取中村的教训，每次进攻都稳扎稳打，缓慢地向上冲。然而，每次都被山上的火力给压下来。

9 月17 日，日军种田中队 210 人再次进犯大脊岭。日军抓到菜农苏金荣，逼他带路，登上蛇地岭，在岭前和山腰反复射击后，命令部队前进。当日军登到"佛脐"地段时，突然，山上的轻重机枪齐鸣。日军无法退避，多数被打死，只有 10 余人逃脱。"佛脐"附近遍地尸体，中队长种田和翻译官"肖师爷"都被击毙。

---

① 中共潮州市委党史研究室编：《潮州八年抗战》，2005 年版（内部资料），第 381 页。

种田中队覆灭后，日军又调来山本中队200多人，同时调来伪"和平军"四十四师一个团，准备配合日军进攻大脊岭。伪"和平军"团长陈光辉原是独二十旅的一个营长，因作恶多端而受到旅长张寿的追究。陈光辉自知罪责难逃，遂拉上部分队伍叛投日军。日军得知陈守过大脊岭，熟悉地形和防务，便把他提升为团长。

10月8日凌晨，日军山本中队200多人及陈光辉部的伪"和平军"几百人，由山本指挥，向大脊岭发起进攻。由于有熟识地形地物的陈光辉出谋献策，日军采用迂回战术，专往薄弱地点进攻。守军不知敌人猝至，仓促应战，而面对四面强敌，兵力悬殊，大脊岭防线很快就被攻破了，虽然消灭了100多名日军，但守军200多人全部阵亡。至此，坚守了四个月之久，经历了几十次战斗的阵地，终因被叛徒出卖而陷入敌手。

第三节 党领导下的抗日人民战争

一、潮安抗日游击战争在敌后不断展开

1940 年 3 月 5 日，日军为迅速打通潮汕铁路线，在多次进攻枫溪、西塘受创后，驻汕日军粤东派遣军司令部集结汕头和潮安的日军数千名，对韩江以西的国民政府军队防线进行大扫荡。

驻汕日军 2000 余人从庵埠出发，6 日到达桑浦山麓东莆区，7 日分兵二路向沙溪和浮洋进军，于当晚占领西林、浮洋、徐陇、陇美、斗文等乡村。8 日凌晨，日军集结大队兵力，进攻青麻山保安团阵地。9 日，日军占领枫溪和西塘后，西塘全村 600 多间房屋被烧毁三分之二，50 多人被杀死。

经过几个月的进攻前移，日军控制了青麻山、乌洋山、山边山、云里山、大崟山、北山一带。铁路线被全面打通，潮安韩江以西 150 平方公里的地区被日军占领，日军对潮安人民实行惨无人道的法西斯统治。

1940 年，潮安各地出现了严重的春荒，主要原因一是日军占领后的封锁，切断了侨汇来源和粮食入境；二是日军占领区内的良田变荒芜；三是贪官污吏走私粮食资敌和奸商市侩囤积居奇大发国难财，使百姓陷于严重饥饿之中。

日军在桑浦山大尖修筑机场后，为巩固其控制的潮揭汕三地，沿桑浦山至山边山、青麻山一带，驱挞各乡民夫，挖了一条宽 10

多米，深3米左右，长达30公里的"封锁沟"，毁掉田园约3000亩；从北面的西山溪至大新乡、大崇山和南面的涂汤湖至桑浦山顶，都围上铁丝网，筑起一条从南到北约50公里长的防线。日军把"封锁沟"和"封锁线"外划为"无人区"。1941年重阳节，沙溪防线外的高厦村，因传闻日军允许妇女小孩到防线内探亲，于是有30多名妇孺要越过沙溪封锁线，当场被射杀了13人；西塘渡口也有13人夜间要越过封锁线时全都被枪杀。

日军在浮洋陇美村和东莆上西林村设了两个新兵练兵场，经常抓来无辜百姓，供新兵刺杀以练胆量。在青麻山等据点，日军经常抓民众当活靶子活活刺死。在占领区内，日军有时突然包围村庄，把全村男女老少赶在一起，随便殴打、侮辱、奸淫或杀害。驻前陇村的日军炊事班长，把村民郑敬辉杀害后挖出心肝，在村里游转一圈后烧熟吃掉。在日军哨口，经常有农妇被日军哨兵侮辱、殴打和摧残。

日军的累累血债，激起潮安民众的无比愤慨，他们以宁死不屈的精神，抗日救国，保护乡土，在中共领导的敌后游击队英勇杀敌的鼓舞下，采取各种形式进行抗击日军的斗争，从未停息过。

国民政府潮安五区（区署在江东）区长陈政，是潮安"建设派"的主要人物，他主动成立战工队，开展抗日斗争。在游击小组的配合下，战工队先后袭扰东凤日伪哨所、护堤公路的汽车等。1940年1月，游击小组和战工队伏击日军一艘汽艇，缴获物资一批，在江东开展除奸、肃特、缉私（打击走私军火原料）和收集情报工作。

1941年4月，驻青麻山的日军进犯凤塘英乔村时，村民拿起从士绅家中取来的枪支和一些土枪土炮，利用四面环溪的有利地形，与日军展开了激烈的战斗，先后击退日军的多次进攻。英乔村的抗日斗争，一直坚持到抗战胜利。1942年6月，一股日军窜犯沙溪高厦村时，村里的守军虽有一挺机枪，但犹豫不敢开枪，村民蔡锦松见状，飞步上前抓起机枪，猛烈向敌人扫射，终于把日军打退；另一股日军进犯仁里村时，村民陈遇宏拿起守夜的长枪英勇进行射击，因力量单薄而遇难。日军再次进犯仁里村时，村民陈小三拿出家藏的驳壳枪，冲在前面，群众跟在后面呐喊助威，日军见人多势众，不明底细，慌忙退走。1943 年 4 月，又有一股日军进扰李厝（五嘉陇）村。守军一个排进行阻击，全村民众主动帮助守军搬子弹，呐喊助威，终于把日军打退。

1943 年冬，日军在北线占领了潮揭边的羊铁岭、杨梅山、大脊岭、登塘、古巷一带；南线攻占了桑浦山系的主峰大尖（蟹目）山；在韩江东部进攻官塘、铁铺。潮安县除北部山区外，大部分地区被日军占领。日军所到之处，均被惨无人道地烧杀、奸淫、掳掠。

日军进占官塘后，石丘头、坑巷、坎下及邻近乡村的民众，为保乡卫土，成立了秋浦后备队，全队 20 多人枪，后增至 70 多人枪，按地域分为三个分队，订立了独立作战、互相配合支持的办法，多次击退日、伪军的进攻。一次，日军袭击驻尖崎山的国民政府守军时，被国民党军队击毙、击伤近 10 人。日军运着尸体，途经石丘头乡后面的深巷时，又遭秋浦后备队的袭击，仓皇逃走。这次被击毙的有日军的中队长安滕，群众欢欣鼓舞。

二、潮澄饶党组织设法营救方方和处决叛徒

在抗日战争从相持转变为进攻阶段的关键时期，潮安党组织奉上级党组织之令，先后完成了营救方方脱险和处决叛徒姚铎等几项艰巨任务。

方方自 1925 年至 1929 年在中共潮安县委工作期间，多次遭敌人追赶和搜捕，潮安人民为救方方脱险，与敌人进行过很多次

机智勇敢的周旋，生死搏击。

1942 年 5 月，中共南方工作委员会（简称"南委"）组织部部长郭潜在韶关被捕后叛变，致使南委和粤北省委受到严重破坏。为保存革命力量，南委书记方方决定其他负责同志分散到各地活动，坚持革命斗争。方方等人来到福建永定县高寨背村，化名陈瑞，开了一间"陈瑞记商行"作掩护。10 月 31 日，方方被当地土匪当作富商绑架勒索，经中共潮梅特委和潮安党组织筹款设法赎出后，方方来到潮汕检查党组织的隐蔽工作，随后，前往重庆。①

1944 年，正当中共潮揭丰边组织恢复活动的时候，潮汕地区党组织发生了姚铎叛变的严重事件。姚铎是原南委秘书长，在"南委事件"后因经受不住残酷斗争的考验，思想悲观动摇，生活腐化堕落，因此，他在重庆投靠国民党中统特务组织，潜回潮揭进行破坏党组织的活动，潮汕党组织面临着严重的威胁。七八月间，潮梅党组织负责人林美南按照中共南方局的指示，决定将叛徒处决，以消除祸患。

在得知姚铎潜伏揭阳之后，林美南与周礼平、王武研究部署后，由周礼平在佘厝洲进行具体布置，于 8 月下旬派出游击队基干小组蔡子明、李朝道、许杰和许锐标 4 人，到揭阳执行处决任务。行动小组在深夜将姚开枪击倒后，仓促中未及检查其是否已死便返回驻地。受伤未死的姚铎，治愈后由国民政府派保镖严加保护。周礼平在第二次布置行动时，选派陈应锐和李亮去执行。陈、李二勇士抱着"叛徒不除，决不生还"的决心，踏上了虎穴除奸的征途。11 月 12 日，两人在榕城商业学校门口将姚铎击伤

---

① 王国梁著：《忠魂（周礼平和他的战友们）》，花城出版社 2015 年版，第 113—116 页。

后，紧追至该校厨房将姚击毙，陈应锐在撤退时为掩护战友而英勇牺牲。

三、潮澄饶县委组织各区开展的游击战争

1944年，国际反法西斯战争形势的转变，对中国抗日战争起了重大作用。9月，潮梅党组织根据中共中央"关于大力发展广东抗日游击战争"的指示，确定潮汕为抗日前线，闽西南老苏区为可靠后方，兴梅地区为联结前线与后方的枢纽。

潮汕党组织于10月全面恢复活动，同月成立中共潮澄饶县委员会，11月成立中共铁路线工作委员会，12月设立潮揭丰边特派员；翌年1月，成立潮饶丰边工作委员会。潮安区域内的中共基层党组织，分别归属以上机构领导。

中共潮澄饶县委建立，书记周礼平，副书记兼组织部部长吴健民，宣传部部长陈谦。此时，县委辖潮安境内的有磷溪仙田区特派员邱河玉，除佘厝洲支部和洲东支部没有停止过活动外，新建寨内支部、黄金塘支部，还有横坑、西前溪、亭头的个别党员也在秘密地活动。

为加快抗日武装队伍的发展，周礼平于1944年11月，在佘厝洲村的敌后抗日游击队指挥部召开领导骨干会议，专门研究抗日武装斗争问题。会议决定：（1）扩建游击支点，发展不脱产的秘密游击小组（也称抗日地下军）；（2）把几年来经过斗争考验的积极分子吸收入党，壮大党的队伍；（3）广泛开展宣传活动，串联发动群众抗日；（4）扩建潮澄饶敌后游击队，开办训练班，培训武装骨干；（5）在必要时，党的领导分为公开与秘密二线。周礼平为第一线，负责公开的武装部队工作和前线指挥；吴健民为第二线，负责党的工作，并领导秘密游击小组进行准备兵源、收集情报、筹集给养等工作，以支援主力部队。

　　1945 年春，潮澄饶敌后抗日游击队由秘密逐渐公开化，进一步在江东的上湖、西前溪、横坑、洲东蔡、下埔黄，枫溪的英塘，东凤的礼阳，龙湖的阁洲，彩塘的东里，磷溪的黄金塘等村庄发展了不脱产游击小组，开辟了新的活动点，并于同年 2 月和 7 月，先后在澄海的冠山和江东的上湖开办了二期武装骨干训练班，共培训了武装骨干 60 多人。

　　3 月，中共领导的潮汕人民抗日游击队在普宁县白暮洋村宣告成立。在潮澄饶活动的敌后游击队，与潮汕人民抗日游击队的活动相呼应。

　　为打掉在平原地区的日伪据点，以扩大抗日影响和筹集武器，潮澄饶县委决定突袭彩塘日伪区公所和东凤日伪警察署。

　　彩塘地处潮汕铁路线的中心点，驻有伪区公所、警察署和一个联防中队，兵力 60 多人，武器配备良好。经过多次派人深入进行侦察和充分准备之后，游击队员 30 多人，于 5 月 6 日化装为被日伪"和平军"押送的民工，乘木船直抵彩塘。时已傍晚，乌云密布，下着小雨，游击队分为二路，一路由蔡子明、李亮带领，攻击伪区公所和联防中队；一路由许杰、许燐炯带领，直捣伪警察署。他们假装为要押解民夫到桑浦山修筑工事的样子，以迷惑敌人，当靠近大门时，出其不意，一冲而入，一举缴获敌人轻机枪 1 挺，驳壳枪 2 支，步枪 40 余支，以及一批子弹、物资。

　　东凤是护堤公路的一个交通要点，驻有 20 多名伪警察，他们为虎作伥，压榨百姓。在游击队奇袭彩塘日伪区公所之后，他们有如惊弓之鸟。游击队通过当地内线摸清情况后，决定利用敌人昼松夜紧的状态，采取白天智取的战术。经过周密的研究和部署，于 6 月 18 日深夜，游击队员 34 人在地方党组织和游击小组的配合下，从佘厝洲出发，渡韩江后隐藏在离东凤不远的堤边瓦窑里，天亮后化装为上圩赶集的农民，分为两个组进入东凤市场：一组由蔡子明、李亮带领，主攻警察署。李亮身穿白柳条上衣和黑川绸裤，手提一吊猪肝，身边跟着队员余丛文，来到警察署门口，借口要找黄巡官，乘哨兵不备，缴了他的枪。蔡子明率大部游击队员趁机冲进大厅和小房，将伪警察署长郭汉城和伪营业征收处主任抓获。另一组由许杰、许燐炯带领，直赴韩江堤顶渡口哨站，把三名哨兵的枪缴了，控制了渡口。袭击得手后，两个组汇合在东凤市场开群众大会，开展抗日宣传，宣布郭汉城的罪状后，将之就地枪决，并当众烧毁伪营业征收处的簿籍税单，到会群众无不拍手称快。此役共缴获手枪 3 支，步枪 25 支，还有子弹、手榴弹及其他物资一批。

这两次奇袭日伪据点的成功，影响极大，令日伪军胆战心惊，而潮安人民欢欣鼓舞，斗志更坚。

四、"韩纵一支队"血染居西溜

1945 年 6 月，中共七大闭幕之后，中共广东省临时委员会（简称临委）迅速贯彻七大精神，对广东工作进行了新的部署。当月 23 日夜，由杨兆民、江明理、谢任阳等领导的三支自卫中队和武工队共 150 人，开到潮安登塘的居西溜集中，成立小北山抗日游击队，钟声任队长兼党代表，下设 2 个中队。7 月 19 日，林美南在普宁派陈子诚带领一个中队 120 人从大南山到达居西溜，与钟声率领的部队汇合，成立小北山抗日独立大队，大队长兼政委钟声，副大队长陈子诚。8 月上旬，周礼平在江东佘厝洲开会，传达上级党委"关于潮澄饶组织武装队伍上居西溜建立广东人民抗日游击队韩江纵队第一支队"[①] 的决定，并派人分别到潮安、

---

① 中共潮州市委党史研究室编：《中共潮安党史（新民主主义革命时期）》，1993 年版，广东省出版物印刷许可证第 109 号，第 208 页。

澄海、饶平等地，带领武装队员到指定地点集中。8月11日晚，三县准备上山人员70多人从东凤关爷涵出发，沿护堤路过云步、英塘、湖美渡，经古巷、登塘、白水，于次日到达居西溜，与钟声、陈子诚带领的小北山抗日独立大队合编。次日宣布成立"广东省人民抗日游击队韩江纵队第一支队"（简称"韩纵一支队"），政委兼支队长周礼平，副支队长李亮，政治处主任钟声，副主任陈维勤。支队下辖独立大队，大队长李亮（兼），副大队长陈子诚。大队下辖4个中队及1个侦察班，全大队人数260人。成立当晚，第一中队即开往枫树员，第二中队驻守赤鼻岭，第三中队驻防居西溜，第四中队于17日凌晨也开到枫树员。

正当抗日武装力量迅速发展，即将取得抗战胜利的关键时刻，潮汕的国民政府顽固派极为恐慌，他们千方百计地企图消灭人民的抗日武装。韩纵一支队刚成立，国民政府军队就派遣9名特务，化装为割草农民深入到居西溜伺机侦察，被驻赤鼻岭的第二中队逮个正着，缴获驳壳枪7支，曲尺2支。在押解途中，有5名特务因逃跑而被击毙，4名特务被押解到韩纵一支队部经教育后释放。

8月17日，韩纵一支队成立仅4天，国民政府得悉情报后，即调动了一八六师五五七团一个营，会同驻揭阳第七战区挺进队第一纵队的吴慰文、吴铁峰便衣队和驻潮安的潮澄饶自卫总队吴大柴部约六七百人，兵分三路，从赤鼻岭、世田村和居西溜背后山向居西溜进行大规模的围攻。当时，驻赤鼻岭的第二中队遭袭，下乡做群众工作的指导员许守扬、事务长陈白和一名战士在返途中遭捕。8月18日黎明时分，国民党顽固派军队开始向韩纵一支队驻地进攻，企图抢占居西溜后面主峰，至半山时，被设在峰顶的韩纵一支队军事哨发现，支队队员即鸣枪示警和阻击，但敌已抢登主峰。在险恶的形势下，周礼平命令副支队长李亮和政治处副主任陈维勤带领支队部的后勤人员撤退，自己和政治处主任钟声带领机枪班迅速登山，与敌人展开激烈战斗，掩护部队转移。由于敌人居高临下，集中轻、重机枪疯狂地扫射支队机枪阵地，在激烈的战斗中，支队政委兼支队长周礼平不幸中弹。他在临终前还鼓励同志们坚守阵地，与敌人血战到底。在周礼平的鼓舞下，战士们都临危不惧，前仆后继，奋勇抗敌。排长蔡瑞兴、班长卓成宜、许自榜、蔡长家、肖汉茂、许悦标及战士李镇坤等同志先后中弹牺牲，还有 10 多人受伤，3 人被捕。

此时，第一中队和第四中队从枫树员赶来增援，占领居西溜东南面小山袭击敌人，掩护第三中队和支队部人员撤退。是日午后，敌人进占居西溜村，放火烧村，洗劫财物，于下午 4 时许方撤走。撤走时，丧心病狂的敌人竟砍下 9 位烈士的头颅，挂在揭阳县埔田圩示众。这一役，在阵地牺牲的指战员 10 人，被捕后遭杀害的 1 人。

8 月 18 日，韩纵一支队转移到潮安县英塘村。潮澄饶县委书记吴健民主持召开了紧急干部会议。决定由吴健民接任政委，李亮接任支队长，陈维勤任政治处主任，支队缩编为三个中队共160 人。整编后的韩纵一支队在潮澄平原组织了一些小型军事行动后，进入凤凰山。9 月中旬，韩纵一支队奉命离开凤凰山，开赴大北山与第三支队会合。

2014 年 9 月，经中共中央、国务院批准，民政部公布了第一批在抗日战争中顽强奋战、为国捐躯的 300 名著名抗日英烈和英雄群体名录，周礼平名列其中。①

---

① 中华人民共和国民政部公告第 327 号。

五、日军无条件投降，潮安抗战取得胜利

随着世界反法西斯战争的胜利，1945 年 8 月 15 日，日本天皇裕仁签署了《停战诏书》，宣布无条件投降。9 月 16 日，侵粤日军签字投降仪式在广州中山纪念堂举行。日军投降代表、第二十三军司令官田中久一正式签字投降。

在潮安，9 月 14 日各据点日军撤回潮安县城集中。次日开赴汕头市岩石集中缴械。全县的伪军则集中于江东的独树村和上庄村一带，听候整编，国民政府军队一八六师开进潮安县城接收，全县人民欢庆抗战胜利。

据潮州市档案馆的不完全统计资料，抗日战争期间，潮安全县军民被日军残杀的共达 8800 多人，被酷刑虐待终生致残的 800 多人，饿死的 6 万多人，逃荒的 10 万多人，其中逃亡失踪的 3 万多人，绝户 7000 多户，被强奸的妇女 3000 多人，被烧毁的房屋 3 万余间，被抢耕牛等牲畜、财物不计其数。

回望抗战期间，潮安的党组织走过了艰难曲折的道路，在沦陷区坚持开展敌后武装斗争，在国统区坚持进行隐蔽斗争，经受了斗争的考验，锻炼和造就了一批坚强的无产阶级革命战士，使他们成为解放战争时期的革命骨干。

整个抗战历程，是潮安人民付出沉重代价和不断觉醒的历程。历史不应是记忆的负担，而应是理智的启迪。中国人民应痛定思痛，让历史照亮未来。饱受战争之苦的潮安人民，更能深刻理解和平的可贵。只有铭记历史，缅怀先烈，才能唤起人们对和平的热爱和捍卫和平的决心，共同开创美好的未来。

第五章

解放战争时期

适应形势变化，坚持隐蔽斗争

一、潮安党组织从公开向隐蔽转移

1945 年 9 月 15 日，侵粤日军撤离潮安。当天，潮安国民政府一批党政机关和驻军迁回潮安县城，县保安团则分驻于县城的枫溪和意溪等地，潮安县城成为战后国民政府在潮汕的统治中心。县保安团长洪之政进城之后，利用流氓骨干，成立刑警队，到处搜捕共产党员和革命人士，白色恐怖再次笼罩着整个潮安县。

11 月，中共潮汕地委根据当前的严峻形势，按照中共广东区委关于"对广东长期坚持斗争"的指示精神，联系潮汕地区斗争实际，指出党的斗争方针，必须从公开武装斗争转移到地下党领导的秘密斗争，采取新的措施和行动，分散隐蔽党组织和地下交通线，以利于对敌展开武装斗争。

（一）分散隐蔽革命者

1945 年 12 月，潮汕地委委员、潮澄饶县委书记吴健民，在澄海莲阳永平村主持召开了潮澄饶县委扩大会议，根据地委指示，对潮澄饶地方党组织作了调整。撤销潮澄饶县委、潮饶丰边工委和铁路线工委，成立中共潮安县工作委员会和中共澄（海）饶（平）县工作委员会，分别负责领导潮安、澄海和饶平的工作。随后，吴健民又在潮安县江东佘厝洲召开潮澄饶武装骨干会议，具体落实部分武装骨干和非武装骨干人员安排分散隐蔽工作。

会后，吴健民、李习楷（原铁路线工委书记）隐蔽于潮安江东、澄海莲阳一带秘密领导潮澄饶地下党组织的斗争活动。潮安县工委书记陈汉、组织部部长陈义之、宣传部部长庄明瑞及机关，隐蔽在潮安县城打银街待诰巷四横巷2号小楼上。工委成立后，迅速落实隐蔽斗争的各项措施，实现分片负责。县工委坚持以革命的两手对付反革命的两手，不失时机地开展工作，巧妙地同国民政府进行斗争。

被分散的非武装人员，有的隐蔽到城市，有的隐蔽到农村，有的安置在亲戚家，有的寻找可靠的单位，参加各种职业。有适合当教师的，通过关系安置到学校，占领学校阵地，一边教书，一边秘密开展地下工作。地下党员庄育恕，从凤凰被派回潮安县城之后，利用其家庭社会关系，打进潮安县政府教育科当职员。她因有教育科的合法身份，通过科长和督学，先后介绍一批地下党员和党的同情分子到登塘白水和枫溪教书。同时，通过对全县中小学一些主要人物的政治身份和政治态度进行了解，提供给党组织。地下党员下阁洲乡人许云勤，通过关系，介绍地下党员许拱明、赵崇藩等8人到下阁洲小学，有的当校长，有的当教师，他们在学校建立党支部，使下阁洲乡成为武工队的活动转移点。通过开展工作，该乡的统战对象中，有的借枪给武工队，有的家里成为地下党员的掩护点，有的在经济上支援党的地下工作者。许拱明通过其叔父许醒五（任北关镇镇长），介绍高修一、陈德桂等6位地下党员和党的同情分子，先后到北关学校教书，以合法身份作为掩护。这些被分散到潮安各部门各单位的地下工作者，打好了群众基础，站稳脚跟，秘密开展党的工作，成为党组织创建秘密交通线和交通站的可靠基础。

（二）地下革命交通网络建设

潮安党组织的地下交通网络，在土地革命战争时期和抗日战争时期都曾经建立过。从 1945 年 12 月起，潮安党组织开辟了比较固定的 8 条地下交通线，建立了 50 多个地下交通站（点），构成了一个密集的地下交通网，同时建立起一支具有优良素质的交通员队伍。这些地下交通线，把粤东与闽南、山区与平原紧密地联结起来。潮安县因此成为粤东地区党组织的地下交通枢纽，而这个枢纽的中心，设于江东佘厝洲。多条路线从佘厝洲出发：陆路一条经英（塘）高（田）厦（厝）村至揭阳云路，经陂边到达五房山，再从五房山往大北山韩纵司令部，可再进入丰顺八乡山根据地；另一条交通线需要渡过韩江，从佘厝洲上下有两个固定过江渡口，即大码头和急水渡，上岸后经六亩、黄金塘等地可进入凤凰山或丰顺大钱和东磜盐坪基地。地下交通员情报一旦到手，不论日夜必须及时过江上路。为避过江常客、熟人和渡伯的眼光，洲东村下埔地下交通站负责人黄名贤，自备小木船，随时乘载情报员渡过韩江。

佘厝洲还开辟了一条水上直接通往东磜基地和八乡山的地下交通线：地下工作者从佘厝洲来到韩江边渡口搭乘专用交通木船上潮安县城，转乘火轮，沿韩江而上，到达丰顺磜隍交通站，再由交通员护送，绕过东磜仙峰进入盐坪，再转入八乡山。

1948 年春，随着凤凰山区游击战争的展开，中共潮澄饶丰党组织决定开辟归湖、文祠游击区，建成一条水上交通线，利用穿行于潮安县城、汕头和澄海东里等地的 30 多条小木船，与国民政府封锁山区的哨站斗智斗勇，冲破封锁，将山区柴炭运出外销，换回粮食、布匹、食盐、药品等物资，此条交通线成为凤凰山根据地唯一的水上运输线。

4 月，潮澄饶丰人民武装按照中共香港分局"普遍发展，大胆放手"的指示，推出外线作战，开辟平原新区，地下交通线紧跟形势的发展而调整。为进一步开辟山地与平原的交通线，缩短从平原到凤凰山的时间和路程，建立起接近山地的六亩交通站；在磷溪龙门关排布洲村建立交通中间站。同时，潮安党组织调动武工队，收缴了西都、大坑村反动堡垒的武器，扫清这条从平原通往山区交通线上的障碍，大大方便了澄海往山区的交通。

潮揭丰边武工队，活动于韩江西岸的登塘一带，在县委领导下，打击地方反动分子，清除革命障碍，巩固和发展地下活动站，开辟了山后地下交通线：设立了可靠渡口，配置木船，在草塘、西林两村建立交通站，依靠草塘、西林的堡垒户以及山洞、山寮作为待渡的临时住宿点，与同时建立的潭头和砚田两个交通点，连成一条自揭阳五房山坪上村进入潮安大葫芦，过韩江渡到达凤凰山根据地的地下交通线。这条交通线成为中共潮汕地委通往闽粤赣边区党委的重要组成部分，从开通到潮安县解放，曾先后护送闽粤赣边区党委副书记、边纵副政委朱曼平和边纵政治部主任林美南等一批领导人；来往于大北山、大南山、八乡山、凤凰山、闽西南的干部以及上山入伍的学生、起义人员和部队共80多批1500多人次，均顺利通过山后交通线安全渡江。所有经过交通线的人员、武器、弹药、文件和物资均无一伤亡和损失。

5月，中共潮澄饶平原工委成立，机关设于枫溪池湖村。池湖成为中心点，将佘厝洲与县城北门外埔头尾活动点，联结构成了一条地下交通线。通过这条交通线，潮安县城地下组织把搜集到有关国民政府的党政军情报和统战人物的动态，及时送到县工委机关；有些从海外回国参加革命的青年，以及过境的地下党干部，到潮安县城后，由城里的地下组织派人沿着这一交通线护送，经意溪河内上凤凰山。

随着山地革命新区的开辟，山地党组织的领导机关从东陬基地转移到五股（今归湖凤南），并开辟一条南向经李工坑、陂坑、后径、锡美埔、南山，再到北坑村连上平原的交通要道，一夜之间即可经铁铺、隆都而直达澄海的苏北、苏南转至汕头等地下党机关。北坑（英山）村是交通线一个重要节点，武工队在北坑村找到土地革命战争时期的老红军战士陆添涌，由他负责北坑村这个山区与平原的地下交通枢纽。

1949 年 5 月，"山后武"（全称为 1948 年 2 月成立的山后武工队）在潮安县城成立地下交通站，启用原隐蔽于税捐处和邮电局的地下人员，通过约定时间和暗号与各条交通线保持着密切的联系。

为保护潮安地下交通线和交通站的安全，工作人员作出重大的牺牲和贡献。1946 年 5 月，枫溪英塘交通站被叛徒出卖，密侦队包围该村，几个党员在王炳荣家执行任务，突围时，地下党员林绍明、周锡桐不幸被捕，后来被酷刑折磨，死于监狱之中。王炳荣的妻子王婵清为保守地下党的秘密和保护交通线的安全，在敌人的严刑拷打中，坚贞不屈。1948 年 6 月，设于黄名贤家的下埔村交通站被密侦队包围，黄名贤夫妇及家人不幸被捕，为保护党组织的安全，无论敌人如何严刑拷打，他们夫妇都义正词严地以"不知道"拒绝供信。7 月 16 日，黄名贤夫妇和刚满周岁的幼子，连同一起被捕的侄子共四人，在澄海隆城被敌人投进挖好的深坑中活埋而壮烈牺牲。他们临危不惧、从容就义的大无畏革命精神，激励着潮安革命战士奋勇向前。

潮安的地下交通线和交通站，在协助党组织和武装力量的对敌斗争中，顺利完成了上级党组织交给的各项任务，为凤凰山革命根据地的建立与巩固和平原地区革命斗争的发展，作出了重要的贡献。

（三）"四陈"事件的发生

1946 年 7 月初，潮汕地委宣传部副部长兼澄饶丰县委副书记陈焕新，澄饶丰县委书记陈谦、组织部部长陈锐志和基干队政委陈汉 4 人，来到澄海莲阳协利锡箔铺（澄饶丰县委机关），准备参加吴健民通知召开的一次武装会议，被邻铺怀疑为进行走私活动而秘密报警。5 日凌晨，警察以抽查户口为名进行搜查，发现除陈焕新外，其余 3 人皆无户口，且在室内搜到一些革命书刊，"四陈"不幸被捕。

主持潮澄饶工作的吴健民闻讯后立即采取应急措施，指挥有关人员转移撤退，并及时进行组织调整，将潮澄饶的党组织由党委制改为特派员制。吴健民于 8 月初，在江东佘厝洲召开会议，研究营救"四陈"的计划和准备工作。

"四陈"是久经考验和富有斗争经验的地方党组织领导人。他们被捕后沉着应对，顽强不屈，始终没暴露身份。经党组织及社会各种力量的多方营救，"四陈"先后于 1948 年和 1949 年获释出狱。

"四陈"事件发生于潮澄饶平原开始恢复武装斗争的重要时刻，党的领导力量受到影响，一些基层党组织的骨干也因此进行转移或调整。

二、革命武装在隐蔽斗争中迅速恢复

1946 年 11 月，中共中央发出《给南方各省乡村工作的指示》，指出在全国内战的形势下，南方各省乡村革命工作应采取两种不同方针，凡条件有可能建立公开游击根据地者，应立即建立公开游击根据地；凡条件尚未成熟的地区，应采取隐蔽待机方针，以待条件成熟，但总目标仍然是积极发动公开游击战争。

1947 年 8 月初，潮汕地委根据中共中央指示，为统一和加强潮澄饶丰边山地工作的领导，成立潮澄饶丰边山地工作委员会（简称"山工委"），书记陈义之。山工委成立后，经过缜密研究和筹划，决定以潮澄饶武装基干队为基础，在卓花村建业农场成立潮澄饶丰边人民抗征队第一政治武装工作队（简称"一武"），队长赵崇护。在此期间，武工队根据卓花村的环境和实际条件开展一些活动。每天天亮前分批上山进行军事训练，白天下田劳动，或在室内上课，夜间则深入附近村庄，进行宣传活动。

10月上旬，山工委考虑到开展凤凰山游击根据地后方基地的需要，在盐坪村成立了潮澄饶丰边人民抗征队第二政治武装工作队（简称"二武"），队长陈维扬。

人民武装建立后，山工委为扩大政治影响，奇袭澄海樟林乡公所和守菁队取得胜利，缴获轻机枪1挺，步枪20多支和一批弹药物资。是役，亮出"人民抗征军"的旗帜，成为恢复武装斗争打出的第一仗，揭开潮澄饶地区解放战争的序幕，打出了人民抗征武装的决心和力量。

三、潮澄饶丰边山工委发动群众反"三征"

1946年6月，国民政府撕毁"双十协定"，发动全面内战。为此，国民政府在全国各地加紧实施征兵、征粮、征税（简称"三征"）。

11月和12月，中共中央和中共香港分局分别作出了恢复广东武装斗争的决定，要求各地重新开展游击战争，组织游击队、武工队分散活动，发动群众开展反"三征"和减租减息的斗争。

1947年6月，潮汕地委在揭阳大北山粗坑村召开扩大会议，根据中共香港分局关于充分发动群众开展反"三征"运动的精神，提出加强党的领导，放手发动群众，将山区的武装斗争与平原的群众斗争相结合，以反"三征"作为中心的行动口号。会后，成立了"潮汕人民抗征队潮澄饶武装基干队"，队长赵崇护。山工委和潮澄饶丰人民武装从三个方面开展反"三征"的斗争。

（一）发动群众反"三征"

武工队每到一处，利用夜间进入农村"闲间"，在和农民喝茶聊天中，向群众宣传解放战争大好形势，讲明党的政策，以吸引人心归向共产党；通过张贴标语，散发传单，扩大影响，宣传革命道理，号召和组织群众共同起来反"三征"。在宣传攻势的影响下，潮安平原一带的乡村反"三征"斗争此呼彼应，遍地开花。武工队通过向农村的士绅、族长、保甲长等上层人物做统战工作，对他们讲明形势、政策，指明前途，并警告他们不要顽固地为国民政府卖力，要站到人民的一边来，共同抵制国民政府的"三征"政策，保护人民群众的利益。如山边谢村在征兵中按规定有几个壮丁名额，由于事先对村的上层人物做了思想工作，结果，这几个名额都以卖公田公款抵还了事；在征粮征税中，也采取各种抵抗、拖延的办法。在凤凰山区，武工队活动频繁的地方，敌人的"三征"已基本被广大人民群众在斗争中得到抵制。农民兄弟由于得到实惠，从实践中认识到：只要组织团结起来，敢于斗争，就会取得胜利。

（二）武工队袭击乡公所

"文"的一手是发动群众，"武"的一手就是武工队袭击乡公所的警察、保安队，起到震慑作用，逼使他们平时不敢胡作非为。

1948年1月20日，潮澄饶丰人民抗征队独立中队和"一武""二武"部分队员40多人，奇袭凤凰乡公所，拔除敌人堡垒，收缴其全队武器，严惩凶顽分子，并破仓济贫。此举震惊了敌人，扩大了抗征队的影响。

1948年8月，潮澄饶丰人民抗征队第四突击队（简称"四突"）在中共平原工委的配合下，从佘厝洲出发，一举捣毁江东乡公所，既有力地支援凤凰山根据地的反"围剿"斗争，也有力地震慑平原地区执行"三征"的势力。

（三）镇压死硬反动分子

武工队一经发现执行"三征"的死硬分子，即采取强硬手段进行镇压。登荣乡石头坑保长廖乐庭，向县长朱宗海通风报信，密报武工队在该村破粮仓，分发粮食给群众的详细情况，还恐吓和强迫当地"抢粮"群众退还稻谷，并阻挠群众接近武工队。武工队于 1948 年 4 月将廖乐庭逮捕，宣布其罪状后公开镇压，没收其部分财产，分给群众。灯心洋村反革命分子陈可发，长期与地下党作对，被武工队逮捕，经公开宣判后枪决，其财产也被发给贫苦群众。

通过一系列的强硬措施，潮澄饶丰边山工委粉碎了敌人的联防阴谋，产生了更大的社会影响，鼓舞了广大农民群众，使反"三征"斗争得以顺利进行。

凤凰山游击根据地的创建

一、凤凰山、东陇游击基地的创建

凤凰山地处潮安、饶平、丰顺、大埔边界，镇扼潮梅水陆交通门户，地域广阔，山深林茂，峰峻岭高，地势险要，是兵家必争之地。加之凤凰人民富有光荣的革命传统，是土地革命战争时期的革命根据地和平原游击区的可靠后方；又是国民政府统治势力较为薄弱的地区。

潮澄饶党组织按照潮汕地委确定的战略目标，决定以凤凰山和东陇为中心，有计划、有步骤地开辟、重建游击根据地，使之与兴梅、闽南游击区连成一片，形成韩江地区整个游击战争体系。

潮澄饶党组织进入凤凰山和东陇后，努力加强党的领导和党的建设，依靠长期在地下斗争中成长起来的党员骨干，放手发动群众，开展武装斗争，建立和发展武装队伍，保卫根据地。山工委在东陇地区建立基地，为武装队伍的休整、训练提供了条件，同时把各村的打猎队 100 多人联合起来，秘密组建民兵基干队，还发动妇女成立妇女会，使东陇成为与凤凰山相依托的游击基地。

1947 年 12 月，"一武""二武"及部分平原地下民兵组成的人民抗征队袭击国民党樟林乡公所。取得胜利后，又连夜急行军200 余里转移到东陇基地盐坪整训。队伍到达基地时，当地群众争相为战士整理营地、烧水、煮饭，热情慰劳。基地民兵积极协助队伍站岗放哨，保卫营地，军民鱼水情深，战士们亲切称之为革命"三老家"。

1948年1月，山工委在东隔猪母髻召开扩大会议。吴健民作半年来武装斗争的总结，传达、学习中共中央《关于开展游击战争，建立新根据地的指示》，部署当前工作。

会后，"一武""二武"经过整训，抽出部分骨干组建独立中队（简称"独中"），队长赵崇护，指导员庄明瑞。经过整编，人民武装队伍发展至70多人。"独中"的成立，壮大了人民武装队伍，增强了部队的战斗力，标志着党领导的潮澄饶丰人民武装，已由原来的基干队、武工队发展到组建主力连队的阶段。

（一）奇袭凤凰乡公所

山工委为了扩大政治影响，充分发动山区群众开展以反"三征"为中心的武装斗争，决定袭击凤凰乡公所。

1948年1月20日，"独中"和"一武""二武"部分队员40多人，从东隔基地出发，夜伏凤凰横村附近。21日清晨，趁凤凰圩日，吴健民亲自带领身藏武器的战士们，扮成赶集群众，兵分三路进入凤凰圩。上午9时整，赵崇护带领的一路，立即扔掉扁担箩筐，掏出短枪，迅速冲进乡公所，俘获乡公所全部员丁10多人，缴获10多支枪，并在圩上抓获户籍员蔡诚忠（原凤凰乡队副）。与此同时，袭击后河谷仓的一路迅速占领谷仓，用斧头砍开谷仓大门，开仓济贫。在游击队员的宣传发动下，群众奔走相告，挑着竹箩、布袋涌向谷仓搬粮，几千担稻谷被分光。部分游击队员借机在圩市向群众散发传单，进行宣传，号召群众奋起反"三征"，并收缴国民党反共头目曾亦石家中暗藏的武器和物资。傍晚，游击队在圩市当众宣布蔡诚忠残害革命群众的罪状，就地将其枪决。随后，队伍撤离了凤凰圩。

奇袭凤凰乡公所的战斗，取得开辟凤凰山根据地第一仗的胜利，极大鼓舞了山区广大群众，点燃了凤凰山群众反"三征"斗争的烈火。

（二）"独中"的连续出击

1947 年 9 月，蒋介石派宋子文到广东制订"清剿"计划，实行统一军政指挥。12 月，宋子文派少将喻英奇到潮汕，任广东省第五"清剿"区司令兼第五行政区督察专员和保安司令。喻英奇到任后，加紧策划和实施"清剿"计划。

根据广东新的斗争形势，中共香港分局于 1947 年 10 月发出指示信，要求各地党组织发动群众，猛烈开展群众斗争和游击战争，利用宋子文根基尚未稳固之机，创建农村据点和武装组织，粉碎蒋、宋"清剿"企图。

"独中"在山工委的领导下，采用奇袭战术，连续出击，取得了多次胜利。

1948 年 2 月 14 日，"独中"战士化装成赶集农民，袭击了隆都店市的警察所和"清剿"队部，破前美谷仓，同时解决了店市镇公所和税捐所，缴获长短枪 41 支，赈贫稻谷 1500 多担。

21 日，"独中"从江东出发，分兵袭击澄海渡头上中区警所和驻南界的警探队，破渡头、横陇谷仓，缴获 25 支枪。

29 日，"独中"分兵袭击意溪和仙洋乡公所，因意溪一路联络有误，乡公所已警觉戒备，队伍迅速撤出。仙洋一路获得全胜，俘敌 10 多人，缴获枪支 10 多支及一批物资。之后，队伍分出一支小分队到文祠，配合地下武工人员，发动群众破文祠石头坑田赋处谷仓，开仓济粮 2000 余担。

潮澄饶人民武装经过连续三个月的出击，歼灭了敌人的有生力量：共摧毁 2 个警察所，5 个乡公所，3 支地方自卫队和 3 个税捐处；俘获、遣散敌武装人员 100 多人，缴获长短枪百余支；破谷仓 5 座，开仓济贫稻谷 1 万多石；开辟 100 多个村的活动点，发展了 300 多名民兵。这期间，各地党组织领导武装人员和革命群众，积极配合"独中"等武工队的行动，为部队提供敌情，协助部队侦察，以及在掩护队伍、提供食宿等方面做了很多工作。

"独中"连续的胜利出击，引起了国民政府的恐慌。喻英奇紧急调兵遣将，多方对人民抗征队进行追踪堵截。在艰苦复杂、残酷激烈的斗争中，有不少战士不幸牺牲或被捕。

"一武"的队员江秀卿、李泽蔚在铁铺曾尾店被捕，面对严刑拷打，坚贞不屈，大义凛然，光荣就义。女战士陈小红在隆都南溪乡战斗中被手榴弹炸伤身体，她忍痛以惊人的毅力爬行了八九里，见到部队领导时，还断断续续地汇报情况，但她由于流血过多，于当晚牺牲。"独中"队长赵崇护在战斗中被击中胸部，临终时，战友扶着他，他还说："我不要紧，快去完成任务！"1948 年 2 月，"二武"驻地陂肚被包围，山工委宣传部部长兼"二武"指导员陈维扬率队突围，副队长陈鹏负责掩护，二人皆不幸中弹牺牲。共产党员和革命战士的崇高气节，谱写了一曲曲慷慨激昂的英雄赞歌！

二、"普遍发展"和开辟游击新区

喻英奇对根据地和游击区在经济上实行封锁，在军事上加强了"围追堵截"的攻势，加上春荒严重，粮食物资匮缺，人民武装队伍供给十分困难，战士们睡牛寮、炭窑，缺衣少食，处境艰难。在这种极端恶劣的环境中，潮安党组织按照中共香港分局"普遍发展，大胆放手"的指示精神，坚持着艰苦卓绝的反"清剿"斗争。

（一）"三洲寮"整编

为了更有效地粉碎国民党的军事"围剿"，1948 年 3 月初，山工委领导人民武装在潮安登荣区（赤凤）的三洲寮进行整编，撤销山工委，成立了统一领导整个潮澄饶丰地区党组织和武装队伍的潮澄饶丰武装工作委员会（简称"武工委"），书记吴健民，在"独中"的基础上进行扩编，成立了第五中队（简称"五中"）、第六中队（简称"六中"）、第四突击队，调整了"一武""二武"，新建了第三政治武装工作队（简称"三武"），队伍通过充实，发展到了 110 多人。

武工委针对喻英奇在凤凰山边缘地区设立澄饶丰边"剿共"联防处，从东隰、登荣和凤凰对根据地三面包围的严峻形势，决定以中队、武工队为单位，分别穿插到敌后的凤凰山周围村落活动，开展对敌斗争。

4 月 4 日，潮澄饶丰干部会议在东隰盐坪召开。中共香港分局派来潮澄饶丰工作的张震传达了毛泽东《目前形势和我们的任务》一文，以及香港分局 1948 年 2 月关于《粉碎蒋宋进攻计划，迎接南征大军的指示信》，明确了建立地区主力和开辟游击新区的斗争任务。

（二）开辟游击新区

三洲寮整编以及香港分局指示的传达，消除了地方的稳健保守思想。武工委作出了"挺出外线，巩固基地，开辟新区"的战略决策，迅速打开了局面，有力地牵制了国民党的兵力，打乱其"清剿"部署。

为了开辟隰凤新区，武工委于 1948 年 4 月，在东隰盐坪村成立第七政治武装工作队（简称"七武"）。"七武"在队长李民禧的带领下，以凤北为重点，利用夜间，挨家串户进行宣传串联，建立基点户，先后开辟了凤北、凤东、凤西、凤新等村庄，并成立了农会、民兵、妇女、贫农和青年团等组织，成为凤凰山根据地的第二个游击基地。

在大山坪溪地区，4 月初，"五中"在武工委委员陈义之和队长许立的率领下，挺进大山、饶中，成立了"民运组"，深入到群众中去，宣传发动群众，传播革命思想。原普宁县委书记、潮汕人民抗征队第三大队大队长李习楷调到凤凰山后，在"五中"蹲点，带头深入群众，宣传革命形势，以"天下是我们的"来鼓舞民心。发动当年苏区的交通员，依靠他们进行宣传串联，并接受他们的建议，对当地保长软硬兼施，约法三章，既鼓舞了士气民心，也对当地反动分子起到威慑作用。当月，以民运组为基础，在坪溪山寮成立了"十一武"，继续发动群众反"三征"，组织民兵，建立基干队，向地主借枪募粮，捕杀潜入白水湖活动的特务分子。根据群众的要求，在大山开展了烧毁田契的群众运动，先后建立了白水湖、中段、上村、叫水坑等山村白皮红心的"两面"政权，建立了民兵联队。

在秋荣地区，"三武"在文祠合佩村建立了立足点后，将武工队员分成统战、群工、妇女三个小组分别开展工作，迅速向归湖、赤凤、意溪河内一带乡村扩展。4月，第九政治武装工作队（简称"九武"）在五股成立后，在峙溪、归湖、五股等沿韩江东岸一带地区活动，配合部队打通凤凰山与韩江西岸潮揭丰边山后游击区的交通。5月，"三武"与第四突击队（简称"四突"）配合，先后捕杀中荣、下荣联防处主任赖鼎铭和陈文记，打破其成立联防队的计划。武工队和连队还先后镇压了文祠宫前村、石头坑村、白藤村、李工坑等一批反动分子。6月，"三武"和"九武"合并为"三九武"，队长李世海。同月，以原在五股一带活动的临时武工队为基础，成立"新一武"。"三九武"则以上荣为中心，活动范围扩大到中荣、下荣及河内、铁铺、磷溪一带，在发现、培养根子，建立"两面政权"的基础上，积极开展募粮和收缴藏枪的活动。经过一段时间的活动，整个上荣以及河内北坑各个村落，都打下了扎实根基，建立了一批活动基点。

在韩西地区，1948年2月，潮揭丰边县委为开辟山后区，成立了山后武工队，活动在潮安的登塘一带。4月上旬，"六中"西渡韩江，挺进登塘一带活动，开辟"河西"游击走廊。"六中"在艰苦条件下，打击国民党的基层政权和反动分子，发动群众反"三征"，建立转动点，开辟地下交通线。之后，"六中"在"山后武"的配合下，先后围攻袭击登塘闪桥、白茫洲村，大和（现凤塘）乡公所和警察分驻所，缴获衣物、粮食、枪支弹药及其他物资一大批。形成了河西游击走廊，打通了凤凰山通往山后的交通线。

在平原地区，"四突"于三洲寮整编后，奉命下平原，牵制国民党军队，筹措经费，打通山地至平原的交通线。"四突"到平原后，分三个组开展活动。"铁组"活动于潮汕铁路线公路一带地区，以大谢、东里、鹳巢、礼阳为主要活动基点；"海组"主要活动于潮安的秋水、饶平的隆都和澄海的苏北、苏南地区；"山组"活动于饶属的南溪、潮安的江东、磷溪至文祠陂坑尾的丘陵地带。各组发动与组织群众，配合突击行动，开创更多的活动点，联结平原和山地的交通，筹措经费等。5月，"四突"各组奉命集中，回到磷溪至陂坑尾的丘陵地带活动，稍微休整后，"四突"长枪班扩编为第四连，配合兄弟连队在大坑、西都、东乡等河内一带活动。"四突"下平原活动一个多月，巩固了部分老据点，建立了一些新的活动点，打通了平原至山地的走廊，培养了一批民兵骨干，为平原武装斗争的开展打下一定的基础。同月，"武工委"为统一和加强平原武装斗争的领导，成立了潮澄饶平原工作委员会（简称"平原工委"），书记邱河玉。"平原工委"成立后，认真贯彻执行"普遍发展，大胆放手"的方针，根据平原实际，巩固老据点，开辟新区，继续在平原发动群众，坚持艰苦斗争。

7月，"平原工委"组建十五乡武工队，队长李世平，活动于饶平的十五乡、隆都和潮安的秋水、东厢一带。8月，十五乡扩充成立秋隆武工队，活动于潮安的秋水、东厢和饶平隆都地区，开辟平原与山地的中间空隙地带。经过几个月的努力，工委迅速接通了被破坏的地下活动联系线点，开辟了70多个村庄，组织了民兵基干队100多人，领导群众反"三征"取得成效，发展了武装游击斗争。

（三）潮澄饶丰边县委和韩支十一团的成立

1948年6月，根据中共香港分局的指示，潮澄饶丰边县委在潮安五股曾厝村成立，书记张震。随后，把原来由"武工委"直接领导的各个中队和第四突击队重新优化组合，在潮安李工坑正式成立人民解放军韩江支队第十一团（简称"十一团"），团长许杰，政委张震（兼）。

"十一团"成立后，在县委的领导下，集中火力打击反动头子、地方恶霸、首要特务，并消灭其武装组织，联合和中立不反对我们目前所施行的各种政策的社会力量；实行反"三征"，减租减息，生产合作，救灾救荒的社会政策；根据合理负担原则，确定财政政策，保证财权。

潮澄饶丰边县委和十一团的成立，进一步加强了党对潮澄丰边地区武装斗争的领导，发展了地区武装主力，极大鼓舞了广大群众的人心和士气，有力地推动了潮澄饶丰边地区斗争的发展。

三、粉碎国民党的军事"清剿"和经济封锁

1947年12月，喻英奇一上任，就扬言三个月内要肃清"土共"，下令把大北山、大南山、南阳山、凤凰山、五房山连成一片的革命根据地拔除，因此设立了四个"清剿"指挥所，增设三个县级联防办事处。喻英奇拥有一个旅的机动兵力，还收编了王国权部的海匪等武装人员。借着强势的武装力量，实施其"围攻山地，扫荡平原"的"清剿"计划，组织了对凤凰山游击根据地的军事进攻。

（一）山地的反"围剿"斗争

喻英奇为实施其"围剿"阴谋，企图先从"围攻山地"入手，在凤凰山周边建立了"安澄饶丰边联防办事处"，派洪之政兼任主任，委派丰顺东罶乡长林海琴、潮安登荣乡长蓝道立、饶平凤凰乡长林图南为联防处副主任，形成对凤凰山区的包围圈。

1948 年2—8 月，喻英奇先后组织对凤凰山区进行了多次的军事"围剿"。这时因人民武装主力挺出外线作战，基地剩下的是一些伤病员及部分女战士。留在基地的领导人张震一面指挥"二武"及民兵坚持战斗，一面动员群众坚壁清野，上山搭寮，挖山洞，藏粮食，一些无法搬走的重要东西则沉下池塘。在防御布控方面，布置了民兵在各个山头路口放哨，送情报，探敌情，做到村村有联络。一有敌情，由内至外，山山村村挨次传递，群众疏散隐蔽，以减少损失。

4 月11 日，驻东罶国民政府军队"围剿"基地大钱村。张震带领群众迅速转入山林隐蔽。民兵则占领山头，居高临下，奋勇阻击，打退了敌军的围攻。

5 月间，敌军又先后两次"围剿"东罶基地。由于"二武"和民兵的奋勇抗击，敌军一无所获。

6 月21 日，国民政府驻凤凰圩的吴大柴部又"进剿"大钱村。路口放牛瞭望的一位老农妇发觉了，急忙回村报讯。军民随即疏散，敌人扑了个空。吴大柴军队撤回，经桂竹园潭坪休息吃饭时，被埋伏在苦竹坑前面山上的十一团十连战士和民兵伏击。敌军仓惶抢占山头时，又遭到官头輋民兵的炸炮轰击，狼狈逃回凤凰圩。

26 日，洪之政亲自指挥潮安蓝道立、饶平吴大柴、丰顺林海琴各部共 500 余人，分别从潮安、饶平、丰顺三路"围剿"官头輋。在敌强我弱的情况下，十一团六连、十连凭借深山密林与敌军周旋。八连也闻讯来援，先后在毛仔坪、官头輋进行阻击，杀伤几名敌人。敌军恼羞成怒，疯狂报复，在官头輋烧杀抢掠，烧毁民房 15 座。

27 日午后，"进剿"的敌军集中在官头輋村前的小山堆宰牛做饭，被埋伏在万峰山腰的六连、十连战士和民兵猛烈射击，死伤 10 多人，敌军一副队长身负重伤，溃败撤走。

战后，游击队在官头輋召开大会，公祭在反"围剿"中死难的队友和群众。为了帮助群众重建家园，部队指战员节衣省食，慰问受害群众，为群众搭寮修棚。

7 月中旬，国民政府王国权部主力联合东隘林海琴、崎溪古汉光、仙洋蓝道立和饶平吴大柴及凤凰联防队 700 多人，从东隘、崎溪、仙洋和凤凰圩四路进攻五股，企图引出游击队主力后一举消灭。十一团事先获知敌人行动计划，充分部署，组织群众疏散转移。六连则掩蔽于曾厝村后面山的密林中，伺机伏击。

26 日，王国权部在官头輋洗劫掠夺后，取道万峰山、龙舟坑，夜宿赤竹坪时，遭到六连的袭击。隔天，王国权军队因找不到游击队主力，恼羞成怒，在龙舟坑、赤竹坪等 17 个村庄大肆烧杀抢掠。当他们准备撤走时，突然遭到埋伏在深山密林的部队及民兵夹攻射击，被打得昏头转向，向山外仓惶逃命。

8 月 17 日，洪之政、庄升彦、马汉初部共几百人再次"围剿"五股地区。游击队为了保护主力，避开与敌军正面作战，只留下少数战士配合民兵阻击敌人，主力部队则跃出外线，开赴平原，配合平原游击队，在潮安国民政府的腹地开展斗争。

这期间，"四突"在平原工委的配合下，组织了两次突袭行动。8月26日，"四突"10多人化装成农民，袭击洪之政老巢——井美江东乡公所。共俘获敌人30多人，缴获长短枪22支及物资一批，还烧毁了一批文件、簿籍。31日，"四突"又袭击了澄海苏南警察分驻所，缴获步枪13支。这时，"进剿"山地的敌军因为"后院起火"，平原告急，不得不从山区撤回平原。至此，国民政府对山地的军事"围剿"宣告失败。

全县军民在抗击国民政府军事"围剿"的斗争中，同心同德，艰苦卓绝，战后，又自力更生，同舟共济，重建家园，谱写了一曲曲相濡以沫、鱼水情深的赞歌！

（二）依靠群众，如鱼得水

潮安党组织和人民武装从身边的群众开始，结合全国解放战争胜利在望的形势，做好与喻英奇"清剿"作斗争的宣传工作，使党的活动受到更多接受革命道理的群众拥护。如下铁区委领导下的下铁武工队（简称"下铁武"）深入到群众中，在该地区青年团和革命群众的协助下，频繁地活动在潮汕铁路下段的东凤、庵埠、彩塘、金石、沙溪一带，不断发动群众，不断建立和增加武工队的活动据点，为对敌斗争开创更多的灵活回旋和立足隐蔽之地，使敌人无从捉摸到武工队的行踪，武工队却能从群众中收集到更多敌方情报，以利对敌斗争。

"下铁武"在礼阳郑村的据点，有分担住宿的郑大目，分担伙食和浆洗的郑思胜，分担交通联络的郑思雄，三户同住在一个大院内门楼，且位于巷底缺角之处，便于隐蔽。加上四邻支持革命的人多，因此武工队员出入比较安全，而这些堡垒户，大多也是革命同志之家，因而更加可靠。

护堤公路旁的书阁院村有个横沙渡口，是武工队过江上凤凰山的必经之地。书阁院村堤下江面开阔，生长着许多芒草，敌情紧急时，便由交通员洪彤辉，划船掩护过渡到江东，或把船划到江中把武工队员隐蔽在芒草中。

1949 年 5 月，国民政府马汉初部窜劫凤凰圩，群众为保护四支队后勤处的 500 石稻谷，纷纷挑着箩筐到仓库，把稻谷分散隐藏到各自家中，既没登记也没过秤，敌军撤走后，群众一担也不缺地把稻谷挑回仓库，交还给部队。

群众的革命觉悟高，武工队如鱼得水，虽面临喻英奇残酷"围剿"的风险，但武工队员由于依靠了群众可靠的力量，才能放开手脚与喻英奇的"围剿"作斗争。

（三）瓦解反动势力与死硬分子

潮安党组织根据上级指示精神，采用统战手段，分化瓦解地方势力，对付喻英奇密布各区乡的反动武装。一些地方上的人物，如士绅、族长、保长等，对武工队地下活动时有觉察，武工队认为应对他们实行控制，以全国革命大好形势，对他们进行教育，使他们认清形势，支持革命，不再为虎作伥，至少保持中立。党组织在统战工作中与他们讲条件，订立协议，交给任务，提出要求：不能阻挠群众参加革命活动，严格保守武工队活动秘密，不准向上级告密等等。

1948 年 5 月的一个夜晚，武工队通过在登荣地区（文祠、归湖、赤凤）召集乡保长开会，顺利建立了"两面政权"。这些乡保长能够听从指挥，为武工队提供情报和掩护武工队活动，使喻英奇在潮安西北部山区（包括田东、登塘、古巷、凤塘）的"围剿"暴行同样受到挫折。

由于敌我力量悬殊，武工队还不能主动展开和喻英奇的正面战斗。但对在平原地区倚仗喻英奇的"清剿"大队和区乡联防队为非作歹，利用手中的武器欺压老百姓，给武工队造成严重威胁的土豪恶霸、死硬反动分子的罪恶行径了解清楚之后，武工队则采取杀鸡儆猴的办法，镇压顽固反动分子廖乐庭。之后，登荣乡公所为了加强"清剿"联防，宣布成立下荣（归湖葫芦市）、中荣（仙洋市）两个联防处。武工队获悉后立即行动，将下荣联防处主任陈文记和中荣联防处主任兼分公所顾问赖鼎铭逮捕后公开枪决。两个刚宣布成立的联防处的主任被武工队镇压后，登荣乡再也无法组织起地方联防队。与此同时，各地为非作歹的反动地主、富农、流氓、兵痞、保长和特务也不断被武工队打击。

东凤礼阳村是来往江东及山区交通线上的一个交通站，下铁武工队在派人处死洪之政的谍报员林木祥后，发现另一个隐藏的国民政府特务卓笋得（曾当过日本的密侦）就居住在横路村，他对地下武工队的活动是一个极大威胁。1949 年 7 月，县工委决定"上铁武"与"下铁武"联合组织行动，于黑夜进入横路村卓笋得家中，将他活捉，押往横沙堤宣判后处死，为地下武工队扫清又一隐患。

1949 年初，为了筹集钱粮和武器支援凤凰山区部队，平原游击队员们化装成彩塘农民前往江东卖草木灰，到华桥村，突袭彩塘乡长黄焕文老家，活捉黄焕文，向黄焕文宣布中共政策，警告他："若再欺压老百姓，一定没有好下场！"黄焕文再也不敢对武工队轻举妄动，同时缴获黄焕文的长短枪 9 支，连夜转送到凤凰山。

同年春，登塘三乡因当地上层势力对武工队的借粮置若罔闻，于是，武工队长赵世茂率队员至三乡召见上层人物，然后将其中"三巨头"（保长丘良盾、绅士丘森海、守菁队长丘立元）押解至西坑，向他们讲明中共政策，指明出路。他们觉悟到反抗只能是走上绝路，于是交出长短枪 33 支，米 200 石，并同意建立"两面政权"。

通过一系列的行动，潮安党组织斩断了喻英奇伸向地方的一些魔爪，大大鼓舞了武工队战胜喻英奇"清剿"的胜利信心和勇气。

（四）游击战术发挥优势

针对喻英奇"清剿"队伍的正规军队和新式武器，以及遍布各乡村的联防处和联防队，潮安党组织对各武工队提出的斗争方针和策略是继续分散发展，进行外线游击，人民武装能够灵活运用毛泽东关于游击战的战略战术开展反"清剿"斗争。

1949年夏收后，为保卫凤凰解放区和配合反"清剿"斗争，下铁武工队奉命破坏铁路线桥梁和通讯，以牵制敌人，阻断喻英奇从汕头运兵增援的通道。武工队先后炸断了仙乐到鹳巢中段的一座铁桥，剪断铁桥前后数十米电线和华美到彩塘中段的通讯线路。上铁武工队在云步的四甲村，组织民兵10多人，带大锯、斧头、铁钳往英塘村至乌洋村中间地段公路，破坏敌人电讯交通，锯断电线杆，剪掉敌人电线几十米。同夜，又分别烧毁了阁洲至双英的公路桥和铁路线的官寮桥。武工队利用灵活机动的战略战术，完成上级交给的阻断敌人调兵运输线和通讯线路的任务。

潮安党组织通过多种对策，回击喻英奇的白色恐怖和残酷的"清剿"，使喻英奇几个月"剿灭"共产党的叫嚣化作泡影。

（五）反"经济封锁"斗争

国民政府在对凤凰山根据地进行军事"围剿"的同时，确定凤凰山为封锁区，对山区实行经济封锁。在通往山地游击区的各个路口，他们严防死控，对当地群众进行检查，凡到凤凰圩做买卖的都要办理身份证，还制定了《防止粮食偷运济匪暂行办法》，禁止商人买卖粮食，对粮米统一控制，对一些西药、布匹、食盐用品实行禁运。

山地部队由于受到封锁，供给严重不足，当地群众的生活也日渐困难。面临饥寒和疾病的多重困难，战士们和群众仍坚定信念，艰苦与共，相濡以沫。有的群众家中仅剩一两筒米，都毫不保留地拿出来献给部队；有的群众还到远在外地的亲戚家，借粮买粮，冒着生命危险，穿山越岭，避过敌人的封锁线，带回基地支援部队。在连队中，大家常因一碗稀饭相互推让。就算需要营养的伤病员，也为一粥一饭，你推我让，场面感人至深。

1949 年凤凰康美村开荒生产渡春荒场面

为了对付国民党的经济围困，部队采取多种自救自给的办法：在山区没收一些地主和反动分子的财物，填补部分供给的空缺；成立了税连，在武工队、民兵的配合下，在东溜韩江沿岸以至赤凤的赤坎湖、浮石、白叶一带，对经韩江过往的货轮，按值 5% 抽税，以征实物为主，结合收一些税款，并开列收据，交给货主；部队派专人到下埔找联防队长文长义打米单，然后将购米单分散到民兵、妇女，由他们购米挑回部队。

1949 年 3 月，在中共潮揭丰边县委的领导下，山后行政区政府在登塘黄潭村成立，区长孙湃（后李小刘）。随后，登塘的 20 多个村分别成立了村政府。党领导的区、村政府向国民政府任命的村保长约法三章，迫使各村的保、甲长保持中立，两面应付，使"三征"政策得以遏制。各村政府乘机实行"双减"，开展生产自救，实施征收公粮或借征公粮。8月，山后区区长李小刘（又名刘凯）为了完成上级交给的"储备好粮食以接应南下大军"的任务，率领民工到田东圩挑运粮食上山，在闪桥区外山道与敌军遭遇，在战斗中中弹牺牲。

活动于文祠、意溪一带的武工队和在平原的党组织，也有目标、有策略地开展借枪募粮活动，向地方的殷商富户征借得一批批枪支、粮食或银款，然后辗转运送到山区支援部队，解决部队供给困难问题。军民团结，同舟共济，顶住了国民政府经济封锁的压力，有力地支援了山区的反"围剿"斗争。

解放潮安全境的斗争

一、潮安党组织的发展和武装力量的壮大

潮安党组织在隐蔽的斗争实践中，发现和培养了一批共产党员和青年团员，团结争取了一批进步民主人士和统战对象，为党组织的发展增添活力。党组织和人民武装随着解放战争的节节胜利，国民政府的节节败退，在反"三征"、反"围剿"的斗争中日益发展壮大，胜利曙光在前。

（一）在斗争中发现和培养后备力量

1946 年初，县工委成立时，全县的基层党组织，只有在抗战时期建立的江东佘厝洲、洲东、西前溪，彩塘东里，东凤礼阳郑，磷溪黄金塘等支部。为此，潮安党组织把巩固、发展党的组织，加强培养年青一代，提高革命觉悟，投身到火热的对敌斗争中作为一项重要任务。地下党员绝大部分隐蔽于潮安的各所重点学校，在与军队、警察、特务等反动组织的残酷斗争中，有步骤地开展培养进步青年工作。

同年初，县工委派宣传部部长庄明瑞和许拱明领导学运工作。按照上级指示，地下党员隐蔽于 20 多所学校读书或当老师，党员较集中的就成立党支部或党小组。至 1947 年上半年，工委辖下有 10 个党支部和 5 个党小组，共有党员 50 多名。他们扎根于群众之中，广交朋友，建立威信，熟悉情况，特别是韩师、金中、一

中等学校，从大革命时期到抗日战争时期，共产党曾在此播下革命种子，领导过学校师生开展革命斗争。有的青年党员为革命抛头颅洒热血，献出宝贵的青春和生命，光荣的革命传统成为教育学生思想上进的有利条件。地下党员组织学生阅读进步书刊，进行革命思想启蒙教育，从香港运进大量进步书刊，如《华商报》《大公报》《文汇报》等，其中既有报道解放战争形势的文章，也有揭露国民政府如何撕毁《停战协定》等破坏国共重庆谈判罪行的内容。

喻英奇对学校的地下党活动有所觉察，委派多名国民政府官员担任学校校长，对学校师生严加监管。党组织为了争取更多进步青年学生，也加强了对青年学生的保密纪律教育和气节教育，因势利导，教育青年坚持斗争大方向，激发学生的自觉革命热情。如1947年春天，光华电影院准备播放为国民政府歌功颂德的纪录片《国民代表大会》时，学生成群涌到电影院前路口，有意堵塞交通，制造秩序混乱场面，逼使电影停映。同年秋天，国民政府的便衣特务在乐观戏院借故毒打学生，该暴行引发学生罢课活动，要求潮安国民政府严惩凶手，保证学生安全。一批地下党员通过以上两起事件，把发现的进步学生列为培养对象。

1948年8月，潮安县工委派邱河玉、许拱明分别深入到潮安各重点学校，酝酿青年团组织筹备工作。随后，中国新民主主义青年团（简称"地下团"）在潮安县城宣告成立，金中、韩师、一中、二中分别成立地下团支部。一批在城的党的同情分子，如隐蔽于小学中的老师，分别转为地下团团员，在各自的岗位上发挥其应有的作用。到1949年4月，全县中小学已发展地下团员294人。这支队伍在潮安县内开辟了第二战线，活跃在敌人心脏地区，坚持斗争，从宣传、办进步刊物、组织阅读革命文件等方面配合武装力量，有力地打击了国民党反动派。

（二）统战工作发挥威力

在隐蔽的斗争中，潮安党组织利用有一定社会地位和社会影响力的统战对象，协助地下党组织做好对敌斗争的工作。县工委为争取统战对象陈政（时任国民政府潮安县参议员）主办的《复兴报》这个阵地，派共产党员许云勤通过陈政之子共产党员陈维扬介绍入股，并以股东身份担任印刷所经理，党的统战对象陈之雄任总编辑，陈维扬任副刊《野草》编辑，其他编辑和记者都是地下党员或党的同情分子。报社成为地下党的一个联络点，对当时潮安的社会舆论起到了导向作用。获悉陈维扬在东陇突围战斗中牺牲之后，陈政压抑住内心的悲痛，继续支持革命工作。1949年，他为潮安解放的顺利接管也作出了贡献。

通过潮安党组织开展的统战工作，被团结的重要对象并为地下党服务过的人员有：阁洲乡县参议员许白茫；南桂乡乡长、地下党的东凤堤顶活动点"南光书店"老板陈之雄；掩护武工队在江东一带活动的第五区科员刘贤名。此外，还有一些统战人物如彩塘的副乡长杨扬标；铁铺的县参议员陈英光、乡长谢子祥、陈锦柳等；东凤王厝陇的陈炳省、沟尾村的吴两忠、彩塘东里的王兴隆、庵埠官里村的陈大正等几位保长。这些统战对象，根据各自条件，分别为地下武工队提供军事情报，购买物资、药物、粮食，甚至购买枪支弹药，支持武装部队。

（三）在斗争中发展壮大武装力量

解放战争时期，潮安武装力量从无到有，从弱到强，在对敌的斗争中不断地壮大发展，遍布整个潮安县。

1948年8月7日，韩江地委成立。9月22日，吴健民和李习楷在五股石垢脚村召开潮澄饶丰地区的干部扩大会议，作出要广泛建立武工队的部署。10月，又先后建立了十二武、十三武、十四武、十五武、十六武等一批武工队。至此，潮安党组织领导的人民武装已发展到 10 支武工队和人民解放军韩支第十一团。十一团经过调整和扩编，有一连（豹连）、二连（彪连）、三连（龙连）、七连（钢连）、九连（铁连）等五个连队。

由于形势的发展和武装队伍的扩大，潮安各地反"三征"斗争也取得了明显成效。农民改善了生活，认清了形势，提高了觉悟，他们拥护共产党，相信革命一定能胜利，广大山区青年纷纷要求入伍，踊跃参加民兵，参加运输队。凤凰山区青年参加民兵的共 400 多人。平原农村青年，除配合武工队行动外，也踊跃上山参军。

9 月，从"秋隆武"中抽调部分人员，组建"秋东武"，队长李开胜，活动于潮安秋水和东厢一带，填补了平原与山地联系的空隙地带。

1949 年 1 月，潮揭丰边行政委员会成立。同月，"山后武"经过整编，分出"山后丰武"。"山后武"活动于潮安西北境内，队长赵世茂；"山后丰武"活动于丰顺境内，队长李小刘。2 月，大和突击队已先后开辟了玉窖、凤塘等一带村庄，为把"山后武"和铁路武工队活动区域连成一片，以原大和突击队为基础成立"大和武"，队长罗能，活动于潮揭边大和（现凤塘）一带。"山后武"则先后开辟白云、下林、凤岗往东至枫溪和潮安县城西的一片村庄。

同月，潮澄饶丰县委为发展潮汕铁路平原地区的武装斗争，建立了铁路武工队，队长许桂炎，活动于铁路沿线的村庄。至此，平原一带的武工队已有秋东、十五乡、隆都、澄南、澄北、铁路等 6 支武工队。

4 月，韩江地委根据上级指示，迅速发展平原游击队，为迎接南下大军和建立地方政权做准备，决定撤销潮澄饶平原县委，分别成立潮安县工委和澄海县委。潮安县工委成立后，决定以原

"铁路武"为基础成立"上铁"和"下铁"两个武工队，并成立
"江东武"工队小组。

至此，党领导的人民武装力量已遍布整个潮安山区和平原，
在潮安党组织的领导下，各自既独立又合作，勇敢开展对敌斗争，
以迎接潮安的全境解放。

二、凤凰山解放区的巩固和建设

潮安党组织和人民武装经过 1948 年的艰苦斗争，粉碎了国民
政府的军事"清剿"和经济封锁，使敌在凤凰圩及凤凰山的外围
据点，不敢轻举妄动，形成双方相持局面。

1949 年 1 月，党组织决定攻打凤凰圩。人民解放军韩江支队
司令员许杰采取全面牵制，集中火力逐个击破，并配合阵地喊话
瓦解守军的战术，指挥十一团各连、平原突击队和民兵于 26 日凌
晨发起进攻，先后占领了联防队、自卫第七中队的据点，两支联
防分队及乡公所守军投
降，凤凰圩宣告解放。
此役全歼守敌 110 人，
缴获枪支、弹药一批，
彻底拔除了喻英奇在凤
凰山区的中心据点，使
凤凰山根据地连成一片。

2 月 10 日晚，十一
团冒雨奇袭敌军文祠据
点，全俘守军 53 人，扫
清了山区通往平原的交
通障碍。

2 月初，为巩固凤

上山参军的青年学生

153

凰解放区，潮饶丰县委决定把七武、十三武合并成立凤凰武工队，队长文俊士。

凤凰全境解放后，于4月成立了潮饶丰边县委和潮饶丰边人民行政委员会，县委书记陈义之，人民委员会主任许宏才。同时，建立4个区委和成立3个区人民民主政府。先后建立37个村党支部和凤凰区党总支，党员共77人。凤凰此时已是闽粤赣边区党委和边纵、韩江地委（韩东地委、潮澄饶丰澳分委）、潮安党组织的政治、军事、经济和文化中心，也是粤东唯一健全存在的解放区，还是迎接潮安全境解放的牢固基地。

5月1日，边区具各村民兵2000多人在凤凰圩广场举行盛大集会，纪念五一节并庆祝解放大军胜利渡江。

1949年凤凰下埔村"清霸"会上苦主控诉恶霸的罪恶

5月14日，韩师、金中第一批学生75人（稍后又有第二批47人）进入凤凰解放区，参加革命队伍。在此前后，还有进步的青年华侨学生80余人先后从南洋回国，上凤凰山参加革命。

5 月 18 日，中国人民解放军闽粤赣边纵队第四支队成立，司令员许杰，政委黄维礼，在凤凰后河村举行庆祝成立大会和阅兵仪式。至此，凤凰解放区的武装队伍由原来的十一团发展为十一团、十五团和一个独立大队。

7 月 1 日，闽粤赣边纵队副司令员铁坚率边纵一团、七团和三支队一部及四支队共 2000 余人从兴梅转入凤凰解放区休整。

凤凰人民在党的领导下，积极投入解放区的建设：一是开展退租退息，组织生产度荒，各村普遍成立了茶叶合作社；二是以"军民合作社"的名义发行 20000 元"流通券"（每 2 元折港币 1 元），减轻解放区人民在经济上受国民政府货币贬值的影响；三是开展群众"清霸"运动，使解放区人民受到一场深刻的阶级教育；四是建立村人民政权，先后有 27 个行政村成立了人民政府，还有 7 个村成立了党支部；五是培训党员干部，韩东地委先后举办了党的组织员学习班和革命干部学校，潮澄饶分委举办了区村级干部训练所（干校）和"接管工作研究学习会"；六是发展文化教育事业，使农民学文化的高潮迅速兴起。

凤凰区的解放和文祠据点被拔除后，喻英奇为摆脱被动挨打的局面，又开始对凤凰解放区的重点"进剿"。1949 年 3 月 23 日，庄升彦率省保警十六团二营 240 余人向凤凰解放区进犯，抵大水溪村时，被十一团彪连、豹连配合武工队和各村民兵围困。25 日，该部急电喻英奇、洪之政求救。喻、洪凑集潮安保警一、四中队及意溪警所共 180 余人于 26 日上午增援；又从普宁增调省保警 4 个中队共 300 余人于同日下午赶到。保警会合后，于当晚狼狈撤走。解放区军民在县委和闽粤赣边纵的领导下，为保卫人民、保卫解放区，齐心协力多次击退敌军的进犯，体现了人民战争的威力，大长解放区军民的志气。

三、潮安军民抗击窜扰的胡琏兵团

1949 年 7 月，被南下解放大军穷追猛打溃逃到江西的国民党军队胡琏兵团，连同江西方天部及江西省国民政府人员共 25000 多人，沿福建向广东潮梅方向逃窜，企图从汕头出海逃跑。

正当潮澄饶地区党组织领导人民群众积极进行迎军支前和准备接管政权时，胡琏兵团残部溃退窜扰至潮汕，进犯凤凰解放区。

9 月 22 日，胡琏部两个团 2000 多人，从大埔分两路进犯凤凰山。一路沿韩江而下，从葫芦市（现归湖）经文祠、牛牯崀至大水溪，再分为两队：一队经飞凤径至下埔，一队经大山、虎作池至坑美；另一队从大埔高陂进入丰顺潭江，敌尖兵 100 多人，伪装为边纵部队，夜袭丰顺白茫畲村，破坏该村的四支队交通站，交通站女工作人员洪茵、李钗为隐藏军粮和掩护其他战友撤退而壮烈牺牲。

胡琏残部袭击白茫畲后，又兵分两路：一路经二垭、头垭至西春，被四支队十四团连队及西春民兵阻击而退回潭江；一路经溪源至凤凰圩对面的福南后头山，偷袭四支队司令部驻地，司令部留守的警卫排发现敌人袭击，立刻奋勇抵抗，掩护司令部安全撤至白水湖。胡琏军队窜驻凤凰圩期间，受到周围各村民兵夜间袭扰，惶恐终日，于 25 日仓惶撤走。

10 月 2 日，四支队十四团在武工队和民兵的配合下，于飞龙径下石壁山阻击胡琏另一残部。4 日，胡琏军队从凤凰向潮安县城撤走时，我军于飞凤径进行伏击，击毙、击伤敌军 53 名，俘敌 43 名，并缴获炮弹、子弹和物资一大批。

四支队在凤南白藤坑剑门伏击胡琏另一逃窜残部，敌伤亡 15 名，被四支队缴获物资 20 多担。

山后武工队及各村民兵在登塘一带英勇抗击胡琏军队，先后俘获胡琏部团长一人和士兵一批，缴获步枪近百支。

胡琏残部窜扰潮安期间，到处抓丁掠夺，在潮安先后三次共抓丁1190多人，闹得人心惶惶。我军在人民群众的配合下，奋力抗击胡琏残部的顽固窜扰，取得了一场场战斗的胜利。据资料记载，胡琏残部到达潮安县城之后经清点，共减员300多人。胡琏兵团残部于10月18日撤离潮安县城，21日最后一批军队从汕头乘军舰逃离。

四、瓦解策反驻潮敌军，迎接潮安全境解放

为迎接潮安全境解放，肃清国民政府的一切残余武装，团结一切可以团结的力量，潮安党组织加紧发动民兵和广大革命群众，拓展游击区域，向潮安县城逼近。

1949年5月，由中共香港分局先后派遣来潮汕、兴梅地区开展策反工作的原国民党中将陈侃、少将梁一飞，被喻英奇杀害于潮安县城南较场。

6月，韩江地委撤销，新成立的潮澄饶丰澳分委根据上级指示精神，积极为潮澄饶的解放和接收做准备，加紧对潮安敌军的策反工作。

自5月开始，在县工委的领导下，城工部就已布置党团员、党的同情分子和进步群众，对潮安县城各级国民政府的党政机关以及各社团进行调查、分析，确定对象，进行策反。城工部向国民政府各机关头目，寄发了毛泽东主席和朱德总司令《向全国进军的命令》中的"四项命令"和解放军总部布告的"约法八章"，晓以大义，给他们指明出路；寄发潮汕党组织的报刊，宣传党的政策，对他们进行教育。条件成熟后，又发给他们盖有"中国人民解放军闽粤赣边纵队第四支队政治部"印章的《策反证》，要求他们各安职守。经过一番缜密细致的工作，先后接受策反的有

1949 年 9 月边纵第四支队在凤凰后河溪埔举行阅兵仪式

农民银行潮安办事处主任刘青山、在城镇公所副镇长黄虞声、《潮安商报》编辑邢德树、县政府助理秘书张毓华、县警察局督察长曾宪宣及警察中队、省保安一团二营等。

9 月，全国大陆的大部分地区已获解放。中旬，新建立的中共中央华南分局在江西赣州召开扩大会议，第一书记叶剑英主持会议，确定了南下大军进攻广东的计划。同月，边纵第四支队在凤凰部署解放全潮汕和接管工作。

10 月 13 日，闽粤赣边纵队与潮汕地委领导人在揭阳五经富（现属揭西县）举行会议。14 日，广州解放，粤东地区全面解放在即。"四野"先遣五十一支队（闽粤赣边纵队直属）在完成兴梅解放后，挺进潮汕。边纵二、四支队也急速向潮安县城进逼，迫使胡琏兵团残部和潮安国民政府驻军于 18 日、21 日先后撤离潮安县城。

20 日，山后武工队接管了归仁乡公所。21 日，四支队先遣队

120多人在司令员许杰的率领下从凤凰抵达文祠。二支队司令员张希非率部从揭阳梅北进驻潮安古巷,在枫洋召开一团、三团领导人参加的作战会议,研究部署解放潮安县城的有关事宜,并与四支队取得联系。

潮安县城解放在即,在城的国民政府党政反动头目闻风而逃。10月7日,喻英奇受命为粤桂东边区"剿匪"总部中将总指挥后离潮(喻英奇于1949年12月被解放军四十三军活捉,1950年应潮汕人民强烈要求,叶剑英请示周恩来批准,于11月在汕头进行公审后处决)。国民政府潮安县长洪之政于10月初布置部属执行"以退为进"计划后,到青岚洞藏身(1950年初在饶平扮为"渔民"潜逃至香港)。继任的潮安县长黄哲明眼看大势已去,同意接受共产党策反,留下来做些维持治安和交接的工作。县工委一面对地方代表性人物悉心教育,让他们维持好治安秩序,一面组织工人、学生协助护厂、护校,防止坏人破坏。县工委还指令在城镇公所副镇长黄虞声,组织在城各保长做好维持秩序,迎接人民解放军的准备工作。

22日,二支队在潮安县工委的配合下,对潮安县城各要塞进行警备。四支队司令员许杰也率先遣队从文祠到达潮安县一中,与二支队会师。

同日下午,国民政府县警察局督察长曾宪宣按潮城党组织的通知,带领警察中队及部分乡警共100多人,到县立一中操场集中缴械。傍晚,许杰率四支队先遣队进占潮安县国民政府。当晚,驻守城东笔架山的省保安一团二营宣布起义,潮安县城解放。

23日,四支队举行入城仪式,潮安人民和各界代表高举红旗、标语,并出动了13班潮州大锣鼓,夹道八华里,欢声笑语,共庆解放,热烈欢迎中国人民解放军部队进入潮安县城,盛况空前。至此,潮安县全境解放。

五、潮安军管会成立和安民政策的实施

潮安县城迎来全境解放，群情沸腾，士气高涨，民心甫定，百业待兴。1949年10月23日，中国人民解放军闽粤赣边纵队潮安县军事管制委员会宣告成立。军管会主任李习楷，副主任许士杰、许杰，委员邱河玉、许拱明、李诗铭、陈孝乾、许云勤、张广友。

军管会下设：秘书处，主任秘书李世海；政务科，科长许拱明；公安科，科长陈孝乾；民运科，科长许云勤；交通科，科长陈作德；文教科，科长庄育恕；财粮科，科长邱河玉；银行，行长陈光远。

当天，中国新民主主义青年团潮安县工作委员会和潮安县妇女工作委员会宣告成立。县团工委书记许云勤（兼）；县妇工委书记陈通杳。

在军管会领导下，全县共设立附城、仁和、荣意、秋东、江桂、云隆、上东、龙溪8个区。

潮安军管会成立后，即颁布第一号、第二号布告，要求潮安民众同军管会精诚合作，在潮安县委（书记吴健民）和军管会的领导下，切实遵行人民解放军总部"约法八章"和军管会颁布的守则，同心同德，安定团结，共建人民之革命秩序，恢复市面繁荣，安居乐业。

潮安人民同全国人民一道，在中国共产党的领导下，历经近30年的奋斗，终于完成了新民主主义的革命任务，进入了一个人民群众当家作主的新时代。

潮安老区的革命历史，是中国共产党领导潮安人民为实现新民主主义革命而艰苦奋斗的光辉历程。潮安人民在革命战争年代，为人民解放事业作出了巨大的贡献和牺牲，为子孙后代创造美好

新成立的潮安县军事管制委员会门前

生活奠定了坚实的根基，无数革命先烈留下的光辉事迹和优良传统是潮安人民宝贵的精神财富，将永远激励着后人沿着他们的足迹奋勇前进。

第六章

社会主义道路探索和发展时期

第一节 巩固新生政权和加强党的建设

一、潮安各级党组织和人民政权的建立

中华人民共和国成立初期，潮安县的各级党组织逐步建立健全起来。1949 年 10 月下旬，中共潮安县工委撤销，成立中国共产党潮安县委员会（以下简称"潮安县委"），书记李习楷，11 月，书记为吴健民，隶属中共潮汕地委领导。全县设 8 个行政区，行政区党组织设区党委。

10 月 22 日潮安解放后，中国人民解放军闽粤赣边纵队第四支队进入潮安县城，迅速建立了县军事管制委员会，李习楷任军管会主任。军管会同时颁布军政人员进城守则，以中国人民解放军总部颁布的"约法八章"作为遵守城市政策的基础，做到了"三不动"：不随便动手、动口、动脚；"五不准"：不准接受请客上酒楼、不准大吃大喝、不准赌博、不准接受馈赠、不准坐黄包车。军政人员进城后纪律严明、秋毫无犯的行为，深受老区人民的欢迎。

1950 年 3 月 15 日，潮安县人民政府成立，首任县长李习楷。与此同时，县以下区、乡人民政府也相继成立。

根据中央人民政府和广东省人民政府的指示，1950 年 4 月至 1952 年 8 月期间，潮安县先后召开四届（次）各界人民代表会议。各界人民代表会议的召开，激发了老区各界人士参政议政的

热情，调动了人民群众投身新民主主义建设的积极性，使新生的人民政权得到最广大人民群众的衷心拥护。

1950 年 11 月，中国人民解放军潮安县人民武装支队部成立，各区均设立民兵大队部。1952 年，潮安县人民武装支队部改为潮安人民武装部，各区改称区人民武装部，隶属潮汕军分区，全县共有民兵 19187 人。广大民兵在对敌斗争、抢险救灾和重点工程建设，如镇反肃敌、安定社会、抗击台风和洪灾、堤围加固除险、兴修水利、筑路等方面冲锋在前，战斗在第一线，为革命和建设事业作出了贡献。

潮安县委和各级党组织重视总工会、农会、青年团、妇联、工商联等群众团体的建立和发展，充分发挥各群众团体充当党的助手作用和党密切联系群众的桥梁及纽带作用，群众团体的各项建设工作进入了新的历史发展时期。

潮安县委及各级党组织在加强自身建设的同时，充分发挥领导核心作用，总揽全局，协调各方，贯彻执行党中央和上级党委的一系列指示精神，紧紧依靠广大工农群众，克服各种困难，积极开展筹粮支前、剿匪肃敌、镇压反革命、维护社会治安、稳定市场经济秩序等工作，为人民政权的巩固和民主改革的顺利铺开奠定了坚实基础。

二、剿匪镇反、抗美援朝与实行土地改革

（一）剿匪肃特和镇压反革命，稳定老区社会秩序

中华人民共和国成立后，首要的一项任务就是建立和稳定社会秩序，为恢复和发展生产提供安定的社会环境。潮安县旧政权遗留的反革命势力当时还非常顽固，尤其盘踞在桑浦山的匪患相当严重，一度成为危害老区人民生命与财产安全的恶劣反动势力。

根据中共中央"在乡村则是首先有步骤地展开清剿土匪的斗争"①的指示精神，潮安县委为消除社会隐患，巩固新生的人民政权，保护人民群众的生命、财产安全，领导各级党组织和人民政府配合人民解放军积极开展剿匪肃特和镇压反革命的斗争。1949年12月31日，潮安县军管会向全县发布收缴民枪布告。在不足一个月的时间内，全县就收缴长短枪械1377支和一批弹药。

桑浦山剿匪　1950年2月4日，驻潮汕人民解放军在潮安县委的配合下，在前陇村伏击捕获桑浦山残匪匪首郑其昌，拉开了围剿桑浦山土匪的序幕。剿匪部队采取政治攻势为主，军事行动为辅的策略，首先收缴了土匪头目吴大柴部分假起义匪兵的枪械。随后，征剿部队根据桑浦山层峦叠嶂、洞穴幽深的复杂地形，步步为营。在当地民兵和群众的配合下，至7月中旬，桑浦山的匪徒基本扫除干净，共分化瓦解土匪56人，俘虏50多人；缴获长短枪58支，子弹1620发，手榴弹10枚及盗抢物资一批。匪首被惩处，匪众登记自新后，遣送回乡务农。至此，桑浦山和周围乡村得到安宁，再无匪患贼害，老区人民群众得以安居乐业。

肃清特务和残余武装势力　潮安地处东南沿海前线，在潮汕解放初期，成为特务分子渗透破坏的重点。他们组织武装暴动，袭击基层政府和工作队，杀害干部群众，严重威胁新生的人民政权。潮安县委在剿匪的同时，广泛发动群众，深入开展肃特斗争。自1950年2月起，县公安局先后破获了李慕德、吴明、林任武、周伟坚等5批特务组织，抓获特务87人，缴获枪支弹药一批。潮安县委和县军管会在军事打压的同时，发动了强大的政治攻势，在宽严结合政策的感召下，总共有490多名特务分子缴械投诚。

---

① 中共潮州市委党史研究室著：《中国共产党潮州历史》，第二卷（1949—1978），中共党史出版社2017年版，第16页。

至此，国民党在潮安境内的特务组织和武装残余势力基本被肃清。

　　镇压反革命　潮安县委根据中共中央、省委、地委的指示精神，在全县开展轰轰烈烈的镇压反革命运动，重点是清查国民党败退台湾后有计划地潜伏和残留在大陆的土匪、恶霸、特务、反动党团骨干和反动会道门头子等五方面的反革命分子。从 1950 年4 月起，先后破获阴谋发动武装暴动的"韩江纵队"、以宗教外衣为掩护的秘密"圣母军"等反革命组织，共关押镇压了 6403 名反革命分子和恶霸地主，其中判处死刑 901 人，判处死缓 252 人，判处徒刑 2638 人；采取强硬措施取缔了在潮安流传最广、势力最大、活动最频繁、危害最严重的反动会道门组织，共逮捕以流氓、地痞、土豪、恶霸、地主、汉奸、国民党特务和反动军官为首的大小会首 60 人；在调查取证，掌握犯罪事实的情况下，坚决取缔了开妓院、烟馆、赌场，控制市场，强买强卖，控制码头，垄断运输，敲诈勒索，奸淫妇女，并为敌伪政权所利用，充当反革命帮凶的黑恶势力"十三组"，抓捕和惩处了首恶分子。称霸一方的反动组织覆灭后和反革命分子被镇压后，潮安老区人民奔走相告，无不拍手称快。

（二）老区人民积极参与抗美援朝运动

　　1950 年 6 月 25 日，朝鲜战争爆发。10 月 19 日，中国人民志愿军跨过鸭绿江入朝作战，开始了中国人民的抗美援朝战争。潮安县委带领全县党政军民坚决响应中共中央的号召，积极投身抗美援朝运动，在全县掀起"保卫世界和平"的签名运动热潮，签名人数超过 17 万。城乡青年掀起踊跃报名参军参战的热潮，从1950 年冬至 1953 年夏，全县共有 1700 多名青年获批准参加中国人民志愿军赴朝作战。

　　潮安人民坚决拥护中国共产党的领导，努力发展生产，支援朝鲜前线。1950 年全县工农业生产出现喜人局面，全年工农业总产值 10158 万元，其中农业产值和工业产值分别比 1949 年增长 137. 37%和 19. 22%。

1951 年 6 月，潮安县委响应中共中央的号召，在全县掀起订立"爱国公约"和捐献武器支援朝鲜前线运动的高潮，全县各机关、学校、人民团体、厂矿、乡村纷纷制定"爱国公约"，积极开展捐献运动。全县共捐献人民币 29 亿多元（折新人民币 29 万多元）支前资金。

1953 年 6 月，潮安著名西医师、医学博士郑心言受潮安县委的派遣，参加由中共华南分局组织的广东省抗美援朝医疗手术队，任第八大队队长，率队参加东北 5 个志愿军医院的巡回医疗工作，为抗美援朝作出贡献。

潮安老区人民在抗美援朝运动中受到了一次深刻的爱国主义和国际主义教育，并作出了应有的贡献。抗美援朝战争期间，共有 121 位潮安籍志愿军战士，为保家卫国牺牲在朝鲜战场上。祖国人民不会忘记他们，潮安人民更不会忘记他们，革命烈士的英名永载史册。

（三）土地改革运动与社会主义改造

1. 农村土地改革运动

土地改革是我国新民主主义三大经济纲领之一，旨在废除封建半封建的地主土地所有制，实行农民土地所有制，解放农村生产力。土地改革前农村各阶级占有耕地的情况极不合理，占农村人口不到 10%的地主、富农，占有 70%至 80%的土地，他们借此残酷地剥削农民，而占农村人口 90%的贫农、雇农和中农，却只占有 20%至 30%的土地。这种陈腐的土地制度，使当时的中国极为贫穷落后。

潮安县的土地改革运动于 1951 年 2 月正式开始，至 1953 年 3 月圆满结束。全县先后共投入地方干部、军队干部和南下干部

1000 多人，发动了占全县农村人口95%以上的群众参加运动，先后完成了 196 个乡、709 个自然村的土改任务。

土地改革运动共分三个阶段进行。

第一阶段是从政治上和经济上打垮地主阶级当权派，树立农民阶级的优势。全县共召开了大小型说理斗争会 5909 次，参加人数 296370 人，占农村总人口的 63%；斗争对象 2806 人，占农村总人口的 0.6%，同时对剥削者实行退租退押。这一阶段既发动了群众，又扫荡了农村封建基础，为分田分地铺平了道路。

第二阶段是划分阶级与分田分地，目的是彻底废除封建地租剥削制度，建立新型的生产关系，征收、没收地主阶级的土地与五大财产，分配给贫苦农民。首先是开展查霸反霸，结合报上当、追余粮，打击地主阶级的经济基础，为土改分田创造了条件；其次是划分阶级，将参加土地改革的人员划分成地主、富农、中农、贫农、雇农、工人、小土地出租者、工商业主、旧官吏、债利者、其他阶级；[①] 再次是征收没收，分配五大财产。全县先后共征收土地 33 万余亩，房屋 54453 间，耕牛 1360 头，农具 56560 件和价值相当于 1.2 亿斤的稻谷，无地或少地的农民平均每人分得耕地 0.98 亩，分得果实折稻谷 402 斤；最后是总结教育，全县开展建党建政，民主选举了乡长及各级农民协会的领导，正式成立乡政权和农民协会。

第三阶段是土改复查与查田定产，颁发土地证，通过全面检查土改运动中执行政策的情况，纠正偏差，在法律上承认个体农民的土地所有权，并在此基础上，对农民进行爱国生产运动教育，把土地改革的伟大成果投入到发展农业生产中去。1953 年全县共

---

① 中共潮州市委党史研究室著：《中国共产党潮州历史》，第二卷（1949—1978），中共党史出版社 2017 年版，第 33 页。

购买了 3000 多头耕牛、400 多万斤田料（化肥）和 3 万多斤豆饼，使农业生产获得前所未有的好收成。

1953 年 3 月，潮安县召开第一届农业劳动模范代表大会，出席大会的有各种劳动模范 200 人，土改工作队代表 265 人。

潮安的土地改革运动，是一场深刻的、伟大的社会变革，在政治、经济、思想等方面取得了显著成绩，意义深远。它摧毁了几千年来的封建土地所有制度，建立起劳动人民占有土地的制度，实现了"耕者有其田"，使广大农民成为土地的主人，在政治上、经济上翻了身。农村普遍组建农会和民兵组织，全县共有农会会员 23 万多人，民兵 1.7 万多人，这支队伍成为稳定农村局势的基础力量。运动不但培养锻炼了 1000 多名土改干部，还培养造就了数以万计的乡村干部，使其成为建设社会主义民主新农村的带头人。土地改革运动的胜利，极大地激发了老区人民参与新民主主义建设的积极性，大家努力生产劳动，农业生产得以迅速恢复和发展。

2. 城市民主改革

城市民主改革是在工矿企业中清除封建势力和废除压迫工人的制度，真正树立工人阶级领导权的改革运动。潮安的城市民主改革运动在城市贯彻了六项措施，初步活跃了经济，并纠正了一些政策上的偏差。在潮安县委的领导下，运动从 1953 年 3 月开始至 8 月结束，主要在建筑、搬运、轻工业、店员、手工业和水上运输六个行业中开展。潮安县城市民主改革时间虽短，但取得成绩很大。一是通过深入系统的思想发动和阶级教育，提高了工人群众的阶级觉悟，把隐藏、漏网和潜伏的敌人揭发出来，分别进行斗争和处理，分化瓦解了敌人，清除了城市的封建反动残余势力。运动中共处理了 72 人，其中清除 17 名敌对分子。二是扫除了封建迷信思想，树立了民主科学新风尚。三是整顿了组织，壮大了工人队伍。四是正确贯彻执行党的政策，孤立了敌人，团结了大多数。五是培养了骨干，锻炼了干部。城市的民主改革运动完成了民主革命的一项重大任务，为以后的城市建设打下政治和组织基础，为此后对私营工商业实行社会主义改造创造了有利条件。

3. 没收官僚资本

潮安解放后，根据中共中央的方针、政策，在潮安县委的领导下，县军管会派出代表，对全县的官僚资本企业实行按系统整套接收的办法。从 1949 年 10 月起，县军管会先后接收了电信业、金融业、出版印刷业、工业企业、交通运输业、医院、娱乐场所等行业的官僚资本。由于正确执行党的方针、政策，潮安县没收官僚资本工作进展顺利，人民政府对官僚资本企业采取原封不动、整套接收的原则，对企业的管理人员和技术人员，除个别反动破坏分子外，一律按原薪原职留用，让其继续履行生产经营管理职责，同时，在接管过程中，做到机器照常运转，业务正常开展，人员照常工作，生产正常进行，为进一步发展潮安的国营经济打下了良好的基础。

4. 扫除社会丑恶现象

旧社会遗留下来的卖淫嫖娼、贩毒吸毒、设局赌博等社会痼疾，严重毒化着潮安老区的社会环境和人民的身心，扰乱了社会秩序，人民群众对此深恶痛绝。潮安解放后，县委、县政府迅速开展禁毒、禁娼、禁赌的"三禁"斗争。

一是禁毒。在全县深入开展禁烟禁毒宣传教育活动，制止农民栽种罂粟，原种植罂粟的千余亩烟地全部改种其他作物；清查、搜捕贩毒吸毒犯，共破获贩毒吸毒案件 28 宗，惩处毒犯 275 人，缴获鸦片 40 两。至此，危害社会多年的烟毒在潮安境内得以禁绝。

二是禁娼。全县禁止一切卖淫活动，取缔了卖淫场所和妓院26家，县公安局对100余名娼妓实行统一登记清理，通过思想改造后给予妥善安置，并会同民政部门收容一批暗娼送头塘农场劳动教养；结合镇压反革命运动，对暗中胁迫、唆使、引诱妇女从事暗娼卖淫活动的社会流氓、恶棍进行了严厉的打击，使严重摧残妇女的社会丑恶现象在短短的时间内基本绝迹。

三是禁赌。县军管会发布禁赌布告，组织政治工作队采取禁赌突击行动，取缔了各种赌博场所250多处，没收所有赌资、赌具，严惩了一批聚赌牟利的庄家、赌头及屡教不改的赌徒。经过全社会的共同努力，在旧社会十分盛行的赌博陋习基本被扫除。

三、党的建设工作为老区的发展打下基础

（一）党员代表大会的召开

中华人民共和国成立后，中共中央华南分局于1950年1月召开了首届广东省各地党代表会议，中共潮汕地委于同年2月在潮安县城（地委机关驻地）召开了中共潮汕地区党代表会议。为贯彻首届全省各地党代表会议和潮汕地区党代表会议精神，确定1950年潮安的工作任务，统一全县各级党员干部的思想，使全体党员进一步认清新形势、适应新环境，明确奋斗目标和工作任务，团结一致做好党的各项工作，中共潮安县委于同年3月召开了全县第一次党员代表会议。出席会议的有潮安县军管会和县属各机关党员代表42人，列席代表5人。县委书记吴健民在会上作了《关于潮安县1950年的工作任务和财经、组织工作的报告》，会议确定了当年的基本任务。

潮安县首届党员代表会议结束后，潮安各级党组织充分发挥领导核心作用，密切联系广大人民群众，通过采取各项有效措施，使生产得到恢复和发展；配合人民解放军，肃清了桑浦山的土匪，

稳定了社会秩序，各项工作逐步走上正轨。

为迎接潮安土地改革运动的全面开展，解决农村群众运动中存在的各种问题，统一思想认识，做好全县土改工作，中共潮安县委于 1951 年 1 月召开了全县第二次党员代表会议。会议总结潮安县解放一年来农村群众运动的情况，针对存在的问题，强调要严格遵守"不侵犯中农、不侵犯工商业、不乱搞华侨关系、不贪污"[①] 的工作纪律，全面开展潮安土地改革运动。

潮安县两次党员代表会议是中华人民共和国成立初期潮安党组织极其重要的会议。通过党员代表会议，统一了全县党员干部的思想认识，明确了任务，振奋了精神，为完成三年经济恢复的各项任务提供了有力的保障。

（二）开展整党整风

中华人民共和国成立初期，随着各级党的机构的建立，潮安县委在发展党员，建立基层党组织，考察选拔干部等方面的工作有序地展开。绝大多数党员在革命胜利的形势下，能够坚持全心全意为人民服务的宗旨，克己奉公、艰苦奋斗、遵守纪律、联系群众，积极发挥模范带头作用，使党在老区人民群众中享有崇高的威信，但由于主观原因，党员的状态和组织的发展中也存在不少弱点和问题。

1950 年 8 月，潮安县委根据中共中央《关于在全党全军开展整风运动的指示》精神，成立整风学习委员会，部署全县整风工作，在全县 17 个党支部 203 名党员中自上而下运用批评与自我批评的武器，从总结工作入手，查执行政策情况，查工作作风，挖思想根源，批判居功自傲、命令主义、贪污腐化、享乐思想等不

---

① 中共潮州市委党史研究室著：《中国共产党潮州历史》，第二卷（1949—1978），中共党史出版社 2017 年版，第 49 页。

良倾向。至同年 11 月结束，效果显著，全县党员干部的思想和政策水平普遍提高了，各级领导干部的工作作风得到改进，党群关系更加密切，党在群众中的威信也得到增强。

1951 年下半年起，潮安县委贯彻中共中央关于"以三年的时间对基层党组织有计划、有准备、有领导地进行一次普遍的整顿"① 的决定，根据中共华南分局和粤东区委的部署，在全县范围内开展整党工作。这次整党以思想整顿为中心环节，对党员进行党纲、党章及共产党员八项条件的教育。通过整党，在组织上纯洁了队伍；在思想上清除了地主资产阶级、小资产阶级思想，增强了党性观念，提高了贯彻执行党在过渡时期总路线的自觉性；在作风上使全体党员干部普遍树立艰苦深入、联系群众的优良作风。

在搞好整党的同时，潮安县各级党组织认真做好在革命老区的乡村中发展党员的工作。1952 年 9 月，县委举办了首期农民积极分子训练班，有 490 名学员参加。在训练班上，潮安县首批发展的 115 名新党员举行了入党宣誓仪式，11 月，又发展了 85 名土改运动中的积极分子入党。

（三）干部队伍的整顿和建设

1. 整顿干部队伍

为纯洁干部队伍，潮安县委在开展整党整风的同时，结合整顿干部队伍，从思想、作风和组织上加强干部队伍的建设。从1951 年 8 月开始，各级党组织总结"清匪反霸、退租退押"运动，评功表模、树立榜样，然后集中精力在土改工作队内部开展以查思想、查立场、查工作作风、反对自满、反对形式主义、反

---

① 中共潮州市委党史研究室著：《中国共产党潮州历史》，第二卷（1949—1978），中共党史出版社 2017 年版，第 51 页。

对强迫命令、反对纯业务观点的"三查四反"斗争。全县自上而下开展批评与自我批评，自查自律，结合专案工作，发动贫雇农代表揭发工作队员的问题。与此同时，结合整顿农会、民兵、妇女等群众组织，改组假农会、坏农会，改造病农会，清除不纯分子。

2. 开展"三反"运动

1951年12月至1952年10月，潮安县委根据中共中央关于开展反对贪污、反对浪费、反对官僚主义的"三反"运动的指示精神，县委领导干部带头对自身存在的浪费和官僚主义作风作了批评与自我批评，带动党政机关干部在本单位、本部门公开检讨。广大人民群众以主人翁的姿态揭发党政机关工作人员中存在的贪污腐化、铺张浪费和官僚主义行为，开展群众性"打虎"斗争，对揭发出来的贪污分子进行追赃定案。全县参加"三反"运动学习的共36个单位，1332人，共查处贪污案件336宗，查出的较大浪费事件共浪费国家财产达4.98亿元（折新人民币4.98万元），运动中有5名干部受到处理。"三反"运动是党在全国执政以后保持党政机关廉洁，反对贪污腐败的初次战役。潮安开展的"三反"运动，清除了干部队伍中的蜕化变质分子，教育和挽救了一批干部，使广大党员干部受到了一次自觉抵制资产阶级腐朽思想的深刻教育，并在党内和社会上树立起厉行节约、艰苦奋斗的新风尚。

3. 开展"五反"运动

针对一些不法资本家通过行贿手段拉拢腐蚀干部，又从中获取暴利，造成恶劣后果，激起广大人民群众义愤的严重现象，中共中央决定在党政机关工作人员中开展"三反"斗争的同时，从1952年2月起，在工商业界开展一场反对行贿、反对偷税漏税、反对盗骗国家财产、反对偷工减料、反对盗窃国家经济情报的

"五反"运动。潮安县历史上是潮汕地区的经济中心，工商业发达，潮安县委根据这一实际情况，抽调机关干部、企业工人组成多支工作队，采取全面学习、坦白检举、重点斗争、核实定案的四个步骤进行，通过组织资方人员学习党的"五反"政策，促使其提高思想觉悟，自觉检查对照，交代是否存在"五毒"问题，并发动互相检举揭发，组织查账，召开大会斗争将"大老虎"揪出来，至同年10月运动结束，共查补税收29亿多元（折新人民币29万多元）。"五反"运动对工商界人士是一次爱国守法的教育。潮安"五反"运动后，私营工商业户的守法意识大为增强，经营作风逐步端正，各行业均改变封建行会时期遗留的陈规陋俗，实行明码实价并出具票据，逐步形成公平交易、诚信守法的社会风气。

潮安县委在以上的几次政治运动中，根据中共中央关于"认真挑选，严格审查，放手培养，大胆提拔"[①] 的方针，克服右倾保守和向上要官的思想，从1949年10月至1956年底，积极慎重地培养和提拔了858名干部，有力地促进了老区经济和社会的发展。

---

① 中共潮州市委党史研究室著：《中国共产党潮州历史》，第二卷（1949—1978），中共党史出版社2017年版，第53页。

社会主义道路改变了老区的落后面貌

一、"一五"计划的制订和实施成果

按照中共中央、华南分局和地委的部署，潮安县委根据本县的实际和特点，制订了第一个发展国民经济的五年计划（1953—1957年），全县有计划地发展集体所有制的农业生产合作社和手工业合作社以及集中力量搞好基础工业。县委把完成"一五"计划的目标和任务放在十分重要的位置，带领广大干部群众苦干实干，经过努力，基本实现计划提出的各项指标，经济建设取得重大成就。全县工农业总产值平均每年递增12.1%，有力地保证社会主义各项事业的顺利开展。

（一）对农村的社会主义改造有序进行

农村土地改革的顺利完成，让原来无地和少地的农民一下子拥有了自己的土地。全县占绝大多数的受压迫剥削的贫苦农民当家作主，他们衷心感激、拥护共产党和人民政府的好政策，生产积极性空前高涨，社会生产力也迅速提高。土改后至1953年，仅一年多的时间，社会物资就比土改前翻了几番。贫苦农民在政治和经济上得到大翻身，绝大多数家庭的生活都比土改前好得多，但是，随之而来也出现了新的矛盾和问题：有劳力，有种植技术的人家就会多收入；没劳力、没技术的人家，收入不但不能很快增加，甚至会出现返贫的现象。特别是孤寡老人、贫病交加的家庭，没有能力种好自己的土地，让土地荒芜，无法获得好收成。为了及时解决这些新的社会问题，党和政府根据当时一些地区的经验，首先号召农民自愿组成互助组，开展了小范围的互助互帮活动，使劳力少或贫病的家庭土地不致荒芜，经济不致返贫，有效地巩固了土地改革的成果。

1954 年起，在党和政府政策的推动下，一个全国性的农业合作化运动逐步展开。从 1953 年的互助组到 1954 年的农业初级合作社，再到 1956 年，学习"苏联老大哥集体农庄"的办法，又把几个村联合起来组建了高级农业合作社。在不足五年之间，农业社在组织形式上连递三级，逐步把土改时分给农民的土地集中起来，转变成集体共有的土地，形成了既有大社的大联合，又有小型的生产作业单位〔即生产队及服务于生产和生活的队办小作坊（工厂）等〕的局面，从原来的单家独户生产变成了完全的农业合作化组织。广大农民生产劳动积极性被充分调动起来，农业产量大幅度增加，社会物资十分丰富，热爱国家，热爱集体，形成了歌颂共产党伟大正确的社会氛围。

（二）工业生产快速发展

潮安县委从本县实际出发，决定在过渡时期地方工业的发展进程中，首先以发展地方传统工业和劳动密集型、出口创汇型的手工业为主，其次巩固发展轻工业和加工业，通过设备改造和技术革新，逐步提高轻工业和加工业的生产水平。由于方针正确、措施得力，地方工业和手工业生产实现快速发展。全县全民所有制企业由 13 家增至 112 家，工业产值增长 10 倍；集体所有制企业由 3 家增至 367 家，工业产值增长 201 倍。

传统工业的发展 陶瓷是潮安的传统地方工业，具有悠久的历史，又是全县的支柱产业。县委、县人民政府把陶瓷业作为发展地方工业的重中之重来抓，对传统的工商业陶瓷户实行公私合营，重新整合和组建成陶厂、瓷厂、瓷粉厂等，并在枫溪投资新建瓷一厂、瓷二厂、美术瓷厂和陶瓷颜料化工厂，不仅使传统产业焕发出生机和活力，也壮大了地方国营经济规模，增强了陶瓷产业的发展后劲。全县陶瓷企业的广大职工，在努力增加生产，开展技术改革，提高产品质量，节约原材燃料，降低生产成本等方面，取得辉煌成就。1956 年，全县陶瓷企业完成工业产值 323 万元，比 1949 年增长 13 倍多。

传统手工业的发展　抽纱向来是潮安城区和农村家庭妇女所从事的主要副业，也是潮安县传统的大宗出口产品。1955 年，潮安县、潮州市成立抽纱公私联营社，使大量抽纱产品的来料加工进入了农村有女工制作的家庭，许多乡村办起了抽纱场，有能力的妇女都可到老祠堂抽纱场参与加工，一般妇女一学就会操作。因是按件按质计付工钱，不分老幼都可参与，工钱的计付也相应灵活，很受妇女们的欢迎。当年，全县抽纱女工迅速增至 7.7 万

潮安抽纱加工场生产场面

人。家庭和集体都可得到现金收入，为各村创造了不少经济利益。1956年，又成立潮安县公私合营抽纱加工公司，抽纱女工增至9.6万多人。抽纱产品的外销市场也更为广泛，除原有国家和地区外，还销往苏联和民主德国等国家。1957年10月，中央新闻纪录电影制片厂在潮安完成了《潮汕抽纱》纪录片的拍摄工作。

其他的传统手工业如文具、制鞋、皮革、南金、竹器、造伞、小五金等行业纷纷通过公私合营和合作化道路，吸引社会劳动力，扩大生产规模，加快发展，其中大部分产品出口，为国家创造外汇。一些传统工艺品如木雕、花灯、剪纸等还多次被选送到国内外展出，广受好评。

（三）农业生产出现了翻天覆地的变化

潮安县委确立以增产为重点的建设方针，全面开展以互助合作为中心的粮食增产为主，因地制宜发展多种经营为辅的农业生产运动。县委为加大农业科学技术研究力度，于1954年7月成立

《人民日报》对潮安县"千斤县"的报道和农民群众向县委报喜

潮安县农科所。通过组织农业技术部门对农作物栽培技术进行研究和探索，逐步形成一套完整的先进栽培技术，并且在全县建立起一支以农科人员和老农为主体的农业技术骨干队伍。此后，在全县推广小科密植、盐水选种、疏播、培育壮秧、早耕深耕、多犁多耙、合理施肥、合理排灌等一系列水稻栽培技术和经验。1955年，全面实现了规格质量更合理的小科密植化，当年全县种植水稻35.8万亩，平均亩产1017.34市斤，达到历史最高水平，潮安县荣获全国第一个双季水稻亩产"千斤县"称号。潮安县因此受国务院嘉奖，并奖给吉普车一辆；《人民日报》及省、地报刊纷纷撰文介绍潮安农业生产的经验；农业部电影队在潮安县完成《粮食千斤亩产县》纪录片的拍摄工作。陈桥农牧社获农业部1955年度农业增产模范奖。陈桥乡创高产、夺丰收的带头人、党总支书记卢科江，被评为1955年度广东省一等劳动模范，1957年被评为广东省先进工作者、全国劳动模范。1956年，江东乡东光高级农业合作社种植的443.88亩甘蔗，平均亩产创8.02吨的高产纪录，荣获全国甘蔗大面积丰收一等奖。作为该社负责人的林应松，光荣出席1957年全国农业劳动模范代表会议，并被授予"劳动模范"称号。同年，潮安县荣获全国甘蔗亩产"万斤县"称号，受到国务院嘉奖。此后，潮安县持续开展农业创高产运动。1957年，全县粮食总产量21.47万吨，比1952年增长38.1%。1958年2月，在广东省劳动模范、先进工作者会议上，潮安县获一等模范奖，陈桥农牧社、幸福社、东光社获省特等模范奖。潮安的农业高产经验很快在全国各地推广起来，潮安一批农业技术能手纷纷应邀到省内外各地传经送宝，在中国农业发展史上写下了光辉的一页。

（四）交通运输业发展迅速和农田水利建设取得可喜成绩

潮安县委、县政府为适应地方经济发展的需要，通过争取中央和省支持拨款、地方筹款、发动群众参加劳动等措施，先后扩建整修和新建潮汕公路、丰柏路、护堤公路、安凤公路等8条省道主干线和支线公路。各乡镇也发动群众，因地制宜，掀起修桥修路热潮。县委还充分发挥韩江航道的优势，服务经济社会发展，在客运方面，先后开辟了潮州至松口、茶阳、高陂、陷隍、峙溪、归湖、汕头、东里、程洋岗等9条航线，并设站点65个；在货运方面，主要运载建筑器材、农副产品、陶瓷制品和上游山区的林产品，促进了平原地区和山区的物资交流。

同时，潮安县委、县政府根据全县农业基础设施落后，水利失修，水、旱灾害严重的实际情况，确定以"大搞小型水利建设为主，适当搞中型水利建设"的方针，通过兴修水利，大搞农田基本建设，改善了农田灌溉条件，增强了抗击旱涝灾害的能力。在1955年和1956年两年就建成中型水利工程10宗，兴修小型水利工程4275宗，并增设抽水机以及其他水利设备，至1957年，全县农田有效灌溉面积占当年耕地面积的73.9%，解决了平原地区和部分丘陵地区、山区的灌溉和排洪问题，提高了农业抗灾能力。

（五）财政收入稳步增长，人民生活逐步改善

1956年10月，潮安县委根据广东省委的要求，发出"开放农村自由市场"的指示，决定国家统购统销或统一收购管理之外的农副产品，准许国营供销社、合作商店和其他小贩自由购销，准许农户自产自销，全县对鲜活商品及小宗土产开放了自由市场。农副产品的上市，轻工产品花色、品种的多样化，活跃了市场，促进了城乡交流，全县城乡呈现出物资丰富、市场繁荣的喜人景象。"一五"期间，社会商品零售额每年平均递增12.9%，1957年社会商品零售总额7689万元，比1952年增长83.6%；城乡储蓄存款余额314.3万元，比1952年增长2.4倍；全民所有制工业

企业职工年平均工资 468 元，扣除物价上涨因素外，年平均增长 5.6%；农民全年人均口粮达到 254 公斤。

"一五"期间，地方财政收入平均每年增长 9.6%，其中 1957 年地方财政收入 1873.3 万元，比 1952 年增长 53.1%，全县实现收支平衡，略有结余。1957 年与 1952 年相比，全民所有制工业企业全员劳动生产率提高 3.6%，农业劳动生产率提高 34.3%。

"一五"期间是潮安县历史上经济发展的第一个"黄金期"，老区人民从逐步走向幸福的道路中深深感受到共产党的英明和伟大。

二、农业合作化运动促进老区农业生产的发展

1953 年至 1955 年上半年，潮安县委贯彻中共中央、华南分局和粤东区委的指示，对个体农业，主要遵循自愿互利、典型示范和国家帮助的原则，重点发展半社会主义性质的初级农业生产合作社，随着初级社的连年增产，有了一定公共积累后，接着再发展到社会主义性质的高级农业生产合作社。

1954 年 1 月，潮安县第一个农业生产合作社——福塘乡第一农业生产合作社成立。接着，池湖乡、刘陇乡、华桥乡也相继成立了农业生产合作社。随后，县委决定以点带面，在全县铺开建社，以推动农业合作社运动的开展。农业合作社的建立，促进了生产发展，1954 年潮安农业获得丰收，出现 7 个年双季水稻亩产千斤区和 20 个千斤乡。

1955 年 4 月，潮安县人民委员会颁布《爱国增产竞赛奖励办法》，号召各互助组、农场、农业初级生产合作社和全县人民动员起来，迅速开展以低成本、高收入为内容的增产节约运动，在发展互助合作的同时，大力推广技术改革，争取粮食全面丰收，确保粮食生产任务的完成。广大老区人民积极响应号召，将增产

节约与科学种田紧密配合，当年就使潮安县从缺粮县变成余粮县，并完成公粮任务的 100.8%。1956 年 1 月，潮安县委召开表彰大会，表彰 922 名有功人员。

为了进一步贯彻中共七届六中全会提出"有条件的地方，有重点地试办高级社，为以后几年的并社升级工作创造条件"[①]的要求，县委通过深入细致的调查研究，帮助试点高级社制定《农牧社章程》和"劳动定额""收入分配"等项制度，规范全县合作社的组织建设和经营管理。此后，县委把调整发展高级农业合作社作为压倒一切的中心任务，在全县掀起并社转高级社的热潮。至 1956 年底，全县共建立了 520 个完全社会主义性质的高级农业社，入社户数 11.49 万户，占全县总户数的 98%以上。

潮安县普遍建立起来的农业生产合作社，把农民的个体经济改造为集体经济，变生产资料私有制为集体所有制，从而促进老区的农业生产快速发展。

三、政治建设的成就和社会主义基本制度的确立

1953 年 1 月，广东省人民政府决定，撤销潮安县城关镇，成立潮安市，书记吴健民。同年 6 月，经中央政务院批复同意，潮安市改称潮州市，省直辖。

1953 年 3 月 1 日，中央人民政府委员会公布《中华人民共和国全国人民代表大会和地方各级人民代表大会选举法》，全国开始实施基层普选。1954 年 4—6 月，潮安县 13 个区、188 个乡、5 个乡级镇全面完成基层选举工作。这次普选，全县共有选民

---

① 中共潮州市委党史研究室著：《中国共产党潮州历史》，第二卷（1949—1978），中共党史出版社 2017 年版，第 128 页。

31.59 万人，占总人口的 56.7%；参加选举的选民 28.66 万人，占选民总数的 90.7%，全县共选出乡（镇）人民代表大会代表 5822 人；通过各乡（镇）人民代表大会选出潮安县第一届人民代表大会代表 372 人。普选工作的开展，使广大人民群众体会到人民民主制度的优越性，发扬了当家作主的精神，因此，加深了对党的热爱，也提高了参与政治的积极性。

1954 年 6 月，潮安县举行第一届人民代表大会。会议提出集中全力，动员全县人民继续深入开展以互助合作为中心，以农业生产为重点的爱国增产运动，战胜春旱春荒，搞好春耕生产，争取完成或超额完成增产任务。此后，潮安县人民政府改称为潮安县人民委员会，县、乡人民委员会是人民代表大会的执行机关，同时又行使县、乡人民代表大会常设机关的职权。各级人民代表大会制度的建立，是中华人民共和国成立以来各级人民政权建设的一个新标志、新突破，是各级人民政权和体制的建立步入社会主义法制轨道的新起点。

在过渡时期中，潮安县顺利完成了对农业、手工业和资本主义工商业的社会主义改造，并取得了胜利。潮安县农村共建立 520 个完全社会主义性质的高级社，入社户数占总户数的 98%；手工业生产合作社 132 个，参社人数占手工业从业总人数的 94.93%；127 户私营工业合并改造为 28 家公私合营工厂，建立公私合营商业企业 45 家，占企业总数的 83%。国营经济和集体经济已在全县国民经济中占据主导地位。三大改造的顺利完成，为建立以公有制为主体、个体经济为补充的社会主义经济体制奠定了基础，"社会主义好"的名曲在潮安老区各地嘹亮传唱，家喻户晓。

四、社会主义道路使潮安各项事业蓬勃发展

（一）百花齐放的宣传文化阵地

中华人民共和国成立后，潮安县委就确立了党委要做好宣传工作的指导思想，把教育和提高群众的思想觉悟放在首位，根据不同的发展形势，提出不同的宣传口号，精心指导宣传工作。全县各区的党委和基层党支部先后配备宣传委员，在全县城乡形成庞大的宣传网络。

这一时期，潮安县的文化事业进入了一个新的发展阶段。县、区各级都建立了专门的管理机构和业务部门，全县相继创建文化馆、图书馆、文化室、电影放映队，兴办新华书店、影剧院、工人文化宫；加强对潮州传统文化和民间艺术的挖掘与整理。全县群众文化活动蓬勃发展，呈现出一派百花齐放、多姿多彩的景象。

潮安老区广大工农群众怀着当家作主的喜悦心情，参加各种业余文化活动，经常举办文学创作讲座。配合农村土改、城市民改，建立工人、农民创作组，通过办黑板报、出版文艺刊物，推动文艺创作活动的开展。一些识字不多的工人、农民，从唱"翻身歌"开始，纷纷登上文坛。其中，较有影响的有成立于1954年的鹳巢、彩塘、庵埠等地的农民创作组，这些创作组创作了大量小说、散文、诗歌、小潮剧（剧本）等文学作品，其中小说《陈秋富当选人民代表》于1956年被收入《全国青年文学创作选辑》。

1953年起，潮安县先后创办了正天香潮剧团、潮安潮剧团等专业潮剧团体，并有100多个乡村创办了业余潮剧团。1955年夏，潮剧参加全国戏剧文艺调演汇报演出，毛泽东、刘少奇、周恩来、朱德等党和国家领导人观看了潮剧团演出的《扫窗纱》剧目。演出结束后，毛泽东对潮剧赞赏有加，亲切地说："这是很

好的地方剧种。"① 党和政府还组织民间音乐艺人，在发掘整理传统曲目的同时，创作一批反映现实生活，富有时代气息的新曲目。新创作的《庆丰收》，在参加 1956 年文化部主办的全国第一届音乐周汇演中获优秀节目奖。1954 年春，潮安枫溪的新源香木偶剧团赴京参加全国十三省（区）皮影木偶戏汇演。演出当晚，周恩来、朱德、陈云等中央领导人和各国驻华使节出席观看，对潮州木偶戏表示赞赏。1959 年，枫溪艺人林鸿禧创作的瓷塑"十五贯"，参加在北京举办的全国展览时获一等奖，周恩来前来参观展览后给予高度称赞。②

与此同时，潮州鲤鱼舞、潮州歌谣、潮州歌册、潮州灯谜、潮州木雕等一批独具地方特色的传统文化遗产在这一时期也得到较好的发展，通过创新内容，做到古为今用，贴近现实，服务政治，服务群众。

（二）加大投入发展教育事业和医疗卫生事业

潮安县委、县政府从管理体制、办学方向、教材设置、师资培养、学校管理和教育设施建设等诸多方面，对全县教育系统进行了一系列的改革，并逐年增加财政对教育经费的投入。全县小学到 1952 年调整充实到 235 所，小学生从 1949 年 10 月的 45700人增至 75038 人。普通中学从 1949 年的 7 所到 1957 年增至 14 所，中学生从 1949 年 10 月的 2712 人增至 9519 人。复办潮安工业学校，改办潮汕高级农业技术学校，韩山师范学校在此期间也有较快发展。全县的师资队伍从 1949 年的 1964 人到 1957 年增至 3339

---

① 刘庆和、罗亚滨《毛泽东与潮人》，中共潮州市委党史研究室主办：《潮州党史与党建》，2013 年第 4 期，第 24 页。
② 中共潮州市委党史研究室著：《中国共产党潮州历史》，第二卷，（1949—1978），中共党史出版社 2017 年版，第 143 页。

人。教育事业在全县出现了欣欣向荣的新局面。1961 年下半年，浮洋公社六联小学被认定为全国重点小学，该校于 1962 年 9 月被评为全国先进单位，并获国务院颁发的奖状。

潮安县医疗卫生事业经过中华人民共和国成立初期的恢复调整后，在过渡时期得到较快发展，医疗卫生机构不断扩大。潮安县人民医院经过不断发展，初步形成综合性医院的规模。1953 年创办县妇幼保健院，逐步建立三级妇幼保健网，至 1955 年，全县共有保健室 460 个，保健员 1574 人；接生站 80 个，接生员 638 人。同年成立县爱国卫生委员会，使全县的爱国卫生运动实现制度化，逐步开展经常性运动。1955 年成立县中医学术研究委员会，发动名中医献出秘方、验方 897 条，整理、出版第一批验方 58 条。1956 年创办县卫生防疫站、县麻风病防治站。东凤公社的老区村萧洪大队萧洪村于 1958 年成为全县第一个卫生村，受到省、地爱卫会的奖励。为加强农村医疗队伍建设，全县农村公社卫生院（所）于 1962 年 12 月全部定为社会主义集体所有制性质。

（三）蓬勃向上的全民体育运动

中华人民共和国成立后，潮安县委、县政府（人民委员会）一直把发展全县体育运动作为振奋民族精神，提高群众健康水平的重要工作来抓。1956 年，成立县体育运动委员会，在毛泽东"发展体育运动，增强人民体质"的号召下，全县群众性体育运动蓬勃开展。同年 9 月，潮安县城西湖运动场建成，场内面积为 15000 平方米。

各学校贯彻"德智体"全面发展的教育方针，设置体育课，配备体育教师，开展各项现代化体育运动。1956 年 6 月，潮安县举行首次少年运动会，检阅学校体育教育的成果。

全县各厂矿也纷纷建立体育协会，利用业余时间，广泛开展各种体育运动。1957 年 9 月，潮安县举办横渡韩江活动，共 168

名干部、职工参加渡江游泳竞赛。

各乡镇也同时开展有组织、有领导的农村群众体育运动。1956 年潮安县有一批农业合作社成立了体育协会。1957 年，根据上级关于县的体育工作必须"面向农村、面向基层、面向普及"的指示精神，潮安县以庵埠、彩塘、枫溪为重点，逐步推动全县农村体育的开展，要求第一阶段篮球运动要做到"乡乡有球场，村村有球队"。当年全县成立了农村篮球队 493 支，业余运动员 6026 人。广播体操、田径、乒乓球、象棋、拔河、赛龙舟等项目也在一些乡村开展起来。

群众性体育运动的广泛开展，促进了竞技体育的发展和竞技水平的提高，为国家和地方培养输送了一批运动员。1955 年之后，全县先后选派 3 名游泳运动员参加国家级比赛，分别获得在上海举行的全国游泳赛 100 米自由泳第六名，在北京举行的第十六届奥运会选拔赛 100 米自由泳第五名，在北京举行的全国游泳、跳水锦标赛 100 米自由泳第四名、200 米自由泳第三名、100 米蛙泳乙组第一名、200 米蛙泳第二名。1958 年 11 月，潮安田径运动员杨其昭在北京参加全国马拉松比赛，取得当年马拉松比赛全国的最好成绩。

群众性体育运动的广泛开展，丰富了群众的文体生活，在社会上形成了蓬勃向上的氛围，广大干群以前所未有的饱满热情、愉悦心态、健康体魄，积极投身于社会主义革命和建设事业，在各自的岗位上，为完成党在过渡时期的总任务而努力奋斗。

第三节 老区社会主义建设在党政领导下不断发展

1956 年 9 月，中国共产党第八次全国代表大会在北京召开。潮安县委深入学习贯彻中共八大精神，带领全县人民开展了大规模的社会主义建设。1958 年 5 月，中共中央在八大二次会议上通过了"鼓足干劲，力争上游，多快好省地建设社会主义"的总路线，全国上下在贯彻总路线的同时，相继开展了"大跃进"和人民公社化运动。此后，1966—1976 年是历时十年的"文化大革命"。在这两个时期，潮安老区人民尽管存在着许多困难，但一心一意跟党走的初心不变，坚持同甘共苦，克服困难，自力更生，艰苦奋斗；自觉排除干扰，坚持抓革命、促生产、促工作，坚守岗位；自觉投身"工业学大庆""农业学大寨"的运动之中，默默奉献，流下了辛勤的汗水。潮安人民以实际行动支撑着潮安国民经济和各项工作在艰难曲折中前行，一定程度上减轻了这两个时期对潮安经济和社会建设的冲击和破坏，使全县工农业生产的整体形势在探索中逐渐得到恢复和发展，在经济、政治、文化、教育、卫生、科技等诸多领域仍取得较好的成就，潮安县委也在曲折中积累了建设社会主义正反两方面的经验和教训。

一、学习宣传中共八大精神

1956 年 9 月，中国共产党第八次全国代表大会在北京召开。潮安县委迅速在全县掀起学习、宣传八大精神的热潮，各级党组织发动党员干部和广大群众采取多种形式，大张旗鼓地宣传党的建设社会主义的方针、政策和目标，使八大精神家喻户晓，深入人心。潮安人民在"鼓足干劲，力争上游，多快好省地建设社会主义"总路线的指引下，形成了轰轰烈烈的学习、贯彻和行动高潮。

在学习、宣传八大精神的同时，县委根据本县实际，对发展工农业生产提出了农业以发展粮食为主，工业要增加产量的具体方针，同时在全县掀起生产大热潮。广大群众以八大精神为动力，广泛开展"比、学、赶、帮、超"增产节约劳动竞赛和争创先进生产者运动，促进了工农业生产的大发展。1957年，潮安县实现农业总产值（按可比价格计算，下同）13364.14万元，实现工业总产值8771万元，城乡人民收入增加，购买力增强，社会商品零售额7689万元，存款余额314.3万元，各项经济指标均比1956年有较大幅度的增长。

1958年初，潮安县委为推动生产大热潮的快速开展，组织发动机关干部下放农村、厂矿、农场参加生产劳动。1月，第一批干部354人下放；同月，第二批干部311人下放，其中253人到农村，58人到基层任职；5月，第三批干部321人分别下放到各厂矿、农场。

同年2月，在广东省劳动模范先进工作者会议上，潮安县获一等模范奖，陈桥农牧社、幸福社、东光社获省特等模范奖。11月，金石公社被评为"全国农业社会主义建设先进单

金石公社被评为"全国农业社会主义建设先进单位"

位"，获国务院表彰。12 月，潮安县被评为广东省 1958 年度农业先进县。同月，潮安县获得"全国农业社会主义建设先进县"称号。

由于潮安县在农业战线上取得了骄人的成就，1958 年 5 月，潮安县委第一书记田荣申作为广东省委选派的列席代表，参加了在北京召开的中共八大二次会议。大会分发了潮安县委《每人七分地也能成为余粮社、富裕社》的书面发言材料。同年 6 月，刚创刊不久的中共中央理论刊物《红旗》第二期发表了田荣申《每人七分地也能成为余粮社、富裕社》的文章。为此，潮安县以首创农业生产轮种、间套种先进经验而闻名全国。

1958 年 11 月，中共广东省委决定，撤销潮州市，并入潮安县。

二、人民公社的建立与农业的发展

农村人民公社化运动最初是由高级农业生产合作社的小社并大社引起的。潮安是汕头地区最早实现人民公社化的县。1958 年 9 月 6 日，潮安县第一个人民公社——枫溪人民公社成立，此后仅用三天的时间，全县就实现了人民公社化。1959 年，全县 15 个公社分设 374 个生产大队和 2601 个生产队。

1959—1961 年，在"大跃进""刮五风"和严重自然灾害的影响下，全县工农业生产和人民生活遭遇极大的困难。面对困境，潮安县委正确对待，坚定地相信和依靠群众，坚持真理，纠正错误，自力更生，艰苦奋斗，党群一心，共同依靠自身的力量，及时地逐步地通过调整人民公社的体制和采取其他一系列措施加以纠正，使工农业生产逐步得到恢复和发展。1961 年，潮安县委贯彻执行中共中央《农村人民公社工作条例（草案）》（简称"农业六十条"），对社队规模、公共食堂、包产政策、粮食购销任务等作出较大幅度的调整。之后，农村解散公共食堂，分给社员自留地，取消工资制和供给制相结合的分配制度，恢复定额管理评工记分、按工分分配现金制度，口粮也实行基本口粮和劳动粮结合的分配方法。

1962 年上半年，潮安县委贯彻《中共中央

1962 年凤凰茶农在择茶

关于改变农村人民公社基本核算单位问题的指示》，把基本核算单位由生产大队改变为生产队。全县共设 30 个公社，615 个生产大队共 7514 个生产队。以生产队为基本核算单位，能更好地保障生产队的生产自主权，有效地克服队与队之间的平均主义，有利于改善集体经济的经营管理，更适合农村的生产力水平和农民的觉悟程度，使人民公社建立在一个比较巩固和踏实的基础上。

1963 年 9 月，县委发出了开展一队一山头开荒运动的号召后，平原地区 214 个大队 3 万多人，组成"远征队"上山开荒造林种果。至同年底，新开荒面积 8 万余亩，全县建立了林场 143 个。1966 年，全县再次掀起大规模的开山造田运动。

1965 年 11 月，共青团潮安县委组织全县农村青年开展农业科学实践运动，各公社、大队共青团组织在党委的领导下，遵照土、肥、水、种、密、保、管、工的农业"八字宪法"，大办种子田、榜样田和高产试验田。在团员、青年的带动下，全县掀起大搞科学种田的热潮。

1966 年，潮安农村出现了较好的形势，全年粮食亩产量达到 1306 斤，粮食总产量 508.15 万担，比 1960 年分别增长 65.5% 和 54.8%；生猪存栏量从 1960 年的 8.9 万头增至 30.5 万头；全年农业总产值 14970 万元，社员收入人均 74.5 元，比 1960 年分别增长 68.1% 和 19%。全县通过开展创建样板田活动，涌现出枫溪公社陈桥大队，东凤公社内畔大队、黄厝尾大队，江东公社亭头大队等闻名省内外的水稻高产单位，其中内畔和黄厝尾两个大队，还是全省的水稻高产典型。

1968 年 3 月，潮安县军管会根据中共八届十一中全会精神，决定在全县全面开展农业学大寨运动。全县 21 个公社均办起了开山队，固定驻山人数 7000 多人；共开发山地 16 万亩，其中竹 8 万亩、茶叶 2.5 万亩、杂果 3 万多亩、农作物 2 万多亩；公社、大队、生产队三级在山的场、队集体家当共有 1700 万元。

1969 年起，全县农村开展大批资本主义，割"资本主义尾巴"和拔"修根"（拔"修正主义根子"）的运动。县革委会（潮安县革命委员会于 1968 年成立）提出"三年内要消灭水田种柑"，强迫社员把可收获的大批柑树砍掉，全县的生柑种植面积从 1968 年的 19471 亩下降到 1972 年的 8483 亩，总产量从 1968 年的 2830 万斤下降到 1972 年的 658 万斤。1970 年 3 月，县委在"以粮为纲"方针的指导下，大造人工平原，铲毁农民在"五旁地"种植的农作物。有的公社把少量的家庭副业、养三鸟和家畜也当作资本主义道路来批判，规定农村每户家庭饲养的鸡鹅鸭不能超过 3 只。

1971 年，中共中央针对农业学大寨和人民公社出现的问题，强调落实党在农村的各项经济政策。潮安县委认真贯彻中央的一系列方针、政策，努力纠正学大寨运动中出现的偏差，提出加强劳动管理，搞好劳动报酬，取消政治评粮，贯彻勤俭办队方针，发扬艰苦奋斗精神，合理解决干部误工补贴，积极办好副业和社队企业等 10 项规定，全县农村出现了较好局面。到了 1973 年，全县农业总产值已恢复至 1966 年的水平。

三、开展大规模的农田水利建设

水利是农业的命脉。在"大跃进"运动及以后的一段时期，从中央到地方都十分重视农田水利建设。潮安县委在 1957 年 6 月召开的中共潮安县第二次代表大会的工作报告中，明确指出"要继续兴修水利"，作出"要加大财政对水利建设的投入"的决定。同时从防洪、治涝和灌溉三个方面，制订全县水利建设计划，充分发挥农业合作化、人民公社的集体优势，广泛发动群众，大搞农田水利建设。1968 年，随着"农业学大寨"运动的开展，轰轰烈烈的农田水利建设更是掀起了高潮。

（一）巩固堤围防洪和整治根除涝灾

首先，防洪工程的重点是整治韩江南北堤。潮安韩江南北堤位于韩江下游西岸，是全省第二大堤围，历史上屡次发生险情，是潮安防洪工程的重中之重。经过 1953 年和 1954 年的大修后，"大跃进"期间又进行了第三次大修。1961—1963 年，再先后抢修南堤的阁洲、龙湖、东凤市场、萧洪等 11 处险段，并对 5.7 公里长的堤段进行加厚加高。1964 年 6 月 17 日，韩江出现 16.95 米的历史特大洪峰，在县委的领导下，全县人民奋力抗洪，使大堤安然无恙。其次，在这一时期兴修了中型防洪工程如意东堤、东厢围、北溪堤、秋西围、秋北围、江东堤和归湖堤等。再次，全县还有捍卫面积少于 1 万亩的小型堤围 33 处，在此期间也得到较好的修护。通过"大跃进"期间和后面的不断努力，潮安县的大型堤围达到 50 年一遇的防洪标准，中型堤围达到 20 年一遇的防洪标准，小型堤围达到 10 年一遇的防洪标准。

潮安县全境有内洋、西山溪、河内湖、旸坑、坎下湖、江东、归湖等7个大涝区和白莲、白叶、峙溪等14个小涝区。1949年以来，特别是"大跃进"以后，大、小涝区普遍得到有效整治。其中内洋涝区地跨潮安与汕头市郊，既是农业高产地区，又是潮安县的最大涝区。1958年以后，县委采取兴建梅溪西岸排水工程：筑闸拒洪，裁直、浚深、扩宽渠系，兴建红莲池闸，排灌分家，扩大出口断面等五大措施进行大规模治理。西山溪涝区从1960年起至1965年，采取分期整治，逐年治理的方案，先后进行了4期工程，投放劳动力28万个工日。1975年冬，县委再次大规模整治西山溪，除抽调部分农村劳动力外，还发动机关、工交、财贸、文教和卫生等各条战线的干部职工参加义务劳动，1977年冬竣工后，西山溪涝区近5万亩农田彻底解除涝患，这是潮安县开展的规模最大、效益最好、影响最为深远的一项水利工程。这一时期，同时治理了河内湖、旸坑、坎下湖、江东、归湖等大涝区和14个小涝区，基本解决了潮安县的涝患。

（二）全面提高蓄水灌溉能力和全方位建设引水工程

潮安县的蓄水（水库）工程建设从1953年开始，至1978年，共建设中型水库1个，小（一）型水库8个，小（二）型水库20个。岗山水库是潮安县唯一的中型灌溉水库，1959年10月水库大坝破土动工，至1963年完工，形成了控制流域面积88平方公里、总库容量5303万立方米、实际灌溉面积30410亩的中型水库。这一时期，新安、白石岭、大坑、娘坑等8个小（一）型和径口、铁东、新西和等20个小（二）型水库也相继建成。

全县有中型引水工程4处。其中，北关引韩灌溉工程于1954年11月动工，1955年3月竣工，1958年继续扩建，受益地区有潮安县、揭阳县的7个镇、110个村，有效灌溉面积8.83万亩。安揭引韩灌溉工程于1954年12月兴建，1955年3月建成总干渠，

1965 年 2 月再建成安揭分干渠，受益地区有潮安、揭阳两县的 6 个镇、132 个村，有效灌溉面积 11.35 万亩。东凤引韩灌溉工程是一项灌溉、排涝、防潮、御咸、蓄淡的综合性工程，于 1955 年 11 月动工，1956 年 3 月竣工，受益地区有潮安县、揭阳县、汕头市和牛田洋生产基地的 8 个镇、149 个村的 17.12 万亩耕地，同时还供应 50 万人口的饮水和灌区的工业用水。急水引韩工程于 1956 年 12 月动工，1957 年 3 月竣工，受益地区有潮安、澄海和饶平 3 县的 49 个村，灌溉面积 8 万多亩。同时，全县还建设了 91 宗小型引水灌溉工程，其中灌溉 1000 亩以上、5000 亩以下的引水工程共 11 宗。1969 年以后，电灌站在全县普遍发展，基本实现各村都有电灌站。

1959 年凤凰水库建设工地场景

潮安县水利设施的建设，极大地提高该县抵御自然灾害的能力。1963 年春，潮汕地区发生了百年罕见的春旱，县委采取果断措施，组织各级干部深入到社、队，动员全县人民投入到抗旱抢种斗争中。这个时期，县里每天出动 21 万个劳动力，出动水车 7900 多架，抽水机 124 台（套）。同时，采取拦截江河的办法抽水引水浇灌，共拦河堵坡 1900 处，封堵韩江 7 处，引泉打井 2000 多眼，不失时机地完成春耕任务，使大旱之年获得大丰收。全年水稻亩产 1152 斤，总产达到 4 亿多斤，初步扭转了粮荒的局面。

（三）大规模平整土地和开发林场植树造林

潮安县在开展水利建设的同时，还动员全县的人民群众，开展以大规模平整耕地为中心的农田基本建设。1958 年春耕前，潮安县掀起了轰轰烈烈的平整耕地群众运动。根据"因地制宜，就地取材，全面规划，综合利用"的方针，对旧社会遗留下来的崎岖不平的小片土地全面进行规划平整，大规模地采取截弯取直、削高填低、搬沙堆、移墓地、改田埂、开沟渠等措施平整土地。通过一年的时间，将原来大小不一、崎岖不平的土地平整为大小划一的耕地。平整土地的做法不但为发展现代化农业打下了良好的耕作基础，而且扩大耕地面积 10559 亩。同时，通过大规模种植绿肥、大积土杂肥，改良土壤，有效地提高了土地潜力。

1975 年 3 月，潮安县委、县革委会决定开发万峰林场。全县共组织 400 多名青年专业队到万峰山安营扎寨，修筑公路；各公社抽调社员前来开山造田，造林植树；全县各战线和单位也到万峰林场划地办场。至 1976 年，全县共投放 52 万个工日，开荒造林种果 5 万多亩，其中速生杉木 2 万多亩。

潮安县农田水利基本建设的规模之大、范围之广、影响之深远都是史无前例的。潮安农田水利设施面貌经过整治后大为改观，基本上改变了全县过去"春旱、夏涝、秋潮、冬涸"灾害严重的情况。全县 94.1% 的耕地基本解决水、旱灾害，不但使全县农田基本实现旱涝保收、稳产高产，创造了一个比较稳定的生产局面，对粮食增产起到了决定性的作用；同时还确保了潮安、澄海、揭阳、汕头等县、市人民群众的生命财产安全。这些水利工程和设施，直到今天仍在发挥着巨大的效益，潮安县委充分发挥社会主义制度的优越性，带领全县人民自力更生，艰苦奋斗，在农田水利建设上取得令人瞩目的成就，这是中国共产党为广大人民群众建立的丰功伟业。

四、掀起卓有成效的工业大会战

1969 年底，广东省革委会提出"工业学大庆，走'鞍钢宪法'的道路"，随后，提出加速发展地方工业的"工业大会战"口号。潮安县委、县革委会根据省委、地委和省革委会的部署迅速行动，从县直机关、公社和"五七干校"中抽调一批得力干部，全力支援工业大会战。

（一）冶金工业的初步崛起

1969 年，在县内的古巷、赤凤等地挖掘铜矿，并在古巷大埔亭建造一座炼铜炉，17 天后炼出第一炉紫铜和少量白银及其他有色金属。此后，利用电解工艺，将紫铜提炼成电解铜初获成功，正式成立炼铜车间。

潮州镇二轻南金厂试炼国防工业急需的氧化锆、氧化铪获得成功，遂改组为潮州镇二轻化炼厂并正式投产。

1970 年，新创建的潮安县冶炼厂以当地矿源绿柱石为原料，试炼氧化铍获成功并投入批量生产，产品应用于国防工业，广东省冶金厅为此拨款投资。

1972 年，潮州钴冶炼厂在钴土矿供应紧缺的情况下，闯出以磁钢渣代替钴铁的新路子，并从含金属废料中回收钴镍，成为当时全国冶金系统的一个创举。

这一时期，还新建了轧钢厂、粉末冶金厂等冶金企业，有力地支持了国家的建设。

（二）水电工程开展大建设

潮安县委充分发挥本县境内溪涧多、水资源丰富的优势，大力建设和发展水电工程。

凤凰水电站于 1959 年 10 月动工，全县各公社抽调 3 万名民工进驻工地，1961 年工程因故下马。1966 年重新上马，从潮安、澄海、揭阳等县抽调 1.6 万名民工修建水库及 16 公里引水渠至凤南。1968 年春，水库建成后开始蓄水。在大会战中，先后完成二级电站第一、二期工程，后又动工兴建一级电站，并与二级电站实现联网发供电。凤凰水电站建设共投资 2302 万元，总装机 2.38 万千瓦，年发电 12000 万千瓦时。

1970 年秋，潮安县革委会决定建设溪美水电站，从 11 个公社抽调 2800 名民工参与建设，县机械厂、电机厂、电管站等 28 个单位的干部、职工参加水电站建设会战。1971 年 12 月竣工，年发电 576 万千瓦时。

1974 年秋，潮安县组织世田水电站会战，1976 年电站开始送电，1979 年全面建成。该工程是潮安有史以来发动面最广（"万人千车筑大坝"）、投资额最多（总投资 800 万元）、规模最大（装机共 5 台，总容量 4000 千瓦）、两级发电水头落差最高（400 米）、渠道最长（900 米）的一项水电建设工程。

这一时期，各公社自力更生，自行建设了凤凰南坑水电站、文祠水电站等 1000 千瓦以下的水电站 15 个。

（三）地方"五小"工业的发展

在开展工业大会战的同时，潮安县委、县革委会结合本县实际，作出开展小化肥、小农药、小水泥、小农机和电子工业大会战的决策，采取以自力更生为主，争取上级支持为辅的方针，大打地方工业翻身仗。

1965 年 9 月筹建潮安氮肥厂，1966 年建成试产，1970 年扩建，扩建后当年生产合成氨 1113 吨、碳化氨水 4501 吨等各类氮肥，以后产量逐年增加，有力地支援了农业生产。

同年 10 月，潮安县开始筹建水泥厂，1966 年建成投产，此后持续扩建，逐步配套机械设备，形成水泥生产流水线，1973 年水泥产量达到 10403 吨。

1966 年潮安县造漆厂试制"苏化 203"化学农药，此后又试制"甲基 1605"获得成功，1969 年农药车间从造漆厂分出，正式成立潮安县农药厂，1974 年"杀虫脒"试制成功并投产。1969—1976 年，潮安县农药厂共生产化学农药 1384.28 吨，为支援农业生产作出了贡献。

农机会战主要围绕生产中型拖拉机开展。为推动农业生产机械化，1974 年，汕头地委、潮安县委决定以潮安农机一厂为主体，在有关企业配合下，开展"中拖"大会战。汕头地委从全区机械行业中抽调机械技术人员支援该厂，通过攻坚克难，于 1975 年试制、投产"跃进－30 型"和"跃进－40 型"两种中型拖拉机，至 1977 年共生产 62 台。在会战期间，其他企业也研制生产出一批农业机械和配件。其中第一农业机械修造厂有"TJ－315 型"甘蔗压榨机；第二农业机械修造厂有脱谷机、"工农－10 型"手拖半轴、"工农－10 型"旋耕机齿轮总成、旋耕机、水田机等。

潮安县委、县革委会积极引导企业根据国家发展的需要，组织电子工业大会战，在全县掀起了大办电子工业的热潮。1969 年，潮州镇二轻竹器厂组成电子试制组，仿制了 15 台设备，试产碳膜器获得成功；接着，利用当地的"飞天燕"瓷土矿资源，在省内率先试制电阻瓷基体成功。随后，该车间组建为潮州镇二轻无线电元件一厂，成为年产碳膜电阻器 95 万只、电阻瓷基体 1730 万只的电子企业，后发展为三环集团公司。潮州镇二轻被服厂试产光敏电阻成功并投产，1971 年扩建为潮州镇二轻无线电元件二厂。1970 年初，潮州镇二轻机电设备厂试制成功并大量生产电子医疗机；1971 年，试制兽医针麻机成功，产品经推广应用，获得农牧部门的好评，被推荐参加在北京举办的"全国医疗器械设备展览会"，并由中国援助非洲医疗队带往坦桑尼亚使用。潮安电器厂 1974 年研制出具有国内先进水平的 TKL 同步发电机可控硅静止励磁装置样机，1975 年投产，产品被列入国家计划。潮安饼干糖果厂试制出 Y51—E28 舌簧扬声器，产品得到广东省广播事业局认可，投入批量生产。从 1974 年起，一些街道企业也开始试制、投产电子产品。

潮安的陶瓷产业在这一时期也取得了骄人的成就。1967 年，枫溪镇创建镇办瓷厂，还有 9 个大队动工兴建瓷厂，其中有 4 个瓷厂当年投产。1972 年，"潮安县枫溪陶瓷管理所"成立，统管社、队的陶瓷生产。1973 年，潮安县陶瓷工业公司在北京举行了大型的"广东枫溪陶瓷展览会"，共展出作品 3947 件（套），全面系统地介绍枫溪陶瓷生产概貌，许多国内外知名人士到展览会参观并题字留念。同年，广东省陶瓷"窑炉""盒钵"改革会议在枫溪陶瓷管理所召开。大园瓷厂蔡映波创作的 16 寸"寿星童"，于 1976 年荣获全国工艺美术创作奖，这是社队企业陶瓷美术作品第一次在全国获奖。

针对潮安农村人口迅速增长，人多地少的矛盾日益突出的问题，潮安县委认真贯彻"农林牧副渔全面发展"的方针，积极解决农村剩余劳动力的出路，引导和扶持全县公社、大队在巩固农业基础地位的同时，大力发展工副业。各公社、大队纷纷结合当地实际，创办陶瓷、抽纱、洗熨、建材、农具、农机维修、小五金、食品、农副产品加工等社队企业，其中陶瓷、抽纱、洗熨成为当时颇具规模的产业。多数公社都有社办农机厂；各公社、大队普遍组建了建筑队和运输队。社队企业发展较快的有枫溪、庵埠、彩塘、凤塘等公社。1976 年，全县社队企业完成总产值 7798 万元，比 1969 年增长 133.26%；企业总收入 7848 万元，比 1970 年增长 181.59%。

从 1969 年开始，潮安县委带领全县广大干部群众自力更生、艰苦奋斗地开展工业大会战，极大地壮大了地方经济，使潮安从传统的农业大县逐步发展为工农业并举的经济大县，成为当时汕头专区工业最为发达的县。潮安的工业大会战，不仅加快了当时地方工业的发展，也为改革开放后的工业，特别是民营工业的崛起打下了良好的基础。

1969 年 4 月和 1973 年 8 月，潮安县印刷厂工人李永青先后被选为中国共产党第九、第十次全国代表大会代表并出席大会。

五、知识青年上山下乡运动

上山下乡运动是 20 世纪六七十年代动员城镇知识青年离开城市，到山区、农村定居和劳动的运动。潮安县的知识青年上山下乡运动大体经历两个阶段。

第一阶段从 1964 年到 1967 年，动员城镇青年和闲散劳动力下乡安置，作为解决劳动就业的出路。1964 年 8 月，潮安县人民委员会成立安置城镇青年下乡领导小组，负责动员和安置工作。10 月，潮州、庵埠、枫溪、意溪 4 个镇，共有 492 名青年被安置到铁铺、凤凰、文祠、意溪、赤凤、凤塘、枫溪等公社的生产队和农场。1967 年，又分别动员 1380 人往海南岛，韶关地区的连山、英德县，肇庆地区的德庆县，梅县地区的平远县和汕头地区的陆丰县安置。

　　第二阶段从 1968 年到 1977 年。1968 年 4 月，新成立的潮安县革委会发出文件，要求各镇、公社革委会都要有一名常委分管知识青年上山下乡工作，各街道、居委和大队、生产队应指定专人管理此项工作。12 月 22 日，《人民日报》发表了毛泽东关于"知识青年到农村去，接受贫下中农的再教育，很有必要"① 的指示，在全国掀起知识青年上山下乡运动新高潮。1969 年，潮安县仅用半年的时间，就动员了 9515 名知识青年上山下乡，大部分赴海南广州军区生产建设兵团各农林茶场和海南区的琼海、文昌、琼山、屯昌、崖县、保亭等县。在第二阶段中，全县城镇共动员 22790 名知识青年上山下乡，其中县外 13843 人，县内 8947 人。在县内插队的知识青年，分散在 21 个公社的 231 个生产大队。

　　在动员安置知青下乡期间，县革委会成立知识青年上山下乡工作办公室，把此项工作列入常规性业务。各级领导和有关部门对下乡知青十分重视，从思想上、政治上、生活上等方面给予关怀和扶持，拨出专款帮助他们解决好食宿、农具、医疗和家庭副业生产等具体困难问题。县革委会于 1969 年 6 月对知青上山下乡经费使用标准范围作出了详细规定。从 1973 年开始，为利于协调、教育和管理，潮安县按知识青年所在单位或系统，派干部带队下去（轮换制）协助所在公社、农（林）场做好知青安置和管理工作。

　　在"文化大革命"中后期，根据上级有关政策，潮安县开始少量招调上山下乡知识青年回城就业（时称"补员"），除了招工之外，有的知青被推荐到大、中专学校读书；有的参军入伍；有的被提拔为干部（包括当教师、医生）。这样就拓宽了知青回城

---

　　① 中共潮州市委党史研究室著：《中国共产党潮州历史》，第二卷（1949—1978），中共党史出版社 2017 年版，第 280 页。

知识青年在田间与农村基层干部交流劳动心得

就业的渠道，使一批知青得到返回城市工作、读书的机会，一定程度上缓解了上山下乡知识青年的抵触情绪。

从 1974 年开始，潮安县上山下乡知识青年开始分期分批回城安排工作。1978—1982 年，在县委的重视和指导下，先后由县知青办和劳动部门直接或间接接收下乡知青回城安排工作。至 1982 年底，凡本人愿意回城的，都允许回城，给予安置。

知识青年上山下乡运动，使广大知青在农业生产第一线的艰苦环境中体验了生活，经受了考验，增长了知识和才干，他们为开发和建设农村、边远落后地区作出了贡献，同时也成为一支此后参加改革开放建设的生力军。

第四节 整党整风，潮安国民经济的恢复和发展

1976 年 10 月，以华国锋为首的党中央采取果断措施，一举粉碎了"四人帮"，实现了党和人民的共同意愿，历经十年的"文化大革命"宣告结束，党和国家的工作得以重新走上健康发展的轨道，党的历史进入一个新的发展时期。潮安县委在深入开展揭批"四人帮"斗争的同时，采取各项积极措施，决心把"文化大革命"中的损失夺回来。经过全县广大党员干部和群众的共同努力，潮安的国民经济在拨乱反正中勃发生机。

一、全县整党整风工作全面展开和开展真理标准问题的讨论

1977 年 3 月，中共中央工作会议决定，在全党开展一次整党整风运动，重点解决因"四人帮"破坏而造成的党内思想、组织、作风不纯（简称"三不纯"）的问题，恢复和发扬党的优良传统。根据中共中央和广东省委、汕头地委的部署，从 1977 年下半年开始，潮安县各级党组织全面开展整党整风工作。通过三个阶段的整风工作，收到了较好的效果：基本上揭开了潮安县在"文化大革命"中的盖子；基本上分清了路线是非；充分发扬民主，为恢复党的民主生活创造了良好的开端；初步解决了县委的领导工作同加速实现四个现代化不相适应的矛盾，明确了前进方向。潮安县委在开展整风工作的同时加强了党的组织建设，努力吸收在揭批"四人帮"斗争和生产建设第一线中的积极分子入

党，提高了党员素质，壮大了党员队伍。至 1978 年底，全县共有党总（支）部 1516 个、党员 29123 人，占总人口（110 万人）的 2.65%。

"文化大革命"结束后，党面临着思想、政治、组织等领域全面拨乱反正的艰巨任务。1978 年 5 月 11 日，《光明日报》发表了特约评论员文章《实践是检验真理的唯一标准》。潮安县委根据广东省委和汕头地委的要求及从报刊有关真理标准问题文章中得到的启示，从 10 月开始，在全县上下开展真理标准问题的讨论，一直延续至 1979 年底。潮安县委通过组织的大学习、大讨论，使全县广大党员干部和群众不断加深对"实践是检验真理的唯一标准"这个马克思主义认识论基本原理的理解，进一步解放思想，更新观念，积极投身到社会主义现代化建设的伟大实践中去，为潮安走进改革开放新时期做好了充分的思想准备。

二、老区经济和社会事业的恢复与发展

（一）工业战线成绩斐然

1977 年，潮安人民印刷厂、潮安瓷四厂、潮安凤塘农机厂出席了全国"工业学大庆"大会，被命名为大庆式企业。全县传统的工业产业迎来了发展的新时期。

潮安（被誉为"南国瓷乡"）陶瓷行业恢复了陈设瓷（美术瓷）的生产，并注重传统题材的创新创优。如枫溪陶瓷艺人根据神话传说"仙女散花"为题材创作的《仙女》，获 1977 年广东省工艺美术奖；1978 年，由潮安美术瓷厂和枫溪陶瓷研究所联合创制成功的高 1.2 米、内外三层的《友谊》通花瓶，作为国家级礼

品，由邓小平于当年 10 月访问朝鲜时，赠送给朝鲜领导人金日成。① 产品质量的提高也带动出口量的大幅度上升，1978 年，潮安陶瓷行业实现出口值 2042 万元，比 1966 年增长近三倍。

被誉为"南国之花"的潮州抽纱生产得到恢复和发展。1978 年完成加工值 2200 万元，比 1965 年增长 46.67%，产品远销 27 个国家和地区。

冶金、机电、轻工、制药等工业行业也加快了恢复和发展步伐。潮州钴冶炼厂 1977 年利用磁钢渣回收钴镍获得成功，成为全国首家变废为宝从事生产钴镍的企业。潮安电机厂经过技术攻关，至 1978 年已形成 SF（立式）系列水轮发电机生产能力。宏兴制药厂 1978 年已发展至蜜丸、水泛丸、片剂等 8 大剂型 189 个品种，其中有心灵丸、安宫牛黄丸等 9 个品种为名优产品。1978 年 12 月，潮安光电器件厂创新的 TG－4 干簧继电器产品，创寿命 379.66 万次记录，超部颁标准 7 倍。潮安饼干糖果厂安装 61 型饼干机 1 台，并建了 18 米的煤长炉，成为当时全省最大型的饼干生产线。

全县各公社的社办、队办、个体企业也在快速地发展和壮大。庵埠公社 1976 年全公社只有 8 家国营企业、20 家二轻企业和 38 家队办企业，全年工业总产值只有 360 万元；至 1978 年，全公社以食品为主导的各类企业发展到了 230 家，工业总产值达到 1581 万元。彩塘公社则重点发展生产医疗器械、手表专用工具、绣花钩针、日用器具等不锈钢制品的产业，其产品远销国内外。

为尽快解决全县工农业生产发展带来的电力紧缺问题，潮安县委加大水电建设的力度，决定兴建葫芦水库和凤溪水库工程并

---

① 中共潮州市委党史研究室著：《中国共产党潮州历史》，第二卷（1949—1978），中共党史出版社 2017 年版，第 383 页。

配套发电机组。至 1978 年，工程共投入劳动力 894 万个工日，完成土石方 390 万立方米，总投资 1994 万元。

（二）农业生产稳步增长

1977 年 3 月，县委组织 200 多名干部深入农业第一线，帮扶后进社队发展生产和经济。7 月，把全县 24 个公社分为 6 个赛区，以赛区为单位开展赛路线、比方向，赛作风、比工作深入，赛干劲、比艰苦奋斗，赛风格、比互助，赛措施、比改革，赛贡献、比成绩的"六赛六比"晚造丰产竞赛活动。同年，潮安水稻高产典型东凤公社黄厝尾大队创造水稻双季年亩产 2200 斤的业绩，获国务院颁发的农业高产模范奖；中共汕头地委发出《关于平原地区学习黄厝尾大队，开展科学种田活动》的通知，在全区各地大办黄厝尾式的高产样板点。1978 年 8 月，中共广东省委第二书记、广东省革命委员会副主任习仲勋到东凤公社黄厝尾大队检查工作。当年底，黄厝尾大队创造了粮食年平均亩产 2809 斤的新纪录。

1977 和 1978 两年，大宗经济作物花生、甘蔗、黄麻的产量均比 1976 年有较大幅度的增长。1977 年 8 月，农业部在潮安凤塘公社召开全国黄麻生产现场会议，总结推广该公社黄麻高产的经验。水果种植也得到迅速恢复和发展，其中的重点品种"潮州柑"，1978 年总产量 13.69 万担，比 1974 年增长 125.76%。社队企业也取得可喜成绩，1978 年实现工业产值 7076 万元，比 1976 年增长 49.09%。

在发展农业生产的同时，潮安县委十分重视解决农村困难户的缺粮问题。要求各级做到：凡人均月口粮在 25 公斤稻谷以下的农户，给予减征或免征购粮任务，对于口粮低于保护线下的给予退购或退销；在青黄不接的季节，要把集体的储粮、返销粮和救济粮进行清理，一次性发给粮食困难户。

（三）商贸业出现购销两旺

潮安县委贯彻"增加生产，保障供给"的方针，在努力发展工农业生产的同时，通过稳物价、保供应、促流通、旺市场等措施，促进城乡商贸业的健康发展。1976 年后，潮安县供销系统从商业系统中分出，变一个积极性为两个积极性，进一步促进城乡商贸业的发展。为活跃商品市场，促进城乡交流，1978 年 10 月，县革委会组织全县物资交流大会，会期 6 天，盛况空前，成交总额 355 万元。

（四）社会各项事业蓬勃发展

潮安县委一手抓国民经济，一手抓科技、教育、文化、卫生等各项社会事业的恢复和发展，使社会各项事业呈现出一派蓬勃向上的局面。

1. 科学技术不断进步

潮安虫胶厂技术人员与南京林产化工研究所协作，从生产虫胶片的废液中提取食用色素获得成功，研究成果获 1978 年全国科学大会"优秀科技成果奖"。潮安电机厂研发的 SF－24/1180 水轮发电机属国内首创。潮安电气控制设备厂生产的 TKL 系列可控硅励磁装置获 1978 年国家机械工业部科学大会嘉奖。宏兴制药厂研发的中成药先后获国家经委"金龙奖""金鹿奖"，广东省"优质产品奖""优秀科技成果三等奖"。潮州镇日用化工厂试制出的腰果漆油，获 1979 年广东省科学大会"优秀科技成果奖"。1978 年 12 月，潮安光电器件厂创新的 TG－4 干簧继电器产品经质量评比，获全国第一名。

2. 教育事业不断发展

1977 年，国家恢复高等院校入学统一考试制度，潮安考生陈平原被中山大学录取，其高考作文《大治之年气象新》被《人民日报》刊登。1978 年起，潮安的小学升初中、初中升高中也实行统一的考试制度；同年 11 月，全县各级学校恢复原校名；同年 12 月，经国务院批准，复办省属韩山师范专科学校，面向全省招生。

3. 文化事业成绩喜人

文学创作队伍和创作园地不断扩大，具有传统地方特色的潮剧获得生机和发展，民间音乐队伍逐步壮大，群众文化活动多姿多彩，历史文物得到抢救和保护，传统工艺焕发生机。县委将西湖涵碧楼改设为"革命纪念馆"，举办纪念周恩来与"潮州七日红"及新民主主义革命史图片展览。潮州特种工艺厂设计制作的麦秆工艺品五幅式大屏风《松鹤延年》，于 1978 年参加全国工艺美术展，广受好评，《光明日报》给予了专题报道，随后又多次出国展出。

4. 医疗卫生服务老区

1977 年，磷溪公社幸福大队发生流行性伤寒病，县委对此十分重视，组织医务人员深入疫区，采取各种有效措施，及时医治患者，使疫情得到有效控制，防止流行性疾病蔓延扩散。潮安县卫生局在上级有关部门的指导下，从 1956 年开始，组织医务工作者开展麻风病学的调查研究，经过 22 年系统和连续的防治及对本病流行病学的研究，全县已有 2084 名麻风病患者被治愈，这项研究成果获 1978 年全国科学大会"优秀科技成果奖"。潮安县医药研究所研究开发的"益心丹"，获 1978 年广东省"优秀科技成果三等奖"。

潮安县所经历的社会主义革命和建设时期，是潮安党组织领导全县老区人民取得巨大成就的历史时期。在这一时期，全县上下自力更生、奋发图强，努力恢复和发展潮安的国民经济和社会事业，逐步改善了人民群众的生活，让广大老区人民看到了希望，增强了建设社会主义现代化的信心。潮安老区的发展和进步，是在中国共产党的领导下，全县人民共同奋斗的成果，是社会主义制度具有巨大优越性在潮安的初步而有力的显示。潮安广大党员干部和人民群众在县委、县革委会的带领下，以奋发有为的精神状态，站在新的历史转折的起跑线上，与时俱进，开拓进取，用自己勤劳的双手，迎接潮安改革开放的新时期。

第七章

改革开放时期

第
一
节　工作中心转移，潮安迈开新步伐

一、党的建设不放松，解放思想不停步

中共十一届三中全会结束了粉碎"四人帮"以来党和国家的工作在徘徊中前进的局面。党在思想、政治、组织等领域的拨乱反正从这次全会开始全面展开，我国的改革开放由这次全会揭开了序幕，全党工作重点转移到了社会主义现代化建设上来。

（一）传达贯彻十一届三中全会精神

中共十一届三中全会召开后，潮安县委采取多种形式、多种措施，迅速组织全县各级党组织和广大干部群众，认真学习贯彻中共十一届三中全会精神。

1979 年 2 月，潮安县委先后召开了有 5000 多人参加的群英大会和 10700 多人参加的四级干部会议（以主、分会场联动的形式），传达贯彻十一届三中全会和中共中央有关文件精神。会议提出：以十一届三中全会精神为指针，动员全县党员干部和群众再接再厉，调动一切积极因素，把全党的工作重心迅速转移到社会主义现代化建设上来，继续贯彻"以粮为纲，全面发展，因地制宜，适当集中"的方针，尽快把农业搞上去；要进一步贯彻农村经济政策，尊重生产队自主权，落实生产责任制，鼓励农民发展家庭副业，让农民休养生息，要加快落实政策的步伐，调动一切积极性，发展安定团结的大好形势。

同年 6 月，潮安县委在县党校举办了为期 10 天的农村人民公社、生产大队宣委学习班，学习党中央领导同志的重要讲话、十一届三中全会文件和坚持四项基本原则精神。在学习班上，磷溪、龙湖等公社和江东公社樟厝洲大队、枫溪公社枫一大队，分别作了学习体会发言。通过学习，广大党员统一了思想，增强了信心，振奋了斗志，共同表示要同心同德，集中精力搞经济建设，尽快把国民经济搞上去。

（二）召开党代会，加强党建工作，精神文明建设呈现新气象

1980 年 9 月，中共潮安县第五次代表大会在潮安县委礼堂召开。出席大会的正式代表 496 人，代表全县 27389 名党员。此次会议是潮安县 1969 年 10 月召开的第四次党代会后，历经 11 年以后召开的。大会回顾了县委在第四次党代会以来的工作情况及其经验教训，着重总结粉碎"四人帮"以后，特别是中共十一届三中全会以来，全县各级党组织，广大党员干部和群众所取得的主要成绩。大会向各级党组织提出了当前的中心工作：继续贯彻中共十一届三中、四中、五中全会精神和第五届全国人大三次会议精神，进一步解决全党工作重点转移的问题，尽快使潮安富裕起来。主要奋斗目标是：到 1985 年，全县工农业总产值达到 53865 万元，人均工农业产值达到 536 元。大会选举产生了中共潮安县第五届委员会和纪律检查委员会成员，林兴胜为县委书记，刘宪制为县纪委书记。

1980 年 6—8 月，潮安县 23 个人民公社先后召开了党员代表大会，选举产生了新一届的公社党委。

1982 年 5 月起，县委对全县软弱涣散的 70 个基层党支部和处于瘫痪状态的 28 个党支部，采取有力措施加以整顿。严肃查处了与领导班子有关的经济犯罪活动，选拔和培养了一批优秀青年干部充实领导班子，使原来软弱涣散的农村党支部焕发了生机，成为带领群众改变落后面貌的领导核心。

与此同时,各级党组织加强了对工会、农会(贫下中农协会)、共青团、妇联的领导,各群众团体得到迅速恢复和发展,在各自的工作中,发挥了党组织的助手作用。

1982年,潮安县委根据上级指示精神,带领全县人民深入开展以"五讲四美三热爱"为主要内容的精神文明建设活动。各中小学校迅速组织起红领巾服务队、学雷锋小组、青年送温暖小组;各大队、各街道纷纷开展文明户、文明街道竞赛活动;各工厂企业广泛进行职业道德教育,开展文明车间、文明班组、文明门市的竞赛活动。庵埠公社党委在全社各行各业中开展"十四员"的劳动模范评选活动,1983年1月,公社召开"劳模"表彰大会,对评选出的"十四员"每人发给200元奖金。通过"五讲四美三热爱"活动的开展,使全县党风、社风有了明显好转。

(三)民主政治制度的恢复和建立

中共十一届三中全会以后,潮安县委按照中共中央、省委、地委的指示精神,迅速恢复和加强民主法制建设,通过恢复县人民代表大会制度和人民协商会议制度,以国家机关的强制性职能保证拨乱反正工作的开展和改革开放的启动。

1979年8月,潮安县与潮州市分开建制。在"文化大革命"期间基层选举中断了10多年之后,由潮安县委领导和部署的全县第七届基层选举工作于1980年进行。全县通过选民登记,共有选民592348人,占总人口数的60.3%;参加投票选举的选民共58.2万人,占选民总数的98.2%,选出潮安县第六届人民代表大会代表449名。12月,潮安县撤销23个公社和3个社级镇的革命委员会,成立23个公社、1个镇(即意溪镇)的管委会和庵埠、枫溪两个镇的人民政府。

1980年10月,潮安县召开第六届人民代表大会第一次会议。

会议强调坚持实践是检验真理的唯一标准的观点，讲真话、讲实话，认真总结历史经验教训，解放思想，开动机器，继续执行"调整、改革、整顿、提高"的方针，加强经济体制改革和政治体制改革。充分利用潮安的优势，放宽政策，发展生产，改善人民生活。会议宣布撤销县革命委员会，并选举产生第六届人大常委会和县人民政府，县人大常委会主任陈坚，县长郭源钟。至此，改变了"文化大革命"中党政军合一的革命委员会体制，恢复了政府机构的职能。

与此同时，潮安县委迅速整顿、恢复和充实了县政法机构。通过加强人民公安队伍建设，完善人民法院审判制度，重建人民检察院机关，成立政府的司法机构，逐步健全和完善社会主义法制，确保社会安定，保障了人民的民主权利。

1982年，潮安县委按照中共中央和省委、地委的指示精神，坚定不移地同走私贩私和经济领域中的不正之风作斗争。至年底，全县共查处内部经济犯罪案件14宗，其中属于投机倒把案件5宗，贪污受贿案件6宗，走私贩私案件2宗，还有1宗是省、地级查处案件；案件涉及党员干部职工52人，其中党员27人，科局级以上干部3人。通过这场斗争，全县经济违法乱纪行为有所收敛，不正之风逐步得到纠正。

1983年，江东公社洲东大队抽纱女工蔡赛花当选为第六届全国人民代表大会代表。

（四）统一战线和侨务工作的恢复与发展

潮安是著名侨乡，潮安县的华侨及外籍华人众多，旅居地遍及世界五大洲的近40个国家和地区；还有祖籍潮安的港澳台乡亲及其后代。中共十一届三中全会以来，潮安县党的统战工作和侨务工作进入一个新的历史发展阶段。县委建立健全了统战部的领导机构，理顺各归口单位的领导关系。在统战部门的协助下，组建了侨联、工商联和各民主党派等工作机构；成立了外事侨务领导机构，承担对华侨、华人及港澳台同胞的有关事务，接受和确认他们捐赠的社会公益事业，接待来访的潮人团体和旅外乡亲，加强交流，联络乡情，寻找合作机会，共谋发展。

1980年10月，政协潮安县第四届委员会第一次会议召开，出席委员115名。会议围绕党的工作重心的转移，尽快使潮安富起来的议题，动员各民主党派、民主人士同舟共济，为建设高度民主、高度文明的社会主义强国而奋斗。会议选举产生新一届的政协常务委员会，主席朱春。

中共十一届三中全会之后，潮安各级党政部门十分重视侨务工作，从各方面恢复和加强对侨务工作的领导。全县各有关部门在落实侨务政策，调动华侨侨眷、归侨和港澳台同胞的积极性方面做了大量的工作。

1979—1983年，全县接待侨居泰国、新加坡、美国、英国、日本、瑞典等国家的华侨和居住在香港、澳门、台湾的乡亲到潮安观光、旅游或参加庆典活动，共达349个团队，7000多人次。教育和旅游部门还多次接待来潮开展夏令营活动的华裔青年学生。

随着越来越多的海外华侨和港澳台同胞回乡探亲观光，他们支援家乡"四化"建设的热情也越来越高涨。据1979—1982年的统计：全县共接受捐赠总值人民币1430.17万元。其中修建学校和增添教学设备有55宗，333.76万元；修建医院和增添医疗设备543.73万元；修建侨联会址4宗，15.85万元；修建民房12宗，138间房，面积5391平方米，35.75万元；修桥造路发展交通事业112.74万元；直接支援生产的设备131.79万元；用于改善农村文化生活而捐赠的文化娱乐费用42.18万元；其他方面捐赠包括小汽车65部、货车39部、拖拉机14部、化肥5635吨，共 214.37 万元。①

（五）平反冤假错案和解决历史遗留问题

为进一步全面落实党的各项政策，中共潮安县委根据中共十一大路线和中共中央、省委、地委的有关文件精神，遵循"实事求是，有错必纠"的原则，将落实政策工作列入重要议事日程，在全县抽调三百多名干部，建立各种落实政策领导机构，对"文化大革命"中的冤假错案进行平反昭雪，对历史遗留问题也加以甄别解决，在此基础上，抓紧做好党的各项政策的全面落实。

1. 平反冤假错案

1978 年 9 月 23 日，中共潮安县委对"文化大革命"期间发生的"潮安余林陈资产阶级黑司令部""潮安地叛集团""反共救国军"三宗冤假大案，分别作出"给予平反，恢复名誉"的决定。至 1982 年底，全县平反冤假错案工作基本完成。其间，共平反集团性案件 59 宗，为 5700 多名遭受迫害的干部、群众恢复名誉，并为潮安县委原代理书记余昌丰、潮安县委原副书记兼潮州镇委书记林香才等 284 名被迫害致死的干部、群众昭雪沉冤；为"文化大革命"期间被审查的 1321 名干部作出复查结论，恢复名誉。

2. 解决历史遗留问题

（1）全部摘掉右派分子帽子。1978 年 5 月，潮安县委根据中共中央和广东省委的有关文件精神，成立县摘掉右派分子帽子工作领导小组，从各部门抽调了一批干部，经过摸底排查，内查外调，对原划为右派的事实进行逐条复议，并对照中央确定的划分标准，进行重新定性，对全县 157 名尚未摘帽的右派分子全部给

---

① 以上数据是从潮安县侨务办公室 1979—1982 年各年度工作总结中的数据汇总而成的。

予摘帽，并发给摘帽《通知书》。同时，进一步落实受株连的家属子女的政策，先后共解决 64 户、194 名受株连家属子女回城入户问题。

（2）为地主、富农分子摘帽。1979 年 2 月，潮安县委根据中共中央文件精神，决定：除极少数坚持反动立场的之外，凡是多年遵守政府法令，老实劳动，不做坏事的地主、富农分子以及反革命分子、坏分子，一律摘掉帽子，给予人民公社社员待遇。至 1983 年底全部完成了该项工作。

（3）解决历次政治运动的遗留问题。中共潮安县委根据有错必纠的原则，解决了一大批历史遗留问题。复查了"反地方主义"等历次运动的案件，对"反地方主义"运动中受错误处分的 18 名干部，全部复查并撤销原结论和处分。

（4）解决起义投诚人员的历史遗留问题。1983 年，潮安县共核准确认起义投诚人员 65 人，复查 65 人，给予平反纠正 62 人。

3. 全面落实党的各项政策

（1）落实民族资产阶级政策。根据中共中央有关政策，退还他们在"文化大革命"期间被查抄的存款以及停发或扣发的工资，归还被挤占的房屋，解决他们的生活福利待遇、退休金、领定息，同时对冤假错案都按政策落实处理。将小业主、独立劳动者从资本家行列中区别出来，根据有关文件规定给予补发工资，符合退休条件的，给予办理退休手续；恢复工商业者干部的待遇，经原潮安县任命的企业干部（包括已退休），恢复其国家干部待遇。

（2）落实宗教政策。做好"文化大革命"期间遣送下乡的有关人员回城复户工作。落实归还宗教团体房产及财物。共归还房产 72 处，面积 41863.90 平方米；归还开元寺文物 199 项 8690 件；补助开元寺后花园退迁款 15 万元。

（3）落实侨务政策。主要做好三方面工作：一是落实"侨改户"政策。至1982年底，全县发给确认侨改成分通知书共3240户，基本完成了落实"侨改户"政策的任务。二是全面平反因"海外关系"造成的冤假错案。对归侨、侨眷在历次政治运动中的冤假错案进行甄别平反，其中，平反"文化大革命"案件311宗，平反历史遗留案件27宗。三是落实侨房政策。经过多方努力，全县共落实归还侨房101万平方米。

（4）落实知识分子政策。1978年11月，潮安县教育系统为"文化大革命"期间被迫害而打成走资派、反动学术权威、反革命分子、修正主义分子和其他各种名目的1426名教职员工恢复名誉；对教育系统在历次政治运动中的1248宗冤假错案全部给予平反，全县共有387人重新走上教育岗位。继教育系统之后，文化、卫生等系统也分别召开平反大会，为受迫害人员平反，恢复名誉。其中卫生系统纠正历次政治运动的冤假错案93宗，收回处理不当离队的医务人员8人。

在落实知识分子政策过程中，潮安县委和各基层党组织还从政治、荣誉、工作、生活等方面做好关心知识分子的工作。做好对使用不当或用非所学知识分子的调整工作，做到人尽其才，有的还被充实到各级领导班子之中；积极解决优秀知识分子"入党难"问题，对有较高学术水平的老知识分子给予一定的荣誉称号；帮助知识分子解决夫妻分居两地、家属农转非、子女就业和住房困难等实际问题；支持人才的合理流动，鼓励离退休知识分子发挥余热等。通过这些工作，不但调动了广大知识分子的积极性，还在社会上形成尊重知识、尊重人才的良好风气。

二、改革开放起新步，老区面貌换新颜

（一）农村联产承包责任制全面实行

1979年以来，潮安县委、县革委会（人民政府）认真贯彻执

行十一届三中全会的路线、方针、政策，在全县开展农村生产和经济体制改革，逐步试行各种形式的生产责任制，最终发展为普遍性的家庭联产承包责任制。

1979—1981 年，县委、县革委会（人民政府）根据党的十一届四中全会通过的《关于加快农业发展若干问题的决定（草案）》，在全县普遍推广联产到组到劳力的责任制。各生产队把大田作物联产到组，采用"五定一奖罚"（定劳力、定责任田、定产量、定成本、定工分，奖勤罚懒）的做法。

1979 年 8 月，县委召开"关于实践是检验真理的唯一标准"的问题讨论会，会上有 30 多位同志发了言，争论十分激烈。有的主张农村包产到户，以提高农民生产积极性；有的认为包产到户不符合大方向，会造成两极分化。会议虽然没有做出定论，但当年晚造全县有 386 个生产队试行包产到户，包产面积达到 80928 亩，占全县耕地面积的 17.9%。

1980 年 12 月，县委、县革委会推广了凤塘公社推行生产包产到户的经验。此后，各公社参照凤塘的做法，逐步推行家庭联产承包责任制。

1981 年的早稻生产，全县实行水、旱田包产到户的生产队占总数的 24.7%。当年底，全县农业产值 2.93 亿元，比 1979 年增加 8.33%；早稻粮食亩产 824 市斤，实现一季亩产跨《1956 年—1967 年全国农业发展纲要》。

1982 年元旦，中共中央一号文件批转《全国农村工作会议纪要》明确指出，包产到户、到组，包干到户、到组等等，都是社会主义集体经济的生产责任制。县委根据中共中央精神，发出了进一步落实农村生产责任制的指示，要求各级党委和政府必须进一步对四种不同的责任制，采取不同方式进行完善落实。同年底，全县粮食总产量突破 6 亿市斤大关，达到 6.46 亿市斤。

1983 年，全县农村的农林牧副渔各业，已全面实行各种联产承包责任制。潮安实行以包产到户、包干到户为主要形式的联产承包责任制以后，把集体所有的土地长期包给农户使用，农业生产基本上变为分户经营、自负盈亏，农民生产的东西"保证国家的、留足集体的，剩余的全部归自己"。这种责任制使农民获得生产和分配的自主权，把农民的责、权、利紧密结合起来，不仅克服了以往分配中的平均主义、"吃大锅饭"等弊病，而且纠正了管理过分集中、经营方式过分单一等缺点。

潮安联产承包责任制的推行，受到广大老区农民的普遍欢迎，提高了农民精耕细作、科学种田的劳动热情，促进了农业生产的发展。1979 年 11 月，联合国农业科学考察团到东凤公社内畔、黄厝尾、堤边三个大队考察，并对内畔大队晚水稻产量进行实地测产；年底，黄厝尾大队获国务院奖励。当年，江东公社元巷大队农科组种植花生 100 亩，春秋两季分别获得亩产 753 和 733 市斤，创潮安县小面积种植花生的最高单产纪录。1980 年，东凤公社陇仔大队所搞的夏植甘薯样板点，连续六年获得夏种甘薯亩产超万斤的业绩。1982 年，全县甘蔗面积 1.69 万亩，平均亩产 1.42 万市斤；花生面积为 8.24 万亩，平均亩产达 319 市斤，均创潮安历史单产最高纪录。至 1983 年底，全县粮食作物总产量 6.67 亿斤，比 1978 年增长 13.82%。全县农村面貌从此焕然一新，农民收入和生活水平大幅度提高，老区农民基本解决了温饱问题。

（二）社队企业蓬勃兴起

1979 年，国务院颁发了《关于发展社队企业若干问题的规定（试行草案）》，对社队企业的发展起到很大的促进作用。

同年 4 月，潮安县委书记林兴胜率各公社党委书记及县直各部委办局有关领导 58 人前往佛山、南海等处参观学习。回来后，县委就如何发挥本地优势、大力发展传统工艺、兴办"三来一补"（来料加工、来件装配、来样制作、补偿贸易）企业、大搞开发性农业、尽快使农村富起来等问题，进行了部署。

同年6月，县委专门召开会议，枫溪、庵埠、彩塘、凤塘等公社在会上交流如何解放思想，冲破守旧传统观念，发展社队企业，壮大农村集体经济的经验。

1980年，全县社队企业发展到3180个，从业人员达到5.96万人，总收入增至1.49亿元，比1976年增加1.17倍。

1981年5月，县委再次提出要扬长避短，广开门路，大力发展社队企业。全县要重点发展传统工业、加工工业、种养业和农副产品加工工业，发展外贸出口产品的生产和对外加工工业。同时强调社队企业发展起来后，要加强经营管理，落实各种生产管理责任制。

同年10月，县委作出《关于国营企业实现利润包干的决策》，指出，国营企业要进一步落实经济责任制，打破"大锅饭"的弊端，改善经营管理，改进领导作风，充分调动工业战线干部职工生产积极性。

随着家庭联产承包责任制的普遍推行和农业生产效率的提高，潮安许多农民利用剩余劳动力和资金从事多种经营，发展工副业，改变了农业经济"以粮为纲"、结构单一的状况。全县逐步涌现出一批专业户、重点户，这是潮安向着专业化、商品化、社会化生产方向转变的开始。1982年12月，县委针对潮安社队企业的发展形势，提出大胆扶植农村专业户，支持私人承包企业，利用荒山水面发展种养业，允许发展集体和个体商业、饮服业，允许个体长途运输，扩大议购议销，农工商企业要推行承包制，大胆整顿调整企业领导班子，要大胆启用人才，要充分利用侨资外资等10项搞活经济的措施。

1982 年底，全县工业总产值达到 2.3 亿元，比 1978 年增长 1.05 倍。

（三）基础设施建设发展提速

在县委、县革委会（人民政府）的领导下，全县各项基础建设走上了快车道，业绩显著。1979 年 11 月，凤凰水电站全面建成送电，装机容量 23840 千瓦，年发电量 1.2 亿度。凤溪水库建成蓄水，重点水库、堤围、防涝等加固工程不断完善配套。潮汕公路和安揭公路等潮安路段完成加铺柏油路面。县人民政府投资 50 万元在鹳巢建立了 35 千伏变电站，解决了韩江西面平原地区的用电问题。

（四）社会各项事业蒸蒸日上

1. 教育工作卓有成效

县委、县革委会（人民政府）加强对全县中小学教育的领导，小学附设的初中班先后摘帽；调整中学布局，全县 23 所高中调整为 9 所完全中学和 14 所初中；对农村民办教师队伍进行整顿和培训；重新选拔和委任学校行政领导；建立健全学校的规章制度，使教育工作逐步走上正轨。潮安一中被评为全国学校体育卫生工作先进单位，该校高二班获全国"三好生"集体称号。1980 年，浮洋六联小学语文教师丁有宽被国务院授予全国劳动模范，以及被广东省人民政府授予特级教师称号。

2. 文化体育事业稳步前进

改革开放以来，广大文艺工作者思想解放，观念更新，热情高涨，创作出一批以反映现实生活为主要内容的作品，塑造了新时期勇于改革、开拓、创业的艺术形象，先后在国家和省地级报刊发表。县文联主办的文学期刊《韩江》于 1980 年创刊，各公社文化站陆续创办一些具有地方特色的文学刊物。潮安潮剧团被评为全国农村文化工作先进集体。县潮绣厂林智成获全国"工艺

美术家"称号，其创作的《钉金绣龙凤挂屏》在北京展览会展
出；抽纱女工杨静华、蔡赛花先后赴澳大利亚表演抽纱技艺。

与此同时，体育事业也得到长足的发展。1982 年，庵埠镇被
广东省授予"体育之乡"称号；国家体委派潮安教练员王树声援
外到阿拉伯也门共和国任乒乓球教练员。

3. 卫生事业不断进步

潮安县委、县革委会（人民政府）加大财政投入，装备医疗
设施，扩大技术力量，使全县城乡医疗卫生条件得到进一步的改
善和提高，大部分公社卫生院能够开展中小型医疗手术。潮安医
院于 1982 年 10 月落成开诊。该院规模宏大，设备先进，居全省
同类医院之冠。全县进一步发展农村合作医疗制度，培训"赤
脚医生"，建立合作医疗站（或称卫生站）。至 1980 年，全县共
建有 415 个合作医疗站，有 1599 名"赤脚医生"、3541 名卫生
员。同时，环境卫生治理也取得了可喜成绩。1981 年 3 月，世
界卫生组织考察团一行 6 人到枫溪、龙湖、东凤等公社的多个
大队考察环境和饮水卫生情况；次年 10 月，世界卫生组织西太

1981 年 3 月，世界卫生组织考察团到东凤公社肖洪大队考察

区办事处官员再次来到潮安考察饮水供应和环境卫生 10 年试点工作情况，均对潮安的工作给予高度的肯定。1981 年 4 月，国际麻风协会主席米歇尔·勒夏教授考察潮安麻风病防治情况后，评价潮安麻风病防治技术已达到世界水平。

4. 科技事业快速发展

潮安县成立科学技术委员会，全县先后有 19 个科技专业成立了科技专门学会（协会），有力地贯彻落实党的知识分子政策，做好科技干部和科研项目的管理，同时开展科技成果的评奖工作。县医药研究所研制的"宁心一号"与县农科所开展的"麦稻稻栽培规律研究"先后获得广东省科学大会奖。

5. 人民生活水平稳步提高

中共十一届三中全会以来，由于工农业的快速发展，老区人民的收入不断增加，生活水平稳步提高。全县农民的建房积极性调动起来，1979—1983 年，全县农村共建住宅 14 万间，至 1983 年，人均居住面积增加到 10 平方米，农村电话用户从 1317 户增至 2027 户，全县农村除部分偏僻山区外都通了电。

1983 年 7 月 1 日，潮安县与原潮州市合并，成立新的潮州市，撤销潮安县和原潮州市建制。新的潮州市辖原潮安县和原潮州市的所辖区域，潮安县建制从此中断了八年多的时间。

第二节 抢抓机遇迎春风，谋求发展谱新篇

一、真抓实干，老区发展实现新跨越

1992 年 4 月 23 日，重新恢复建制的潮安县委、县人民政府在枫溪镇正式挂牌办公。1992 年 9 月，经省政府同意并报国务院批准，县城改设在庵埠镇，县委、县人民政府机关于 1993 年 4 月迁至庵埠镇办公。重新恢复建制的潮安县，在原潮安县范围中划出意溪镇和枫溪镇部分村落归属新建制的湘桥区，县域面积 1238.77 平方公里、人口 105.8 万人。

潮安县恢复建制之际，适逢邓小平"南方谈话"公开发表，1992 年 10 月，中共十三大确定了以经济建设为中心的中国特色社会主义发展路线，全国改革开放形势即将进入全新、快速的发展新时期。中共十三大和邓小平"南方谈话"精神为新潮安发展提供了千载难逢的新机遇和新起点，也给新潮安县改革开放事业注入了无限生机和动力。在 1992 年至 2012 年底中共十八大召开的 20 年奋斗历程中，潮安县历届各级党委、政府带领老区人民解放思想，抢抓机遇，统揽全局，求实善变，真抓实干，奋力拼搏，不断深化改革开放，不断加强两个文明建设，全县经济、社会、文化等各项事业都取得了全新的跨越式发展。潮安先后荣获了全国农村综合实力百强县、全国发展乡镇企业先进县、全国电气化县、全国生态农业试点县、省城镇规划建设管理近期目标达标县、省水利建设示范县、省产学研科技示范县和以枫溪老区为中心的陶瓷产业荣获"中国瓷都"称号等荣誉。改革开放的春风让潮安老区人民创造出骄人的成绩，获得了丰硕的成果。

（一）明确方向，努力谋求潮安新发展

1992年春，刚恢复建制的潮安县，新组建的县委抓住邓小平"南方谈话"发表这一历史机遇，以解放思想为先导，从潮安实际出发，在调查研究的基础上，制定了"立足农业，突出工业，扩大开放，促进开发"的发展战略；确立了"发挥侨乡、传统工艺、自然资源三大优势，做活水、土、外三大文章，实现农业由追求产品数量型增长为主向高产优质高效并重转变，工业由劳动密集型为主向技术密集型为主转变，整个经济格局由内向型为主向外向型为主转变等三大转变"的发展方向。

1993年召开的潮安县第六次党代会，提出今后五年的工作思路：以建设有中国特色社会主义的理论为指导，抓住县城建设这个龙头，带动东西两翼，优化三大产业，促进基础设施、科教事业、现代工业、外向型经济四大发展战略，努力建设一个科技进步、经济繁荣、生活富裕、社会文明的新潮安。为贯彻落实县党代会精神，全县积极推进以统分结合双层经营体制改革为代表的农村、农业改革，提高土地创值率，壮大集体经济；全力抓好国有、集体企业改革，扶持发展乡镇企业，使经济增长的质量和效益明显提高。1997年，全县（不包括枫溪）实现生产总值50.3亿元，农民人均纯收入3120元，两项都比1992年增长1.2倍。

潮安恢复建制初期，经济虽发展迅猛，为各项工作打下了坚实的基础，但特色经济增长的质量和效益同周边地区相比还有一定的差距，传统企业小型分散，缺乏名牌拳头产品。潮安县委深刻认识到"龙头举，龙身动，龙尾活"的道理，在1998年召开的县第七次党代会上，提出了坚持"农业稳县、工业立县、科技兴县、依法治县"，实施龙头带动战略、增创发展新优势的发展思路。龙头带动战略的实施，取得明显的经济成效，全县经济运行充满活力，结构明显优化，区域生产力布局更趋合理。2002年，全县（不包括枫溪）实现生产总值76.2亿元，农民人均纯收入3990元，分别比1997年增长54.9%和27.9%。

恢复建制后10年的改革开放历程，春风及时沐浴，思想不断解放，经济发展成效卓著，为潮安新一轮的发展打下了良好基础。

（二）发挥优势，经济发展实现新超越

在新的起点上，要想加快发展步伐，必须有新的思路。潮安县委、县人民政府通过深入调研，认真分析了加快潮安发展的优势所在：传统特色支柱产业区域化明显，初步形成区块经济格局；庵埠镇的食品、印刷包装，彩塘镇的五金不锈钢，古巷、凤塘镇的卫浴陶瓷，凤凰镇的优质茶叶等特色产业基本形成了专业化、区域化生产基地，并分别带动周边镇同行业的发展。2003年召开的潮安县第八次党代会，在继续坚持第七次党代会提出的基本思路的基础上，提出实施区域经济发展战略，努力提升产品品位、产业档次、经济增长的质量和效益，有效提升全县综合实力，全力建设经济强县。

2007年，全县（不包括枫溪）实现生产总值156.83亿元（现行价），比1992年的17.94亿元（现行价）增加7倍（可比口径）。潮安经济实力在粤东各县区中名列榜首，在全省除珠三角外的56个县（市）中跻身前十之列。财税收入大幅增加，全县税收总收入11.85亿元，地方财政一般预算收入3.45亿元，分别是1992年的18.7倍和5.0倍，荣获广东省2006年度"发展县域财政先进县"称号。城乡居民生活水平稳步提高。全县城镇在岗职工人均工资收入14558元，是1992年的5.4倍；农民人均纯收入4916元，是1992年的3.4倍；社会消费品零售总额51.56

亿元，是 1992 年的 7.9 倍。

至 2012 年，全县取得了加快产业转型升级、推动科学创新发展的更大新成绩。五年中，县委、县政府紧紧依靠全县人民，深入贯彻落实科学发展观，牢牢把握"稳中求进"的总基调，积极应对经济下行压力加大与社会建设任务加重的严峻挑战，着力保稳定、促发展、惠民生，较好地完成了各项发展目标和任务，全县每年各项经济指标又都取得了较大幅度的增长。2012 年，全县（不包括枫溪）完成生产总值 334.77 亿元，比上年增长 11.8%，比 2007 年增加 1.13 倍，增幅高于全省、全市的平均水平；地方财政一般预算收入 9.5 亿元，比上年增长 17.7%，比 2007 年增收近两倍；税收总收入 25.33 亿元，比上年增长 11.4%，比 2007 年增加了一倍以上；农村居民人均纯收入 9302 元，比上年增长 13.4%，比 2007 年增加近一倍。潮安老区县恢复建制 20 年来，经济实力实现了跨越式的发展，这是潮安老区人民在改革开放春风的沐浴下，用勤劳和智慧创造出来的丰硕成果。

（三）突显优势，枫溪老区发展明显加速

1995 年 12 月，中共潮州市委、市人民政府决定，将原潮安县辖下的枫溪镇分设为枫溪区建制，置行政机关"潮州市枫溪区管理委员会"，属市级的派出机构，行使县区级的职权，行政与经济由市级直管。按本次编史规定应列入潮安范畴，因而，枫溪区各项经济指标与潮安县（区）会出现不可比而难于合一的状况，故文稿中才出现"包括枫溪"和"不包括枫溪"的说明。

枫溪是原潮安县经济最发达的地区之一，1995 年设区以后，枫溪的政治、经济、社会的发展更加强劲。枫溪陶瓷文化资源优势明显，陶瓷生产有 1300 多年的历史，是潮州陶瓷产业的龙头。枫溪 2004 年在国家工商总局注册"枫溪陶瓷集体商标"，2005 年被广东省定为陶瓷集群升级示范区，2006 年被指定为广东省创建区域国际品牌试点单位，2008 年注册"FONSIC"为区域国际品牌集体商标；"枫溪瓷烧制技艺""枫溪手拉朱泥壶"分别被批准为广东省非物质文化遗产保护项目，项目传承人 3 人。枫溪陶瓷企业共拥有中国名牌产品 11 件，中国驰名商标 3 件，国家免检免验产品的企业与产品 5 家 5 项，省级名牌名标 45 项；还有一批产品则先后走进人民大会堂、外国使馆、北京奥运会和上海世博会等机构，成为专用瓷或礼品瓷，品牌的影响力和美誉度在全国各大瓷区中独占鳌头。

枫溪发展的 15 年间，综合实力实现了新的跨越，至 2012 年，全区拥有省级企业工程技术研究开发中心 6 家，省级企业技术中心 6 家，市级企业工程技术研发中心 11 家，民营陶瓷研究所 2 所，上市（股市）陶瓷企业 1 家。枫溪区陶瓷工业园创建"国家新型工业化产业示范基地"顺利通过初审，已是全国最大的工艺瓷、日用瓷生产出口基地和卫生洁具生产基地。

2012 年，枫溪生产总值（GDP）91.18 亿元，比 2011 年增长 11%，工业经济效益综合指数达到 238.6%；固定资产投资总额 14.57 亿元，比上年增长 12.01%；社会消费品零售总额 39.67 亿元，比上年增长 16.57%；外贸出口总额 5.67 亿美元，比上年增长 - 11.2%；地方财政一般预算收入 2.94 亿元，比上年增长 16.79%；市区居民人均可支配收入 1.76 万元，比上年增长 12.64%；农民人均纯收入 0.89 万元，比上年增长 10.4%。

（四）反腐倡廉，依法治县，为改革开放保驾护航

潮安县恢复建制后，县委与县纪委同时成立。县纪委在县委和市纪委的双重领导下，与稍后成立的县监察局一起，围绕潮安不同时期的不同情况和特点，不断加强对全县党员干部进行以"反腐倡廉"为主题的各种形式的纪律教育和常规性纪律检查工作，使全县党员干部能够警钟长鸣，党性觉悟、遵纪守法自觉性不断提高，取得了明显成效。2007 年，潮安县纪检监察工作突出"六抓"：一是执纪办案突出抓好"两难"（农村财务管理难和土地管理难）问题，认真受理群众来信来访电话举报，相对集中力量查处，重要案件领导挂案负责；二是源头治腐突出抓好"两制"（为民服务全程代理制和村级会计代理制），规定工作目标、任务和要求，加快工作进度；三是纪律教育突出抓好"两点"（先行点和闪光点），在全县宣扬一批先进模范，发挥好示范带动作用；四是执法监察突出抓好"两查"（农村合作医疗定点医院医疗服务收费和药品购销情况的监督检查及学生免收义务教育阶段书杂费情况的专项检查）活动，按照自查自纠、监督检查、整改落实三个步骤认真抓实抓好；五是政风行风评议突出抓好"两评"（社会各界评机关以及对教育、卫生"十所学校、十家医院"民主评议政风、行风）活动，促进政风行风建设；六是增强农村干部素质，突出抓好"两训"（农村干部和农村财会人员的业务培训），对农村干部和财会人员分期进行反腐倡廉教育和业务培训，提高他们的防腐素质和业务能力，受到省、市纪检监察部门的肯定和表扬。2010 年全县各级纪检监察组织共受理群众来信来访、电话举报 121 件次；立案查处党员干部违纪案件 41 宗，结案 33 宗，处分 33 人；同时，继续开展处分党员干部回访教育工作，回访教育 4 名党员干部，为受处分人员改正错误提供良好的政治环境，增强了案件查处的综合效果。通过执纪办案，为国家和集体挽回直接经济损失 700 多万元，为促进富裕、文明、生态、和谐新潮安建设作出新的更大的贡献。

2012 年，全县各级纪检监察部门通过继续加强教育管理，不断规范党员干部从政行为；加强行风建设，进一步提高干部执行力；加强监督检查，认真解决群众反映强烈的突出问题；加强执纪办案，严肃查处违法违纪案件；打建并举，深入开展打击商业贿赂专项行动，有力地促进了全县党风廉政建设和反腐败工作的深入开展，特别是在全省率先推行农村"两委"干部岗位廉政风险防控、为民服务全程代理工作两轮齐驱的"农村基层廉洁为民工程"，建立健全基层反腐倡廉制度体系和权力运行监控机制，推进源头治腐工作取得突出进展。据统计，全年各级为民服务全程代理机构累计为群众和企业代理申办事项 11.65 万件（次），极大地方便了群众，并已对 79 名农村干部实施廉政预警，基层廉政风险防控工作初见成效，保证了全县改革开放和各项事业的快速高效发展，为各级党政各项工作的顺利开展起到了保驾护航的积极作用。

在依法治县的实践中，潮安政法部门坚持"两手抓，两手都要硬"的维稳有效经验和做法。在党委、政府的统一领导下，把社会治安综合治理工作纳入经济社会总体规划，把促进改革发展同保持社会稳定结合起来。县政法各机关各司其职，协调一致，不断加强社会治安综合治理。1995 年，根据潮州市委、市人民政府《关于加强社会治安综合治理的决定》精神，县委、县人民政府相应发文，坚持"以防为主，打防结合"指导方针，积极构筑社会治安防控体系。从 2006 年开始，全县不断加强科技投入，配置视频监控设施系统；开展以反"两抢一盗"为重点的"五张网络"建设。全县各乡村着力构建专群结合和群防群治网络，为确保一方平安发挥了积极作用。

县委、县人民政府坚持执法为民，司法公正，保护人民群众利益的根本原则。从恢复建制以来，县、镇、村各级都十分重视执法规范化建设，每年都开展法治理念教育活动；针对打官司难、申诉难、执行难等群众反映的强烈问题，除了在刑事、民商事、行政等各审判领域实行公开审判外，检察、公安、司法等机关都分别实行执法、司法援助，帮助社会困难群体维护合法权益，促进司法公正，在维护人民权益和社会稳定和谐中发挥了不可替代的重大作用。

（五）共创共建，精神文明建设彰显时代风采

潮安县恢复建制以来，县委、县人民政府认真贯彻中共中央关于"两手抓，两手都要硬"的方针，于 1993 年成立了潮安县精神文明建设委员会。在县精神文明建设委员会的指导下，不断创新形式，开展丰富多彩的精神文明创建活动，取得了显著成效。

1995 年，县委宣传部发出《潮安县爱国主义教育实施细则（征求意见稿）》，对加强青少年爱国主义教育、倡导必要的礼仪起到导向作用。2004 年，成立潮安县青少年思想道德建设协调委员会，加强和改进对未成年人的思想道德建设工作。2005 年，正式实施《中共潮安县委、县政府关于进一步加强和改进未成年人思想道德建设的实施意见》。县委宣传部还联合县教育局以及其他文化部门开展各种形式的教育宣讲活动、文艺活动，在学生中进行"爱国、守法、诚信、知礼"的思想道德教育。至 2012 年，全县建有市级爱国主义教育基地 10 个，县级爱国主义教育基地 21 个，使青少年的爱国主义觉悟和思想道德素质大幅度提高。

潮安县恢复建制以来，县委、县人民政府十分重视全社会公民道德教育工作，坚持以为人民服务为核心，以诚实守信为重点，以"立志、立德、立规、立业"为主题，大力推进公民道德建设活动，着力形成强大的道德力量。1995 年 8 月，县委宣传部发文要求全县把宣传、学习、实践《新三字经》作为加强精神文明建设和思想道德教育的重要工作，先后在全县城乡开展学习《社会公德四字歌》活动和"礼貌、安全、卫生、服务"活动。2002 年，县委宣传部在全县农村开展"六提倡、六反对"教育活动，教育群众在走向富裕、告别贫穷的同时，走向文明，告别愚昧和陋习。2003 年，县委在全县开展以弘扬潮安时代精神为主题的两个专项活动，一是开展弘扬抗击"非典"精神的学习活动，二是开展"塑造美好心灵，建设文明潮安"的主题实践活动，取得了一定的成效。2012年，县委启动以"讲文明、树新风、抛陋习、美家园"为主题，以城乡环境卫生治理为重点的"潮安县城乡文明提升工程"，在全县形成了人人参与、共创共建的群众精神文明创建氛围。

20年来，全县精神文明建设取得了明显成效，涌现出一批先进典型，分别受到中央、省、市各级文明委的表彰。广东雅士利集团有限公司2005年被中央文明委授予"全国精神文明建设工作先进单位"称号。1995—2005年，7个单位被省级授予文明单位，3个单位被省级授予文明村镇，2个单位被省级授予文明社区，1个单位被省级授予文明窗口单位。同时，县文明委还对全县180个单位及个人给予表彰。

二、龙头带动，县城建设快速推进

（一）启动新县城建设，带动全县全面发展

潮安新县城确定在庵埠镇之后，如何规划和建设，如何通过新县城的建设带动全县的全面发展，是县委、县人民政府面临的重大课题，也是关系到新潮安发展基础与方向的头等大事。新的领导班子立即作出部署，于1992年10月委托上海同济大学规划设计院进行紧锣密鼓的规划设计，按程序、按要求出台了新县城总体建设方案，近期规划面积40平方千米（包括庵埠镇及彩塘、东凤镇的部分地区）。在1993年县第六次党代会提出方针的引导下，新县城的道路、供电、供水、通讯等基础配套设施先行建设，县党政办公大楼、其他县直机关和事业单位办公场所、企业厂房等工程建设也相继展开。历经五年全力以赴的全方位奋战，新县城的建设已初具规模，基本达到党政办公、司法办案、各项社会

服务事业等工作的需要；县城经济开发区入驻企业各种生产、经营配套建设不断完善，迅速取得经济效益，为新县城的经济发展注入了新动力；潮安大道宽敞畅通，广梅汕铁路潮安站大楼建成并投入使用；庵埠老镇区规模扩容提质具备了良好的优先条件，彩塘、东凤镇毗邻区域发展也直接获益，当地人民群众的获得感大大提高，直接提升全县政治、经济、社会的发展质量与层次。2009 年，新修编的县城总体规划得到有效实施，全县土地利用总体规划修编和镇级总体规划修编的扫尾工作顺利推进，县城配套设施和农村基础设施建设不断完善，城乡生产生活环境和投资创业环境进一步优化。

2010 年，县城建设再掀高潮。以完善县城功能配套、提高城市品位为目标，确定并实施了一批县城建设新项目。房地产开发建设方兴未艾，原潮汕公路崎沟桥至安南路拓宽改造工程全面开工建设，县实验学校周边区间路改造工程进展顺利并部分完成，县城区路灯改造工程顺利推进，县城老区生活市场建设方案通过县政府批准，梅林湖片区规划调整方案已初步形成。同时，进一步整合、理顺县城环卫管理体制，县城环境面貌得到较大改观。至 2012 年，新城区高楼林立，河道水系交叉纵横，街道宽敞明亮，四通八达，景观优美，人民公园基本建成，处处展现出现代化城市的气息和风貌。

（二）高速公路、铁路、机场建设提高区位发展优势

潮安恢复建制以来，县委、县人民政府解放思想，抓住机遇，下足决心，集中人力、物力、财力，针对群众关心的交通长期滞后不前的突出问题，以新县城为重点，同时加快边远地区交通基础设施建设，取得突破性进展。由新县城通往全县内外的交通网络逐渐形成，不断得到扩展和提质，给新潮安的快速发展提供了新动力。2005 年，全县公路总里程 2036.2 千米，其中省道 153.9

千米，县道 136 千米，全县有农村公路 1746.3 千米，所有镇
（场）全面完成县通镇二级水泥路面改造。全县 461 个行政村，
至 2007 年已全部通上水泥路。

1995 年 7 月 3 日，广梅汕铁路全线开通运营，矗立于新县城
东部区域的潮安站，给潮安发展注入了新的生机。规划设于沙溪
镇的厦（厦门）深（深圳）高铁潮汕站，2008 年 1 月 6 日，广东
省广东段开工建设动员大会在沙溪镇召开，由铁道部主持，中共
中央政治局委员、广东省委书记汪洋宣布工程开工，成为厦深铁
路首个正式破土动工的站点。潮汕站的设立，为潮安老区构筑起
一个四通八达的高铁交通网络。与此同时，汕揭高速公路潮安段
建成通车，毗邻潮安的潮汕飞机场建成通航。铁路、高速公路、
地方等级公路和飞机场构成了四通八达的立体交通网络，彰显了
潮安的交通区位优势，为潮安社会和经济的高速发展创造了极为
有利的条件。从厦深高铁潮安段动工之日起，潮安党政领导就努
力抢抓这个有利契机，大作高铁经济这篇文章，高起点、高标准
规划建设高铁经济区，充分发挥潮汕站的商贸物流聚集效应，因
此，国内外商家纷至沓来，争先恐后要求在潮安沙溪高铁经济区
谋求新发展。

（三）电力、水利、通讯助力全县发展速度

在新县城建设的促进下，供电、水利、通讯等重点基础设施
也加快建设步伐，不断优化新县城及全县投资环境。

潮安恢复建制后，电力建设发展较快。经过十多年的建设与
改造，已形成 220 千伏、110 千伏、35 千伏电网为支干的输电网
格局，电源以省网为主电源，地方小水电为补充电源。2005 年有
220 千伏变电站 1 座，主变容量 36 万千伏安；110 千伏变电站 11
座，主变容量 95.5 万千伏安（其中 1 座 220 千伏变电站和 7 座
110 千伏变电站为潮州市供电局产权）；35 万千伏安变电站 6 座，

总容量3.055万千伏安；配电变压器2246台，总容量29.8万千伏安。110千伏线路16条，总长137.22千米；35千伏线路8条，10千伏及以下配电线路5947千米。2012年，新建配网工程曾厝埔支线北陇一、三台扩大供电区域项目荣获广东电网公司"安全、优质、文明"榜样工程称号，并授予金质工程奖，是潮州范围内唯一获得金质奖的工程项目。

邮电通讯方面，潮安县邮电局于1997年9月迁入新县城最高大的邮电综合大楼办公，并完成邮政、电信分营工作。至2012年，全县客户规模251087户（含移动单产品），移动规模145497户，3G规模93544户，宽带规模110871户，ITV规模26773户，为新潮安增添了千里眼和顺风耳。

潮安恢复建制后至2005年，县水利部门采取按流域规划，大、中、小工程并举，洪、涝、旱灾兼治的治水方针。在过去的基础上，继续兴建一大批水利水电工程。水利工程实行分级管理，使全县形成防洪、排涝、灌溉、发电、供水等较为完善的水利水电工程体系。2012年，内洋南总干挡潮排涝整治工程完成总工程量的一半以上；成功申报省水利建设示范县项目，概算总投资8.4亿元，投资规模为潮安县近年来水利项目之最。

1992年潮安建制至2012年，20年来，新潮安从"有县无城"到现代化的新城拔地而起，让潮安新县城建设与全县城镇化进程实现了新的跨越，潮安老区人民在改革开放的历程中创造了历史的新奇迹。

三、放宽搞活，特色经济发展成效显著

（一）特色工业优势明显

以民营经济为主体的特色经济发展，是改革开放以来潮安快速发展的重要经济支柱。在恢复建制后十多年的努力下，全县工

业特色产业发展态势良好，形成了以食品、印刷包装、陶瓷、服装、五金不锈钢、皮塑制鞋等六大支柱产业为主体的特色工业。潮安县2001年荣获第一批"全国食品工业强县"称号。庵埠镇2005年被认定为"中国第一食品名镇"，2006年被省列为"食品产业集群省级示范区"；彩塘镇2004年被授予"中国不锈钢制品之乡"，2006年入选"第三批广东省产业集群升级示范区初选名单"；古巷镇2006年被授予"中国卫生陶瓷第一镇"称号。以枫溪陶瓷产业为支柱的"中国瓷都"品牌，其效应对内辐射到毗邻各村镇，对外则在国内、国际形成了内销和外贸的强大影响力与经济效益，对枫溪乃至潮安的经济发展起到了重要的支柱作用。

2012年，全县（不包括枫溪）完成工业总产值679.66亿元，比2011年增长15.96%，是1992年的26倍；其中工业六大支柱产业共有企业9342家，完成工业总产值521.93亿元，占全县乡镇工业总产值的80.68%；海关出口9.71亿美元，比上年增长10.1%。

（二）特色农业焕发新生机

1992年以来，县委、县人民政府着力深化调整农业种植生产结构，大力发展"三高（高产、高质、高经济效益）"农业和农业六大基地建设。1997年，在全县农村全面推行完善统分结合双层经济管理体制，强化农村土地、合同、财务三大管理，壮大了集体经济。全县农村管理区一级当年经济总收入97.8亿元，比1992年增长2.7倍。

2001年，县委全面实施《中共广东省委关于大力推进农业产业化经济的决定》，以农业资源优势为依托，以市场为导向，不断调整农业生产结构，提高农业的经济效益，促进了全县农村经济的发展。

2010年，农业产业化进程加快推进，各级强农惠农的政策和措施得到落实，粮食创高产活动深入开展。潮安加快开展全国、省农业技术推广示范县和全国小型农田水利项目重点县建设步伐，使农业生产条件进一步改善。"三高"农业示范基地、现代农业园区、"一乡一品基地"建设水平不断提高。至2012年，全县有农业龙头企业23家，其中国家级3家、省级9家；省级农业科技创新中心5家；省农业类名牌产品12个；国家绿色食品认证、有机农产品认证、无公害基地认证58家；国家级农业产业化示范基地1个，省级现代农业示范园区5个。全县初步形成凤凰单丛茶、无公害蔬菜、亚热带水果、畜牧水产、花卉园艺、杂交优质稻等六大特色产业基地。结合开展"一乡一品"活动，初步形成凤凰茶叶专业镇、庵埠农产品加工专业镇、金石十里花街、江东无公害生产基地、丘陵地区百里杂果林带。全县拥有农民专业合作社145家，会员1.52万人，带动农户4.5万户。祥盛果蔬农民专业合作社获农业部授予"全国农民专业合作社示范社"称号。全县实现年农业总产值26.73亿元，比1992年增长128.46%，农民人均收入9302元，是1992年的6.5倍。

（三）特色旅游业蒸蒸日上

潮安的旅游资源十分丰富，以凤凰山、桑浦山脉等自然生态资源为依托，以潮人文化为主线，聚引侨资、民资加快开发打造了一大批具有丰富文化（包括红色文化）或生态休闲旅游特色的景区景点，历经十多年的打造，初步形成了"二山一水"的特色旅游格局，成为广东省的一张旅游名片。2007年，全县实现旅游总收入5.34亿元，是2002年的16.7倍，以旅游为龙头的服务业开始成为潮安新的经济增长点。

2008年，潮安被省旅游局评为"广东省旅游特色县"；凤凰、归湖、龙湖、沙溪四个镇被评为"广东省旅游特色镇"；东山湖温泉度假村成为潮州市第一个4A级旅游景区；龙湖古寨被认定

为首批"广东省古村落",与东山湖温泉度假村一并进入广东省
100个优秀旅游景点行列;千果山旅游区、李工坑畲族文化旅游
区被列入省重点旅游扶贫项目。

2010年以来,"情趣潮安"的旅游品牌战略开始实施,"五个
一"工程建设取得新进展,旅游综合配套不断完善。潮安成功创
建广东省旅游强县,海逸大酒店晋升为四星级旅游饭店,龙湖古
寨获得"广东十大最美古村落"称号,凤翔峡国家4A级旅游景
区规划通过专家组评审,一批旅游景区、旅行社、旅游饭店被省
评为"国民旅游休闲示范单位",卜蜂莲花潮安店建成营业。旅
游接待能力不断提升。至2012年,旅游业加快发展,全年共投入
旅游重点项目建设资金8000万元,旅游"五个一"工程建设不
断完善,"旅游强县"品牌效应进一步增强。全县拥有按照国家
4A级旅游景区标准规划建设的景区4个,四星级旅游饭店3家。
全年接待海内外游客185万人次,旅游总收入11.14亿元,分别
比2011年增长15.9%和16%。

(四)特色专业人才素质有效提高

潮安恢复建制以来,县委、县人民政府高度重视对科技人员
的培养、管理和使用,加快全县科技事业的发展。先后于1994、
1997、1999年组织了评选突出贡献科技人员工作,共有39名专
业技术人员获得潮安县人民政府授予"潮安县有突出贡献的科技
工作者"称号;有7名获潮州市人民政府授予"潮州市有突出贡
献的科技工作者"称号;有1人获"全国星火带头人"称号;有
5名高级专家、高技能人才先后被国务院批准为享受政府特殊津
贴人员。

县委、县人民政府认真贯彻落实各级扶持企业发展的政策措
施,着力加强"产学研"合作平台建设,不断增强自主创新能
力。2012年,全年共投入技术改造、技术引进资金4.43亿元,

有 28 个项目列入市技术改造、技术引进项目的导向计划，8 个项目得到省的专项资金支持。"产学研科技示范县"得到省科技厅立项，"广东新一代自动化食品包装机械产业技术创新联盟"列入 2012 年第一批广东产业技术创新联盟建设计划。质量强县和品牌建设取得新成绩，至 2012 年，全县拥有国家级高新技术企业 12 家，省级高新技术企业 40 家，省级行业工程技术中心 7 家；拥有中国驰名商标 4 件，省级著名商标 48 件；有 28 家企事业单位主导或参与 66 项国家标准、行业标准的制修订工作。全县实现规模以上工业总产值 394.33 亿元，比 2011 年增长 20.1%。

（五）注重特色经济的持续发展

潮安特色工业、特色农业虽然保持了持续健康发展的态势，但也碰到成本上升、汇率提高、政策调整、贸易堡垒等困难，面临着极其严峻的挑战。2008 年初，在新一轮解放思想学习讨论活动中，县委、县人民政府高度重视，集思广益，立足特色，发挥优势，深入开展专题调研活动，力求拿出新思路、新办法、新举措，推进潮安新一轮大发展。在调查研究的基础上，县委、县人民政府从实际出发，出台了《关于提升潮安县特色产业素质，建设特色产业优化升级先行区的实施意见》，将解放思想落实到实现科学发展、提升产业素质、加快建设经济强县的实践中去，理清了建设特色产业优化升级先行区的发展思路，明确了发展任务和目标，制定了工作重点和创新举措。2012 年，县特色产业基地市政基础设施开工建设，厦深高铁潮汕客运站区商贸物流中心市政配套设施规划建设全面铺开，梅林湖旅游开发商住区完成招商，县陶瓷流通平台建设顺利推进。同时，不断推出为民服务全程代理制等机关效能建设的创新举措，在全县营造了"廉洁、勤政、务实、高效"的政务环境。

四、扶贫攻坚，促进老区社会均衡发展

1992年，潮安县成立革命老根据地建设委员会，行使老区建设管理职能。2002年5月，县农业局加挂县扶贫领导小组办公室牌子，县老区建设管理职能划归县扶贫领导小组办公室。2004年，县革命老区建设促进会作为独立法人单位，承担老区建设促进职能，挂靠在县农业局，与县扶贫领导小组办公室协同做好老区扶贫促进工作。

恢复建制以来，县委、县人民政府一直重视和领导老区扶贫工作，采取了多种有效的扶贫措施：挂钩扶贫、"大禹杯"竞赛扶贫、"四通"大会战扶贫、山区造林种果扶贫、农村安居工程扶贫、产业化扶贫、教育扶贫、老区建设扶贫等形式。县党政主要领导亲自挂钩扶持贫困村，县老促会、县扶贫开发领导小组、各镇党政机关密切配合，同时动员社会热心人士参与扶贫工作，取得了明显成效。1992年，全县22个镇（场）中机动财力不足30万的有7个，461个村委会集体经济纯收入不足3万元的有65个；到2005年底，全县19个镇（场）机动财力已达到或超过30万元，村委会纯收入不足3万元的减少到36个。2001年底，山区行政区"四通"（通路、通讯、通邮、通广播电视）问题全面解决。县扶贫领导小组制订了《潮安县农村安居工程实施方案》，新建、改建住房解决部分贫困户住房问题；制订了"智力扶贫"工程计划，解决贫困学生入学难问题。2001年起，全县每年有11976位农村困难学生享受义务教育阶段免收书杂费，2004年，514位贫困生免费就读技工学校。2005年，在林若以省老促会名义再次向省人民政府提议"必须切实加强全省老、边、穷地区公路建设"的促进下，省人民政府及时下发文件并加拨专项建设资金对老区村村通、硬底化的公路建设予以实施。县老促会积极组

织调研、汇报、督促老区村道路建设的相关进展情况，并向上级争取额外资金，为老区村的环境改善、脱贫奔小康问题做了大量工作。在 2000—2005 年 145 个老区村实现公路硬底化的基础上，2007 年，全县所有老区村都实现了公路硬底化。

2010—2012 年，潮安扶贫开发"双到"工作通过深入扎实的开展，取得了显著的工作成效。全县共投入各级帮扶资金 1.7 亿元，实施扶持贫困村贫困户发展经济项目 794 个，培训贫困劳动力 3227 人，新增硬底化公路、机耕路 84.14 千米，新增农田水利受益面积 9779 亩，解决饮水不安全农户数 7014 户，解决住房难 456 户，纳入低保 860 户，帮助建设文化教育卫生设施 408 宗。贫困户的收入大幅度提高，实现了稳定脱贫的目标。全县扶贫攻坚工作的有序推进，使潮安老区城乡面貌发生了喜人的巨变，呈现出一幅富裕、和谐、安康的美丽画卷。

五、环境整治，大力推进生态文明建设

（一）整治工业污染，改善投资环境

恢复建制以来，县委、县人民政府就开始注重改善投资环境，加大对资源环境的管理力度，把建设生态文明作为关系人民福祉、关乎民族未来的长远大计来抓。全县的工业以乡镇企业为主，始于 20 世纪 80 年代，发展于 90 年代，属于污染行业的有凉果食品、印刷包装、不锈钢、造纸、电镀等企业，对环境及江河水质造成一定的影响。县环境保护部门积极在政策上加以引导，在科学技术上不断开拓防治方法，使防治工业污染工作逐步走上正轨。1996 年，潮安县政府对 6 家重污染企业下达限期治理通知。

1999 年 8 月，潮安县制订 2000 年工业企业达标工作方案。通过一系列的整治措施，全县 121 家考核企业在 2000 年底全部通过县达标验收，顺利完成国务院下达的任务。从 2003 年起，潮安连

续三年开展"清理整顿违法排污企业　保障群众身体健康"的环保专项行动，加强对造纸、印刷、电镀、化工、冶炼、危险化学品的整治和管理，进一步推进重点污染源排污口的规范化管理，配套在线监控系统，取得显著的成效。至2012年，县污水处理厂建设按期完成，正常运行；"日用陶瓷废瓷回收再生利用技术改造项目"等节能技术项目得到有效实施；县、镇污水处理设施逐步建设和完善；县城区空气质量自动监测系统建成运行；不锈钢行业污染整治通过市级督查验收，顺利实现"摘牌"。

（二）整治河道水源，创建生态文明

为落实贯彻中共十七人报告中提出的"建设生态文明"的指示精神，县委、县人民政府加大了对河道及饮用水源的整治力度。在潮安县境内的韩江段设有潮安县饮用水源一、二保护区和准保护区。根据水质监测结果显示，1992—2005年，韩江西溪水质基本保持在《地表水环境质量标准》（CB3838－2002）II类标准；韩江北溪水质保持在《地表水环境质量标准》（CB3838－2002）III类标准。此后，随着全县社会主义新农村建设的大力开展，水环境的保护得到进一步的改善。2012年，潮安县实施最严格的取水制度，取水许可审批发证率达到100%，大中型灌区取水计划管理率达到85%。文祠镇、归湖镇人工湿地工程通过验收并正常运行，凤凰镇人工湿地污水处理系统建设进展顺利，林业生态县、生态示范村（社区）、绿色学校（幼儿园）等工作成效得到进一步巩固提高。全县生态林建设已完成里程40千米，韩江流域里程13千米；森林覆盖率达到100%，绿化率达到62.7%。潮安被水利部评选为2012年度全国农田水利基本建设先进单位，列入中央"中小河流治理重点县综合整治及水系连通试点县"，成为"广东省第二批农村饮水安全工程建设省级示范县"。

六、改善民生，社会事业成绩斐然

潮安县恢复建制以来，随着社会经济的迅猛发展，人民群众生活水平的逐步提高，县委、县人民政府在大力发展经济的同时，心系百姓冷暖，致力民生福祉，使社会保障体系得到不断完善，推动了社会各项事业的全面发展。

（一）全方位打造教育优质资源

县委、县人民政府坚持百年大计、教育为本的理念，以教育公平为重点，加快教育事业的改革和发展。

1992—2004 年，全县教育实施一系列发展与改革的措施，开展巩固"一无两有"（即校校无危房，班班有教室，人人有课桌椅）、实施"两基"（基本普及九年义务教育、基本扫除青壮年文盲）；建设教师住房，改造薄弱学校；建设山区小学，改造老区破旧校舍；调整学校布局，创办等级学校，优化教育资源等工作。1994 年，潮安成为广东省第二批"两基"达标县。1992—2005 年，各方筹集资金 8.48 亿元，新建、扩建、改建校舍 338 所，其中，在省政府和省老区建设促进会的支持下，共投入资金 6062 万元，改造并新建革命老区中小学校舍 53 所，全县基本实现学校楼房化。教育优质资源也随之增多，全县拥有省一级学校 5 所，市一级学校 18 所，县一级学校 47 所。这一时期，全县有 6 人获得"全国优秀教师"称号，有 331 人、6 个小组获得"潮汕星河奖"。

恢复建制以来，是潮安县华侨华人捐资办学的鼎盛期，县、镇、村各级通过接受海外华侨华人及港澳同胞的热情捐赠，在全县掀起了新建和扩建中小学（幼儿园）的热潮。至 2005 年，海外侨胞及港澳同胞回乡捐资新建和扩建中小学、幼儿园 189 所。其中，香港潮属社团创会主席陈伟南捐资兴建潮安宝山中学等学校；新加坡侨胞吴清亮捐资兴建松昌中学等。这些海外乡亲和社团的无私捐赠，为潮安教育事业作出了巨大的贡献，有力推动了潮安教育事业的发展。

2009年，潮安县加大教育投入，落实兑现"两相当"政策（即县域内中小学教师平均工资水平与当地公务员平均工资水平大体相当，县域内农村中小学教师平均工资水平与城镇中小学教师平均工资水平大体相当）；采取有效措施，切实解决了代课教师问题；加快普及高中阶段教育，推进义务教育规范化建设，促进义务教育在全县均衡发展。2012年，教育强县建设扎实推进，全具有44所义务教育学校和31所镇、村幼儿园实施规范化学校或规范化幼儿园建设；高中阶段毛入学率达到87.96%；高考再创好成绩，总入围率达到88.1%。

（二）多形式繁荣文化体育事业

潮安恢复建制之后，为丰富人民文化生活，恢复出版了《潮安文艺》期刊。县文联组建了县文学工作者、戏剧工作者、音乐工作者、美术工作者、书法工作者、摄影工作者、舞蹈工作者、民间文艺工作者、教育艺术工作者等9个工作者协会，活跃了潮安的文化生活。

1992—2005年，县文化部门发挥了历史文化、潮安文化、红色文化、企业文化的优势，开展多层次、多渠道、多形式的群众文化艺术活动，举办了一系列纪念、庆典、大型文艺活动195场次，推动全县社会文化的发展。江东镇洲东村农家书屋获新闻出版总署授予"2012年全国示范农家书屋"称号。

全县的学校体育、职工体育、乡镇体育形成有规模的集体活动，至2005年，共组织参加国际比赛3人次，全国性比赛20人次，省赛289人次，其中1人获国际比赛第一名，6人获全国比赛第一名，34人获省级比赛第一名。

全县非物质文化遗产保护和传承工作稳步开展，至 2012 年，全县有国家级非物质文化遗产项目 2 个，省级非物质文化遗产项目 5 个；国家级传承人 3 人，省级传承人 5 人。

广播电视事业发展迅速，全县数字电视整转成效显著，至 2012 年底，用户达到 22.1 万户，是全省各县区数字电视整转最彻底、用户最多的县。

（三）下大力气改变医疗卫生面貌

潮安恢复建制以来，县委、县人民政府迅速做好对全县医疗卫生机构的健全和完善。1995 年，以布局合理、规模适宜、适应需求为原则，把全县 21 所卫生院分为中心卫生院、一般卫生院和防保型卫生院三种类型进行建设和管理。抓住省对卫生院进行"一无三配套"（无危房，人才、设备、房屋配套）建设的契机，动员社会各界人士支持和参与，争取港澳台同胞和海外侨胞的捐资，扩建了 10 所镇级卫生院。同时在各卫生院改造危房、新建业务用房、添置大中型医疗设备、培养和吸收大批卫技人才，使全县卫生事业呈现持续、稳步、健康发展的局面，临床应急能力和综合服务能力进一步提高。1997 年潮安县被省政府评为"农村人人享有初级卫生保健达标县"；2003 年潮安县被省委、省政府评为"省抗击非典先进集体"。这一时期，潮安有 3 名医务人员获得"全国优秀乡村医生"称号。

2002 年起，潮安开始实施农村合作医疗制度。2004 年被省确定为农村合作医疗示范县。2005 年，被省确定为报卫生部、财政部备案的全国试点县。

1995 年起，县委、县人民政府把改厕工作作为解决农村脏乱和农民上厕难的重点工作来抓，取得很大成效。1996 年，"广东省爱国卫生先进单位表彰暨农村改厕工作会议"在潮安召开。2002 年，潮安被全国爱卫会授予"全国卫生厕所建设先进单位"

称号。

（四）增加投入解决群众切身利益问题

潮安县恢复建制以来，县委、县人民政府始终把就业、养老、医保作为民生大计紧抓不放，实施积极的政策和措施，促进全县社会和谐、健康发展。

2003年起，全县实行养老保险、失业保险、工伤保险县级统筹。此后，社会保险覆盖率和覆盖范围进一步扩大，社会保障和就业资金投入逐年增加，社会保障制度逐步完善，基本解决了全县群众老有所养、病有所医的切身利益问题。

2011年，潮安突出重点抓好落实"十件民生实事"，不断提高民生保障能力。2012年，潮安加大全县财政对民生领域的投入，全年用于改善民生的财政支出为20.43亿元，比上年增长24%，占全县一般财政预算支出的79%。实施更加积极的就业再就业政策，新增城镇就业9933人，转移农村劳动力2.6万人，城镇登记失业率控制在3%以内，创建省级创业型城市（县）工作顺利通过省的验收。努力扩大社会保险覆盖面，全县参加企业养老保险11.87万人、失业保险9.8万人、工伤保险9.62万人、医疗保险2.16万人、生育保险7.91万人、住院医疗保险5.95万人；城乡居民参加养老保险48.82万人、医疗保险102.67万人。城乡居民医疗保险补助标准提高到240元，政策范围内报销比例达到70%以上。社会救助体系进一步完善，城镇低保标准提高到255元，农村低保标准提高到184元，全年共发放低保金3852万元。完成保障性住房建设529套，超额完成市下达潮安县500套的年度任务，首批25户住房困难户已于是年春节前入住新居。

改革开放30多年来，潮安县共接受海外华侨、港澳台同胞捐赠款物金额超过7亿元人民币，平均每年侨胞捐资超过2000万元，捐赠范围涵盖了兴学育才、修桥造路、扶贫济困等光彩事业，为潮安经济发展和社会各项事业进步起到了极大的促进作用。①

　　潮安恢复建制 20 年来，在县委、县人民政府的领导下，依靠老区人民群众的自强不息和顽强奋进，获得了喜人的变化和辉煌的成就。乘风破浪，继往开来。2012 年，潮安县为迎接中共十八大的召开，继续坚持以科学发展观为指导，紧紧围绕"抓机遇、谋发展、惠民生、上水平"的总体目标，以提高经济增长质量和效益为中心，全面提升县域经济和社会发展水平，努力开创潮安各项工作的新局面。

---

　　①　中共潮州市委政策研究室、中共潮州市委党史研究室、中国移动广东省公司潮州分公司编：《潮州改革开放 30 年历程与展望》，资料性出版物，2008 年版，第 61—70 页。

第三节 十八大后开新篇，改革开放不停步

2012 年 11 月，中国共产党第十八次全国代表大会在北京召开。十八大以后，以习近平同志为核心的党中央，团结带领全党全国各族人民高举中国特色社会主义伟大旗帜，按照经济建设、政治建设、文化建设、社会建设、生态文明建设"五位一体"总体布局，锐意进取，攻坚克难，继往开来，全面建成小康社会、夺取中国特色社会主义新胜利展现出更加广阔的前景。中共十八大精神为潮安老区人民指明了奋进新时代的新目标和新方向。

一、正风严纪，密切新型党群关系

（一）学习贯彻十八大精神，增添潮安发展新动力

中共十八大召开后的 2013 年下半年，国务院批复同意广东省调整潮州市部分行政区划，撤销潮安县，设立潮州市潮安区，将原潮安县的磷溪、官塘、铁铺三镇划归潮州市湘桥区管辖。10 月 9 日，新的潮州市潮安区正式揭牌，开启了潮安以区建制的新纪元。

中共十八大开启了中华民族创造更加幸福美好未来、实现伟大复兴的崭新征程。在新时代、新机遇到来之际，原潮安县委和新的潮安区委不失时机，全区上下紧紧围绕"抓机遇、谋发展、惠民生、上水平"这一中心，把深入学习宣传、贯彻落实中共十八大精神，迅速掀起全区性的学习热潮作为头等大事来抓，同心

同德、埋头苦干、锐意创新、开拓进取，共同为实现中共十八大提出的全面建成小康社会和全面深化改革开放的目标而奋力工作。

按照中央、省、市部署，潮安（县）区委及时对全区工作进行谋划布局，着力加强党的建设，发扬党的优良传统和作风，进一步改善党和广大人民群众的密切联系，树立执政为民、全心全意为人民服务的思想，及时组织各级党员、干部认真学习十八大精神，不断提高党内正风、遵纪、守法的思想认识。在做好市委"三个一百"（2012—2016年选派干部挂职锻炼、挂职学习、任职培养各一百人）年轻干部培养工程，组建"两新"（新经济组织、新社会组织）党组织的实践中，以"两学一做"（学党章党规、学系列讲话、做一名合格党员）为学习内容，引导全体党员牢记党的宗旨，以坚定政治立场、带头遵纪守法为底线，以明确工作职责、当好新时代新征程的尖兵为要务，使教育做到常态化、制度化。在选送36人次参加中央、省、市组织的各类理论培训的同时，区委共举办主体培训班7期，各镇（场）、村党组织也采用不同的形式开展了教育活动，使全县（区）从机关到基层的全体党员干部对"不忘初心、牢记使命、改革创新、继续前进"的新征程有了新的认识，整体政治素质得到了明显提高。

（二）贯彻八项规定精神，正党风，严法纪，聚民心

潮安区委根据中共十八大精神，按照省委、市委的部署，围绕"为民、务实、清廉"的主题，扎实贯彻落实党中央"八项规定"精神，实施抓"四风"促廉洁工作。全区党风廉政建设和反腐败工作特色明显，亮点纷呈，各项工作取得了阶段性的成效，呈现出"五个更加"的特点：一是监督更加有力，二是执纪更加严肃，三是问责更加有效，四是宣教更加到位，五是队伍更加强大。至2017年底，全区（不包括枫溪）共受理信访举报1829件，立案640件，结案518件，其中查处科级干部68人；给予党纪政纪处分 529 人，移送司法机关追究刑事责任 37 人。在开展农村基层违纪违法线索集中排查的工作中，共排查出农村基层党员、干部违纪违法线索 823 条，立案 413 件，给予党纪政纪处分 245 人，移送司法机关 19 人。

2017 年 5 月 4 日，潮安区巡察机构正式成立并启动区委巡察工作。至年底，在对全区 26 个党组织进行"政治体检"工作中，共受理群众来电、来信、来访 68 人次，发现问题 94 个，形成问题线索 76 条，已立案 26 宗 26 人，处理上缴财政资金 720 万元，提出专题建议 114 条，完善各类监管制度 25 项，有效地解决了被巡察党组织的党的领导弱化，党的建设缺失，全面从严治党不力以及廉政风险突出等一批典型问题，教育提高了党员干部正风守纪的自觉性，得到群众的满意和好评。

（三）开展路线教育，转变工作作风

潮安区委根据《中共中央关于在全党深入开展党的群众路线教育实践活动的意见》精神，以开展党的群众路线教育实践活动为契机，紧紧围绕保持党的先进性、纯洁性为主题，以为民、务实、清廉为主要内容，通过转作风、强队伍、抓基层、促廉政，使全区党建科学化水平不断提高。区委出台《加强党的基层组织建设三年实施方案》，一是组织党员参观革命斗争史展览，开展支部"三会一课"教育活动，着力解决基层党组织领导体制不健全、带头人队伍建设滞后等突出问题；二是结合党内整风，推动全面从严治党，促进基层组织建设，呈现党风建设立体化；三是强化村（社区）党组织建设，示范打造 39 个规范化建设先行村；四是选派村第一书记整顿软弱涣散党组织，按时保质完成 26 个党组织的整顿转化任务。登塘镇林一老区村，曾是潮安的后进村，村党支部被区委定为涉黑涉恶且软弱涣散的党组织，通过派驻"第一书记"和工作队，落实挂点领导负责，制订实施整顿工作方案，惩治涉黑恶的村干部等举措，使林一村从后进转为先进，党员干部的精神及村庄面貌都焕然一新。

在中共十八大精神指引下，区委注重扎实做好非公有制企业党建工作，"两新组织"（新经济组织、新社会组织）的扩面工作稳步进行。至 2017 年底，全区非公有制企业党组织覆盖率达到 78.87%，社会组织覆盖率达到 80.5%，党员覆盖率达到 100%；坚持组织原则，按照程序办事，把好选人用人关，使干部队伍建设进一步加强；认真按照党管人才的原则，大力推进人才强区战略，不断加强各类人才的培养和引进，为潮安区特色产业的转型升级提供了智力保障。

（四）宣传时代主题，传播文明新风

在中共十八大精神的引领下，潮安区委的宣传工作始终是围绕中心、服务大局，突出抓好重大主题宣传。区委依托中央电视台、人民网、中新社、中国文明网、南方日报、广东电视台、潮州日报、潮州电视台、潮安广播电视台等主流媒体，强化潮安品牌推介。重点围绕学习贯彻中共十八大精神和区委、区政府开展的"六城同创·治七乱"等中心工作进行加温鼓劲。继续实施文化惠民工程，丰富群众性文化活动，充分发挥思想道德教育引领作用，举办了《潮派建筑与道德文化》图书的首发仪式；积极配合做好央视"2018 春节戏曲晚会"潮州分会场和《唱响新时代》潮州专场的拍摄工作；先后完成了区人民公园、凤凰山革命纪念公园、浮洋镇井里村和高铁站区 4 个社会主义核心价值观主题公园（广场）的建设以及龙湖许氏大宗祠等 4 个市级示范文化祠堂的建设工作；打造了塔下小学、新天丽公司等一批各具特色的基层示范点，进一步推动社会主义核心价值观在基层及各行各业中落地生根。

区委、区政府通过科学谋划创文工作思路，使文明创建活动向纵深发展，成果喜人：浮洋镇大吴村荣获第五届"全国文明村镇"称号；金石镇获"中国民间文化艺术之乡"称号；东凤镇黄厝尾村获"广东省文明村镇"称号；凤凰镇继续保留"全国文明村镇"称号；彩塘镇水美村农家书屋被评为"全国示范农家书屋"；庵埠镇文里村获"全国传统文化先进示范村"称号，该村的工作成效和经验在中央电视台《焦点访谈》栏目报道播出。这些成果的取得，直接体现了新时代潮安老区的新风貌。

（五）不忘革命初心，传承红色基因

2014年11月，潮安区委在饶平县成功申报中央苏区县的促动下，成立潮州市潮安区申报中央苏区县工作领导小组，下设办公室（简称"申苏办"）。"申苏办"工作人员用了三年的时间，走访调查了闽粤赣各省的多个市县，采集了大量的相关文献史料和相片。大量史实表明，土地革命战争时期的潮安县与中央苏区有着密切联系，为中央苏区的革命斗争作出了重大贡献和牺牲，是中央苏区不可分割的南方屏障。"申苏"工作是一项还原潮安革命历史应有地位、意义十分重大的工作，历任区委、区政府都十分重视，一直把它作为传承红色基因的重要任务，抓实抓细，为革命历史认真负责，从不放松。

潮安的红色文化资源丰富，既是传承红色基因的载体，也是加强党性教育的好地方。全区有革命烈士纪念碑、革命旧址（遗址）、纪念场馆、革命者故居近百处，还有一大批革命文物。这些红色历史文化，见证了潮安人民在中国共产党的领导下，无私奉献、不畏牺牲、艰苦奋斗的光荣历史和优秀品格。江东镇仙洲老区村党支部对土地革命战争时期中共潮安县委驻地进行修缮和布展，引导广大党员群众重温革命初心，为全区走好新时代长征路提供了精神指引。2016年，为把同属于中央苏区县的潮安重要革命史料汇编成书，潮州市社会科学界联合会、中共潮州市委党

史研究室、中共潮州市潮安区委联合编写出版了《红色潮安记忆》，并正式发行，成为潮安人民传承·红色基因珍贵的精神财富。2017 年 4 月，区委在凤凰革命纪念公园隆重举行《春晖赋：革命母亲李梨英》一书发行仪式，该书由著名党史专家王国梁编著，详细记述了潮安革命母亲李梨英的英雄事迹。通过《春晖赋：革命母亲李梨英》的发行，重温李梨英的光辉事迹，将不断激励着后来者为新时代建功立业。登塘是革命老区镇，拥有丰富的红色文化资源，该镇抓住世田村被列入省"红色村"党建示范工程的契机，对世田村红十一军烈士纪念碑、红十一军军部旧址等红色资源进行深入的挖掘和精准的定位，依托自然景观资源、特色农业发展和红色旅游发展三大抓手，规划把世田村打造成传播红色文化、弘扬爱国主义精神的党建工程示范基地和宜居、宜游的美丽乡村。

二、抢抓机遇，促进区域板块经济新发展

潮安区自 2013 年 10 月行政体制的变更后，虽然地域变小、人口减少，但经济发展动力却变得更强劲，内外良好的发展条件使潮安区呈现出新的发展机遇。全区深化供给侧改革取得新成效，县城区域综合建设有新发展，高铁新区发展势头畅旺，为潮安发展注入新的生机；以陶瓷、食品、不锈钢、茶叶、花卉果蔬为主体的区域经济板块发展展现了新格局和新趋势。内外商家纷纷看好潮安的投资环境，新型投资产业在潮安大量涌现，老区发展增添了新动力，也迎来新的挑战。

（一）陶瓷产业创新方兴未艾

1. 枫溪陶瓷古镇焕发青春

有着 1300 多年陶瓷生产历史的枫溪古镇，围绕"积极探索推动经济高质量发展的体制机制，加快建设以创新为引领的现代化

产业体系"的发展要求,着力做强陶瓷产业这一"顶梁柱"、做大第三产业这一"新栋梁",使千年陶瓷古镇焕发了青春。2013年10月,由中国陶瓷工业协会、中国轻工工艺品进出口商会、中国五矿化工进出口商会、中国建筑卫生陶瓷协会、广东省经济和信息化委员会、广东省贸促会和潮州市人民政府7个单位主办的"首届中国·瓷都潮州国际陶瓷交易会",在枫溪"潮州国际陶瓷交易中心"举行。这一届"陶交会"规模和规格均创潮州市历届所办展会之最,展厅面积达到5万多平方米,参展参赛企业共600多家。现场成交金额1124万元,达成意向成交额20.23亿元。陶交会同时还举办了"第七届中国陶瓷产品设计大赛""第二届中国陶瓷科技发展大会""第七届中国卫生洁具高峰论坛"和"首届潮州卫浴文化节"等活动。枫溪陶瓷产业在中共十八大精神的鼓舞下强劲发展,已拥有陶瓷生产及相关配套企业5000多家,自营出口权企业130多家;拥有省级以上名牌名标88个,其中,中国驰名商标4个,广东省著名商标54个,中国名牌产品9个,广东省名牌产品21个;获得国家授权专利855项;拥有省级工程技术研发中心6家,省部级企业技术开发中心6家,民营陶瓷研究所2所,高新技术企业10家,还有中国陶瓷艺术大师10人,广东省陶瓷艺术大师2人。同时,"枫溪瓷烧制技艺""手拉朱泥壶制作技艺"入选国家级非物质文化遗产名录;松发、长城、四通等集团公司成功上市,形成了新的效应,有力提升了品牌的影响力。2017年,枫溪生产总值131.47亿元,比2012年增长49.63%。枫溪已成为全国最大的工艺瓷、日用瓷生产出口基地,产品畅销世界五大洲180多个国家和地区。枫溪获得"中国民间文化艺术之乡"称号,被认定为"国家新型工业化产业示范基地"。2017年12月,由中国陶瓷工业协会、中国轻工工艺品进出口商会主办的"新潮州、新制造"2017中国陶都·潮州陶瓷精品展暨第十届中国陶瓷产品设计大赛等系列活动在枫溪陶瓷城开幕，取得显著效果。

2. 古巷特色陶瓷后来居上

荣膺"中国卫生陶瓷第一镇"的古巷镇以"全国卫生陶瓷产业知名品牌示范区创建"工作为契机大力发展，特色产业综合竞争力明显提高。区域内有32家企业获得CQC节水认证，80家企业获得澳洲、美国、沙特阿拉伯、加拿大、德国等国家或地区的认证，打造出了梦佳、非凡等9家骨干企业，树立牧野、非凡、欧陆、顺4家标杆企业。全镇拥有卫生陶瓷企业466家，年产量占全国产量的四成左右；拥有相关链条配套企业200多家，范围覆盖陶瓷原料、模具、机械设备、包装、燃气等，形成从产品开发设计到市场运作的完整产业链条；拥有省级以上高新技术企业8家，中国驰名商标4个，广东省著名商标4个，广东省名牌产品16个。古巷镇注册"古巷陶瓷"集体商标，开启区域品牌整体运营新时代；有20多家企业获得省和国家级以上奖项和推广证书；不断参加中国厨卫行业高峰论坛，寻找跨行业合作，提升了区域品牌影响力。2017年，全镇工业总产值117.7亿元，比2012年增长69.4%。广东欧陆卫浴有限公司获"中国卫生洁具知名品牌""中国智能卫浴产品质量金奖"，中央电视台《发现之旅》栏目组，以欧陆卫浴为对象制作了《欧陆卫浴·匠心智造》纪录片在央视播出。安彼公司也得到了央视《品牌中国行》栏目组制作节目的传播，有效地提升了古巷镇的区域品牌效应。

3. 凤塘陶瓷业绩突飞猛进

拥有"中国陶瓷重镇"称号的凤塘镇，乘着中共十八大的东风，坚持改革开放不动摇，抓住农村改革、乡镇企业发展等重大历史机遇，加快陶瓷等产业的发展，实现了从农业大镇到工业大镇的转变。至2017年，全镇共有企业879家，其中规模以上企业

62 家，高新技术企业 12 家，工业企业研发机构 22 家，涌现出恒洁、皓明、亿加、翔华科技等一大批知名企业和品牌企业。广东恒洁卫浴有限公司入选"中国十大卫浴品牌"，产品获国家专利优秀奖。2017 年，凤塘镇工业总产值 79.8 亿元，比 2012 年增长 40.0%。

与此同时，登塘、浮洋、龙湖等镇的陶瓷产业在板块效应的影响下也得到快速的发展。

（二）庵埠食品名镇引领龙头

庵埠镇是享誉海内外的"中国第一食品名镇"和"广东省名镇"。庵埠镇不断强化政府部门服务意识，创新服务方式，由政府部门"端菜"变为企业和群众"点菜"，努力提高行政办事效率，支持民营经济在食品、印刷包装、机械等行业不断创新和发展。至 2017 年，全镇企业超过 2800 家，其中规模以上企业 121 家。同时，拥有省级以上高新技术企业 13 家，省级工程技术研究中心 5 家。同时，庵埠镇食品与软包装研究所，作为 39 家同类型科研机构中唯一一家镇级研究所，成功申报省级新型研发机构。2017 年，全镇企业共获得国家授权专利 270 个，其中发明专利 18 个，实用新型专利 27 个。至 2017 年，庵埠镇食品类产品共有 5 大类 2000 多个品种。食品产业的快速发展，有力地带动了印刷包装、机械制造等行业的崛起。世界 500 强企业中的可口可乐、雀巢、肯德基、统一磨坊和国内的蒙牛、伊利、哈药六厂等知名企业的包装品均由庵埠企业承印。2017 年，全镇工业总产值 164.9 亿元，比 2012 年增长 9.9%，居全区各镇（场）之首。庵埠镇先后获得"中国印刷包装第一镇""广东省药包材（复合膜）专业镇""广东省重点工业卫星镇""广东省乡镇企业百强镇"等称号。庵埠—中山小榄促进中心投入使用，两镇合作的特色食品一条街项目建设正在扎实推进。广东康辉集团有限公司被评为"中国蜜饯行业十强企业",并被批准设立国家级博士后科研工作站。

(三)彩塘不锈钢产业充满活力

"中国不锈钢制品之乡"彩塘镇把五金不锈钢产业的创新作为引领发展的第一动力,不断提升企业创新能力和研发水平。仅2017年全镇就投入科技资金1.52亿元,申请专利362件,新增国家高新技术企业1家。同时,发展"互联网+"产业,潮安区首个陶瓷、不锈钢产品综合推广平台——潮安陶钢城落户彩塘。全镇完成2814家抛光场整治工作,全镇杜绝抛光直排现象。彩塘五金不锈钢研究中心已完成项目建设,至2017年,彩塘镇共有不锈钢制品生产企业2000多家,规模以上企业94家,其中年产量超亿元企业49家。2017年,全镇实现工业总产值160.7亿元,比2012年增长50.3%。彩塘镇被认定为"中国五金不锈钢制品产业基地",连续两年入围"全国综合实力千强镇",并入选"全国重点镇"名单。镇内的广东振能不锈钢实业有限公司被评为全国"守合同重信用"企业。与此同时,东凤、金石等镇的不锈钢企业受到彩塘镇的辐射也在快速发展。

(四)凤凰单丛茶产业创新异军突起

凤凰老区镇积极贯彻中共十八大精神,紧抓机遇,擦亮"中国名茶之乡"招牌,利用丰富的茶园资源,以全面提升凤凰镇潮州工夫茶文旅示范区水平为抓手,精心策划,整合资源,开展古村落、茶叶一条街、凤凰溪一河两岸、凤凰新城、农科创新中心、茶叶检测中心等项目的建设,探索茶文化、旅游文化齐头并进,一二三产业融合发展的振兴之路。由区委组织部牵头实施的省"扬帆计划——潮安区凤凰单丛茶产业人才培养工程(一期)"项目,顺利完成了古茶树保护技术培训、数据库管理建设、凤凰单丛茶叶加工制作技艺培训、传统制作技艺传承示范场地的建设、评茶师(高级评茶员)职业技能培训和年度茶叶评比会开展及场地建设、凤凰单丛茶茶叶质量检测技术培训和检测中心等工程，取得了可喜的业绩，有力地促进了凤凰茶产业的转型升级。至2017年底，全镇共有茶园5.13万亩，年产茶叶1000多万市斤，年产值超10亿元。茶叶生产逐步朝区域布局，专业化生产、企业化管理的现代化农业经营体系发展，使凤凰的绿水青山变身为金山银山；打响"让世界爱上凤凰单丛茶"的口号，实现了美丽与发展共赢。凤凰镇先后获选"全国十大魅力茶乡""中国乌龙茶之乡""中国名茶之乡"称号；"凤凰单丛茶文化系统"入选第二批"中国重要农业文化遗产"；广东南馥茶叶有限公司的产品获"全国农牧渔业丰收奖三等奖"和"广东省科技进步一等奖"。

（五）其他各镇特色产业各放异彩

金石镇作为粤东地区唯一的花卉科技创新专业镇，也是粤东花木造型培植生产基地，借力中山—潮州对口帮扶，按照"合作＋基地＋农户"模式，加快建设粤东海西花卉产业园。至2017年，金石镇花卉种植已由翁厝村辐射到全镇各村，拥有从业人员一万余人，花木园近千个，种植面积达到近万亩。花卉种植的繁荣，推动了金石镇家具、毛织、服装等传统产业的发展。同时，在金石镇培育和扶持了新兴的不锈钢产业，推动着全镇特色产业的高质量发展。

浮洋镇抓住高铁新城建设的有利契机，加速产业转型升级与新型城镇化进程，促进地方加快发展，积极推进"高铁新城·凤凰商业中心"项目；抓好华南师范大学附属潮州学校项目的征地拆迁工作；努力把浮洋打造为新时代新型城镇化建设的"领头羊"和实施乡村振兴发展战略的"践行者"。

江东镇继续擦亮"省蔬菜及农副产品加工专业镇"的牌子，引导企业转型升级，发展电子商务，借助"互联网＋""文化＋"等手段，拓展企业市场空间，加强产业建设规划布局，支持发展现代农业、机绣、餐饮业、旅游业，逐步提升经济发展水平。沙溪镇作为全省七个锡页（箔）定点出口生产基地之一，积极引导锡页加工厂集中生产加工，形成群体优势和整体规模。

（六）高铁新城建设日新月异

中共十八大以后，潮安迎来了"高铁时代"，沙溪镇成为粤东高铁的交通枢纽。区委、区人民政府紧紧抓住新机遇，积极营造以沙溪镇为中心的高铁新城，不断增强产业发展承载力，发展势头良好。2013年底前，正当厦深高铁即将通车之际，全区上下连续奋战，完成了潮惠高速公路厦深铁路潮汕站连接线、前陇路、站前南路、站前北路、站前南北两个广场等厦深高铁潮汕火车站区的配套工程建设。此后，潮安区按照"一年起步、三年成型、八年成城"的总体要求，重点抓好三大园区建设，把高铁新城打造成潮安的新增长极，完成核心区征地面积1390亩；东山湖现代产业园的配套逐步完善；太安堂麒麟阁和普洛斯物流园（一期）等项目已建成；莱芙家纺、顺发五金、皓明科技、金泽陶瓷、乐卡贸易、深能源甘露热电等项目建设进展顺利；邹鲁输变电、宝山输变电工程主体建成投产；广梅汕铁路110千伏龙湖南牵引站工程开工建设。

（七）县城建设日趋完善

随着高铁新城及板块产业等品牌的打响，城区扩容提质步伐的加快，交通区位环境的日益优化，潮安楼市迎来了新的机遇，越来越多的人喜欢到潮安城区来安家置业。区委、区人民政府继续在潮安城区实行网络化管理，不断提升市政公用事业服务水平，使城区的公共设施配套日趋完善：潮安区十大民心工程之一的潮安人民公园建成开放；城区新安市场建成投入使用；金里路、仙华路改造工程已完成；安南路整治改造工程全面完成；龙华路、安北路中段道路贯通改造工程进入扫尾阶段；安北路（东段）、龙桥路（西段）建成交付使用；华埠路和潮安大道改造工程开工建设；连接汕头市的潮汕大桥工程建设前期工作扎实推进；龙光、碧桂园等知名房地产企业入驻城区开发；潮安彩丰物流有限公司成为全市首家国家级 AAA 物流企业。

中共十八大以后，区委、区人民政府带领全区党员干部和老区群众，以人民的根本利益为出发点和归宿，深入贯彻中共十八大的新发展理念，使全区经济和社会平稳健康发展。2017 年，潮安区（包括枫溪）完成生产总值 587.64 亿元，比 2012 年增长52.1%，年均增长 8.7%，增速居全市各县区首位；地方财政一般公共预算收入 14.76 亿元，比 2012 年增长 18.65%；固定资产投资总额 211.26 亿元，比 2012 年增长 94.33%；其他各项经济指标也在同步增长。

三、创新引领，提高老区绿色经济发展质量

（一）科技创新硕果累累

潮安区委、区人民政府认真贯彻落实上级关于供给侧结构性改革和"双创"扶持的政策，大力实施产业提升行动计划和创新驱动战略，全力推动"四梁八柱"工程，使潮安经济向高质量发展。2017 年，潮安区共有 19 家企业通过国家高新技术企业的认定，23 家企业申报高新技术企业培育入库；1 家研究所通过省新型研发机构认定；新增 3 个省级企业技术中心，3 个省级工程技术研究中心，6 个市级工程技术研究中心；新增 1 家市级孵化器企业（陶钢城），填补了潮安区科技孵化器的空白；专利授权量1813 件，比 2012 年增长 86.71%，其中发明专利 40 件，比 2012年增长 54.84%。枫溪举办"陶瓷创新人才培训班"，使 400 多位一线工人提高了创新研发的软实力。同时，潮安区支持天池茶业、新纪源、美士达、梦佳、恒泽 5 家企业在新三板挂牌。华业公司

在全市首家获得专利质押 4.7 亿元贷款。柑记人、扬航 2 家食品企业入驻淘宝"中国质造"平台，宝佳利、济公 2 家企业参加省"互联网＋"试点项目遴选。区内陶瓷、不锈钢企业开展喷釉智能机器人、不锈钢抛光机器人、高端机械手等先进设备的应用示范及推广，效果显著。

潮安区重视科技发展和创新，通过整治营商环境，提高品牌效益，取得了可喜的发展成果。至 2017 年，全区共拥有中国驰名商标 10 个，广东著名商标 93 个；中国名牌产品 9 个，广东省名牌产品 21 个；省市级工程技术研发中心 25 家，国家级高新技术企业 45 家；博士后科研工作站 2 个，博士后创新实践基地 1 个；省级专业镇 3 个；专利授权量 6699 件，其中发明专利 185 件，专利申请和授权量居全市首位。广东南馥茶叶有限公司、广东健诚高科玻璃制品股份有限公司，分别获 2015、2016 年度广东省科技进步一等奖，这是潮州市获得的科技最高等级奖项；隆兴、恒洁企业各有 1 项发明专利获中国专利优秀奖；爱丽丝和恒洁两家企业获市政府质量奖；康辉企业获广东农业技术推广奖一等奖。全区拥有高级专业技术人员 977 人，其中教授级人员 11 人；有 3 名高级专业技术人员和高级技能人才被国务院批准为享受政府特殊津贴人员。

潮安区委、区政府下大力气做好省"扬帆计划"的申报和实施，潮汕凉果产业人才工程和凤凰单丛茶产业人才培养工程 2 个项目，先后入选省"扬帆计划"扶持项目，累计获扶持资金 320 万元。潮安区和凤凰镇分别获得"全国十大魅力茶乡"和"中国优秀茶叶区域公共品牌"称号。潮安区成为广东省首个出口休闲食品质量安全示范区，枫溪成为"国家新型工业化产业示范基地"，古巷镇成功创建"全国卫生陶瓷产业知名品牌示范区"，潮安各个项目的建设均取得阶段性成效。

为了陶瓷产业能持续发展，枫溪在产业创新上下足功夫，以智能化、现代化为引领，进一步加大企业研发创新、人才培育和引进等方面的扶持力度，全面推动陶瓷企业向数字化、智能化、总部型方向转型升级，实现产业发展由"制造"向"智造"跃升。

（二）环境保护成效显著

潮安区委、区人民政府从维护群众的环境利益，保障全区的环境安全出发，扎实开展污染减排、环境整治、环境监管等工作，不断提高环境管理能力和依法行政水平。至2017年底，潮安区落实"广东省总河长1号令"精神，设河长607名，全面建立三级河（库）长体制，韩江获评"全国十大最美家乡河"；创建省级生态示范村11个，市级生态示范村26个；镇级饮用水保护区划分方案已通过省专家的评审；建成了韩江流域景观林带18千米，建设碳汇林5.2万亩，设立乡村绿化美化示范点74个；赤凤镇人工湿地全面建成，赤凤镇、文祠镇被省林业厅认定为"森林小镇"；庵埠镇、金石镇申报"森林小镇"完成前期规划。

潮安城乡环境得到有力治理，一批"七乱"黑点得到整治，至2017年，全区共拆除违法建筑365宗，复绿面积213亩，城乡"脏乱差"乱象得到治理，人居环境明显改善，顺利通过了省的核查。与此同时，潮汕公路整治提升工程取得实效；凤凰山区乱开垦茶园行为得到有效遏制；不锈钢行业污染整治任务基本完成；区污水处理厂2万吨/日扩建项目已建成投入使用，沙溪污水处理厂完成主体工程，生活污水处理设施全区捆绑PPP项目全面推进；区垃圾焚烧发电厂项目已建成试运营，并同步完善垃圾收运体系，全区生活垃圾统一进厂处理；大肚坑垃圾临时堆放场实施封闭和整治；古巷、凤塘两镇陶瓷废物消纳场建成投入使用，陶瓷废物处理逐步规范；规范化畜禽养殖污染整治基本完成；枫江整治工作扎实推进；水岸同治和生态水乡建设初见成效。通过一系列的整治和建设，潮安城乡环境得到了进一步的净化、美化和亮化。

彩塘镇党委、政府始终以"敢啃硬骨头"的勇气和毅力，铁腕整治不锈钢产业抛光、电镀电解污染问题，有效地监督整改被中央第四环境保护督察组列为重点整改的 637 家不锈钢企业配套环保设备；已完成整治全镇 2814 家抛光场，基本实现全镇抛光无直排。同时，彩塘镇以"修复排灌功能、加固整治堤坡、提升景观治理、恢复水乡面貌"为环境发展思路，累计投入资金 4 亿元，拆除水域沿岸各类建筑 8000 多处，同时完成红旗溪等 5 条沟渠以及华桥公园示范点工程的打造，有效地推进了生态水乡的建设。

潮安区委、区人民政府按照"产业兴旺、生态宜居、乡风文明、治理有效、生活富裕"的目标，在全区推进美丽乡村创建工作，取得了实质性的进展。凤塘镇凤岗老区村经过治理脏乱差后，该村的进村大道干净平坦，党建公园绿树成荫，农贸市场宽敞整洁，凤岗村群众也增强了幸福感。

（三）交通建设增量提质

潮安区围绕构建对内全面畅通、对外快速联通的综合效能网络体系为中心，加大交通基础设施方面的投资力度，破解征拆难题，使一批重点项目建设成效显著。至 2017 年底，完成潮汕路庵埠、彩塘路段的扩建改造工程；完成 S233 登塘至古巷段升级改造、彩东公路改建和江东大桥加固维修；X078 金和路至宝山中学改线路段建设加紧推进；贯穿潮安区文祠、归湖、古巷、凤塘等镇的潮漳高速公路已正式通车；广梅汕铁路增建二线及厦深联络线、梅汕铁路客运专线征拆工作基本完成，动车运用所及潮汕环线高速征拆有序推进；新风路（浮岗桥至深坑桥路段）扩建工程、外环西路（古巷至凤塘段）改建工程、省道 S231 凤凰至文祠路段路面整修与绿化提升工程和潮惠高速公路凤塘出入口新凤绿地公园等项目相继建成；新风路（省道 S335 樟公线）至高铁潮汕站连接道路新建续建工程开工建设；如意大桥的枫溪延长线、护堤路枫溪段等重点基础设施项目进展顺利，绿榕西路已于 2018 年春节前通车。此外，潮安区各行政村都通了水泥公路。这些大手笔的交通网络基础设施，使原来被称为"省尾国角"的潮安，一跃成为潮州建设沿海特色经济带精品城市的重要交通枢纽。

（四）水利设施建设提速增效

区委、区人民政府大力推进省级水利建设示范县等项目的工程建设，成效显著，各项重点水利工程建设的进度和质量都在全市领先。省级水利示范县项目基本完工；粤东灌区续建配套与节水改造工程中的安揭总干渠渠首工程、江东围灌区工程基本完成；中小河流治理重点县综合整治及水系连通试点工程完成建设任务；7 座小型病险水库除险加固工程已竣工 5 座；村村通自来水年度建设工程全面动工；区自来水公司临时取水口迁移工程已完成；西片供水管网铺设工程、潮安内洋南总干涝区挡潮排涝整治工程建设进入扫尾阶段；农村水电增效扩容改造工程建设进展顺利；彩塘水乡建设开局良好。

四、振兴乡村，加速老区脱贫步伐

（一）农村发展模式不断完善

区委、区人民政府下大力度将重点扶贫与老区村镇建设紧密结合起来，充分利用集约化、产业化改变全区农业、农村的发展模式，取得显著成绩。全区高标准基本农田建设任务全面完成，粮食生产稳中有升，粮食面积及产量均达到市下达的考评指标；雅士利集团被认定为国家农业龙头企业；彩塘镇入选全国重点镇；佳宝、展翠集团被认定为省农业龙头企业；顺利完成龙湖、古巷、归湖 3 个镇集体资产资源管理交易平台的试点工作；龙湖全镇和浮洋部分村成为全市首批创建"省级新农村示范片"；凤凰镇被评为"广东省名镇"，浮洋镇大吴等 3 个村被评为"广东省名村"；展翠集团的佛手果等 3 个产品入选"广东省十大名牌系列农产品"；与中山市专业镇对口帮扶相关项目建设取得较好效果，两地企业、行业协会实现合作项目 42 个；凤凰镇茶叶质量检测中心、凤凰镇茶叶一条街、金石镇花卉基地、古巷镇生产力促进中心等项目建设加紧推进；2 个农场被列入省级示范家庭农场；4 个农业标准化示范区获得省立项审批；全力推进农村土地确权工作，共整理第二轮土地承包台账 168800 卷。2017 年，全区实现农业总产值 28.74 亿元，比 2012 年增长 108.37%。

与此同时，区委、区人民政府采取多种措施，充分调动水产养殖户的积极性，通过水产健康养殖认证提升养殖户经济效益和区水产品质量安全水平。截至 2017 年底，全区拥有已认定国家级水产健康养殖示范场 3 个；建有 11 个农业标准化示范区，核心区建设面积 2.44 万亩，辐射带动面积 11.45 万亩。

（二）扶贫攻坚战役精准有效

区委、区人民政府为补齐全面建成小康社会的"短板"，大力推进精准扶贫脱贫工作，成立以区委书记为组长的扶贫领导小组和贫困村创建社会主义新农村示范村工作领导小组，建立区四套班子成员挂钩联系贫困村制度；强化脱贫攻坚责任落实，层层签订责任书，形成了区、镇、村三级脱贫攻坚责任链。区委优先实施省定的 10 个贫困村村庄人居环境的综合整治，并率先在文祠镇赤水村开辟了新农村建设公布栏，绘制"三情图"，即"村情图、民情图、党情图"，提高了村民对扶贫工作及新农村建设的知情权和参与权。结合村级换届选举，调整充实了贫困村的两委领导；抽调了区直机关事业单位人员充实扶贫工作队伍，分赴 16 个镇、场；策划"百企扶千户"的扶贫活动；在全省率先推行完成"贫困户＋公司＋金融机构"扶贫小额信贷合作模式；搭建覆盖全区贫困村的"村村通就业信息网"。至2017 年底，潮安区新时期精准扶贫新增脱贫贫困户 2328 户、7012 人。全国劳动模范、文祠镇民营企业家詹健怀，始终感谢党的改革开放政策使自己先富起来，多年来，他把带动大家共同富裕作为自己的责任和担当，尽心尽力帮扶乡亲和员工们解决困难；带领建筑队无偿帮助文祠镇望岭村打通村道，解决其行路难的问题；引领企业连续多年开展特困单亲家庭帮扶活动；带领潮州市工商联旗下的企业，开展"因病致贫"和"万企扶万村"专项扶贫工作等等。据不完全统计，詹健怀在扶贫事业方面的捐赠，已超过一亿元人民币。此外，像詹健怀一样热心扶贫的单位和个人多不胜举。

（三）乡村振兴战略快速实施

根据中共中央提出的乡村振兴战略，区委、区人民政府以产业兴旺为重点、生态宜居为关键、乡风文明为保障、治理有效为基础、生活富裕为根本，大力实施乡村振兴战略。2017 年下半年，潮安区委组织了镇、场和区直各单位 127 名干部，先后赴浙江大学参加"潮州市潮安区乡村振兴战略培训班"，参训干部拓宽了视野，提高了领导和干部参与乡村振兴战略的专业能力和业务水平。全区以生态振兴为支撑点，以登塘镇白水村、文祠镇赤水村、归湖镇狮峰村等老区村的 10 个省定贫困村开展美丽宜居乡村建设为示范引领，启动实施"千村示范、万村整治"工程。至2017 年底，已完成贫困村整治创建规划、设计、采购、施工总承包和施工监理的公开招标工作，迅速转入设计施工阶段，计划总投入近 2 亿元。归湖镇狮峰老区村党支部，积极推进贫困村"乡村振兴战略"和"精准扶贫"，并对全村开展三清三拆三治理，使全村的贫困户从 49 户减至 5 户，村容村貌焕然一新。潮安济公企业与归湖镇铺头老区村合作，带动村民开展佛手果种植，增加了村民的收入。

五、民主法治，增强老区人民幸福感

（一）政府效能提升让群众舒心满意

潮安区委、区人民政府认真贯彻落实中共中央关于改进工作作风的决定，切实整治"庸懒散奢"，规范干部从政行为，促进机关作风转变，加快高效廉洁政府的建设，使"四风"问题得到整治，"三公"经费有效压缩，监察工作逐步加强，审计覆盖面不断扩大，廉政建设日益强化。区行政服务中心建成使用，开展一站式全方位为民服务；积极推进网上办事大厅建设，有序开展网络问政，完善政务公开；通过"一岗双责"制度的有效落实，安全生产形势持续稳定好转，减少重特大安全事故的发生；积极推进区应急平台建设，规范经济户口管理，加强社会信用体系和市场监管体系建设；严厉打击非法采矿、采砂行为，逐步整治城区的"脏、乱、差"现象，使依法行政水平不断提高，群众获得感、幸福感大量提升。

（二）法制建设逐步完善让群众安全稳定

区委高度重视健全人民当家作主的制度体系，加强对人大、政协的领导，支持和保证人大及其常委会依法行使职权，各镇人大工作和建设走在全省前列；充分发挥人民政协政治协商、民主监督、参政议政的重要作用，政协提案落地成效。加强社会矛盾纠纷排查化解，落实领导接访、约访、下访和包案制度。枫溪举行"百家法学家百场报告会暨南粤法治报告会"，效果显著；加强社会治安防控，推进平安潮安建设，维护了全县社会大局的稳定；通过深化"粤安 13""雷霆扫毒"等专项行动，严厉打击了

各类刑事犯罪活动；深化平安创建，大力开展社会治安整治大行动，"中心＋网格化＋信息化"建设初见成效，全区接报刑事警情、治安警情持续下降。至2017年底，全区未发生较大以上的安全生产事故，群众安全感和满意度大幅提升。潮安区获"全国法制宣传教育先进区"称号；区人民检察院获第六届"全国先进基层检察院"称号。

（三）民生投入增大让群众提高福祉

区委、区人民政府坚持每年办一批民生实事，不断加大公共财政的投入，持之以恒地保障和改善民生。2017年，全年投入民生领域资金36.52亿元，占财政支出的88.34%。扩大社会保险覆盖面，全区参加城乡居民养老、医疗保险、城镇职工养老和职工医疗保险人数分别达到47.99万人、94.25万人、12.15万人和8.16万人；城乡居民养老保险基础养老金水平提高到每人每月120元，城乡居民医保补助标准提高到每人每年450元，大病保险报销比例达55%以上。保障性住房建设扎实推进，区特色产业基地公租房建设及彩塘公租房项目分配工作已全面完成；农村危房改造全面铺开，第一批危房改造开工率达到100%。农村自来水村村通工程全面实施，一批镇、村自来水供水设施建成并投入使用，受益区的群众用水质量明显提高。城乡居民生活水平大幅度提高，至2016年末，全区99.9%的农户拥有自己的住房，其中17.1%的农户拥有2处以上住房；95.1%的农户饮用水为经过净化处理的自来水；97.2%的农户使用水冲式卫生厕所；99.5%的农户做饭主要使用煤气、天然气、液化气等能源。平均每百户居民拥有汽车31辆，摩托车、电瓶车163辆，沐浴热水器112台，空调109台，电冰箱95台，彩电124台，电脑64台，手机274部。民族宗教、妇女儿童、残疾人等事业均取得新进展，粮食保障、安全应急、防灾减灾体系不断完善，全区社会保持和谐稳定。

六、统筹兼顾，各项社会事业全面发展

（一）文化体育事业丰富多彩

潮安区的公共文化体育服务体系不断健全，人民群众的文体生活日益丰富多彩，城乡公共文化体育设施进一步完善。至2017年底，全区各行政村实现村村有农家书屋，总藏书近40万册；新建的90家村级文化活动室已基本完成；庵埠镇梅溪村、沙溪镇五嘉陇村等6个村级综合文体中心申报省第二批行政村综合文体服务中心示范区；枫溪长美二村文化广场挂牌启动。文物保护和管理工作得到加强，全区共拥有国家重点文物保护单位1处，省文物保护单位8处；从熙公祠文物保护规划编制通过国家文物局的审核并同意立项；龙湖古寨被国家文物局列为国保、省保集中成片传统村落整体保护利用名单；浮洋镇井里村被确定为"广东省第四批古村落"。非物质文化遗产得到保护和传承，全区共有区级以上非遗项目28个，其中国家级项目5个，省级项目9个；拥有国家级代表性传承人4人，省级代表性传承人44人。国家级非物质文化遗产大吴泥塑传承人吴光让等人，先后在全国性的文化产业博览会评比中获奖。全区有10个小型剧本、曲艺作品分别获得国家级、省级奖励。庵埠镇文里村麒麟舞队获中国（深圳）首届"麒麟王"争霸赛金奖。潮安有3个家庭分别荣获国家级、省级书香家庭称号。与此同时，体育事业也取得了可喜的成绩，潮安区荣获"全国群众体育先进单位"称号；庵埠镇被评为全国"亿万农民健身活动先进乡镇"；潮安区参加广东省传统武术项目锦标赛共获得16项一等奖、12项二等奖的好成绩；庵埠、东凤、文祠3个镇建成了镇级健身广场，龙湖镇塘东等村建成了体育公园。

（二）义务教育发展均衡

区委、区人民政府紧紧围绕争创"广东省推进教育现代化先进区"目标，全力促进教育内涵发展，使义务教育标准化规范化均衡化发展质效明显。至 2017 年潮安区被省人民政府授予"广东省教育强区"称号；潮安"全国义务教育发展基本均衡区"通过国家评估认定；成功与华南师范大学合作在潮安区建设"教育城项目"；区教育局被评为第三十一届全国青少年科技创新大赛"基层赛事优秀组织单位"；区实验学校等四所中小学校获"全国优秀家长学校"称号；市华侨中学获全国妇联授予"全国巾帼文明岗"称号；"广东省推进教育现代化先进区"创建工作扎实推进，在全市率先与华南师范大学联合创建研究生培养基地；积极推进"足球进校园行动计划"，已建成 2 所国家级足球特色学校；引进知名中小学校和社会力量在潮安办学取得新突破；首次组织学生代表潮州市参加首届广东省中小学创客大赛，取得 2 个特等奖、3 个一等奖等佳绩；宝山中学、区实验学校扩建工程建设等一批项目全面启动；规范化公办乡镇幼儿园建设扎实推进；凤塘中学学生谢奕钿自学编程发明的"体感机械臂"获得第三十二届广东省青少年科技创新大赛一等奖和大赛五个最高荣誉奖之一"广东省科协主席奖"。

2017 年，区教育部门加大力度推进优秀文化进校园，全面实施素质教育，开展了"亮家风守家训、讲文明懂礼仪、倡美德做表率、赏民俗忆传统、孝父母知感恩、品书香学国学、读美文诵经典、访名家养心性、寻足迹砺心志、习技术扬国粹"等活动，促进了中小学生德、智、体、美等方面全面发展。

（三）医疗服务水平不断提升

潮安区的公共卫生服务体系，通过全面深化医疗卫生体制改革后日益得以健全和完善，医疗服务水平持续提升，基层医疗机构家庭医生签约服务实现全覆盖，卫生创强步伐逐步加快。至 2017 年底潮安区获"全国计划生育优质服务先进单位"称号；彩塘华侨医院院长沈铀获"全国乡镇卫生院优秀院长"称号；古巷卫生院获全国"群众满意的乡镇卫生院"称号；区妇幼保健和计生服务机构完成整合，人口计生工作顺利通过国家"计划生育优质服务先进单位"认定；区人民医院晋升为二级甲等综合医院，住院部扩建工程启动建设；庵埠华侨医院升级为区第二人民医院；区中医院和慢病站新建工程完成征地等前期工作；加大卫生强区创建力度，在全市率先开展医联体试点，江东卫生院与潮州市人民医院组成医联体，接受市人民医院托管；乡镇卫生院标准化建设任务全面完成；全区 88 个村级卫生站已按规范化建设全部完工并完成设备清单配备；家庭医生式服务走在全省前列，至 2017 年底已组建 191 支家庭医生团队。

（四）"文化寻根"让海外侨胞乡情永聚

潮安区的侨务工作坚持以习近平总书记对侨务工作的重要批示精神为引领，创新工作思路，利用潮安著名侨乡的优势，积极"请进来"和"走出去"，敦睦乡谊，特别是加强与海外华裔新生代的联络沟通，通过相关刊物发表侨乡发展变化、历史人文等文章，增强其对祖国和祖乡的认识和认知，组织华裔第三、四代青少年回乡"文化寻根"，取得了较好成效。同时，积极推进华侨公共服务体系建设，协助华侨认祖归宗，使广大侨胞回祖国祖乡有归家之感，激发其思国思乡情怀，为其创造条件多回家乡看看。至 2017 年底，全区共接待旅港澳同胞及海外侨胞 1894 人次，接受捐款物 132 次，共计 7023.49 万元。① 侨胞"文化寻根"品牌

---

① 数据统计源于潮州市潮安区年鉴编纂委员会编：《潮安年鉴》，2015 年版，广东人民出版社 2016 年版，方志出版社 2017、2018、2019 年版。

初显成效。

（五）旅游品牌升级吸引八方来客

区委、区人民政府以生态优先和绿色发展为引领，充分利用本地的自然风光、历史人文和红色资源等优势，加大旅游景点和设施的建设步伐，进一步提升潮安旅游品牌的影响力和知名度，使前来潮安的游客逐年增加。北部山区旅游专项规划进展顺利，巩固完善了粤东 9 + 7 旅游机制；"情趣潮安"惠民旅游周启动，为获得"广东省旅游名村"的凤凰镇凤湖村、龙湖镇市头村以及获得"中国乡村旅游金牌农家乐"的 4 家农家乐颁牌；首届"国际潮州凤凰单丛茶文化旅游节"成功举办；华夏博物馆获评"全国科普教育基地"；龙湖古寨旅游区被省确定为重点扶持的古村落旅游示范项目；凤翔峡旅游区被评为"省休闲农村与乡村旅游示范点"；潮安区绿道网规划已通过专家组评审；庵埠镇入选"广东十大传统美食之乡"；东山湖度假村获评"广东省中医药文化旅游示范基地"称号；绿太阳被授予"广东省森林生态旅游示范基地"；浮洋炒粿、龙湖酥糖入选广东百种"传统特色小吃"。2017 年，全区旅游取得新成效，新增 3A 级景区 1 个，全年接待海内外游客 411 万人次，实现旅游收入 27.07 亿元，分别比 2012年增长 122.16% 和 143%。全区共有 10 个旅游景区对外开放，其中国家 4A 景区 1 个，按照 3A、4A 级标准规划建设的景区 5 个，2013—2017 年旅游累计总收入 96.8 亿元。

在中共十八大精神的指引下，潮安区党的建设工作得到了全面加强，政府施政服务效能全面提高，经济发展不断提速增效，社会和谐持续稳定，民生福祉日益满足，综合实力全面增强，潮安区呈现出一片大好形势。

纵观潮安改革开放以来的 40 年，潮安老区人民不断解放思想，实事求是，大胆地试，勇敢地改，干出了一片新天地。如今的潮安，天时地利人和兼备，发展势头强劲，正以其优越的区位优势、经济基础和人文积淀，逐渐成为粤东地区新时代的交通枢纽和经济、文化持续发展的一片热土。在中共十九大强劲东风的推动下，潮安老区的未来必将成为粤港澳大湾区与海西经济新区的连接枢纽和粤东经济、社会迅速发展的排头兵，呈现出一片无限光明的发展前景。

第四节 认真学习贯彻十九大精神

2017 年 10 月，中国共产党第十九次全国代表大会在北京召开。潮安区委、区政府领导班子立即作出决定，要以学习贯彻中共十九大精神为首要政治任务，对以后一段时期的工作提出总体要求：高举习近平新时代中国特色社会主义思想伟大旗帜，深入贯彻落实中共十九大精神和中央经济工作会议、农村工作会议、省委十二届二次和三次全会以及市委十四届四次全会精神，坚持稳中求进工作总基调，坚持新发展理念，按照高质量发展的要求，统筹推进稳增长、促改革、调结构、惠民生、强党建，不断优化政治环境、经济环境、自然环境，促进经济社会健康持续发展，加快建设独具岭南水乡印记的绿色生态美丽新潮安。

一是学懂弄通做实十九大精神，开创潮安发展新局面。

按照中央、省委和市委的部署，把中共十九大精神学习宣传贯彻工作作为首要政治任务和最重要的"纲"，在学懂弄通做实上下足功夫，结出丰硕成果。通过学习贯彻中共十九大精神，不断深化全区党员干部群众对中共十九大各项战略部署的整体性、关联性、协同性的认识，凝聚起同心共筑中国梦的磅礴力量，为有效破解一批影响潮安改革发展稳定的热点难点问题，推动潮安加快发展提供科学遵循；树立一盘棋思想，确保目标任务顺利完成。

二是深化供给侧结构性改革，推动经济实现提质换档。

把提高供给体系质量作为主攻方向，强化创新驱动作用，培育增长内生动能，加速产业优化升级，全方位促进经济提质增效。一要扶持壮大实体经济，提升区域品牌影响力；二要持续优化营商环境，着力构建"亲""清""新"型政商关系；三要增强自主创新能力，促进产业全链条跨区域融合发展；四要大力开拓内外市场；五要完善旅游服务功能，丰富传统特色产业文化内涵和旅游元素，努力提高旅游经济效益。

三是积极拓展区域发展空间，努力培育经济新增长点。

突出重大平台带动和重点项目支撑，不断优化区域发展空间布局，奋力打造形成新的经济增长点。一是加快高铁新城建设；二是科学合理安排土地供给，扎实推进工业地产发展，提高园区土地资源使用效率；三是推进区域协调发展，助推韩江带绿色发展区建设；四是完善基础设施体系。

四是大力实施乡村振兴战略，重塑岭南水乡全新风貌。

按照产业兴旺、生态宜居、乡风文明、治理有效、生活富裕的总要求，潮安区通过实施产业振兴、人才振兴、生意振兴、文化振兴、组织振兴，突出抓好农村环境综合整治，举力推进布及广大农村的水利渠系整治提升，健全完善基层治理体系，推动农业农村向现代化迈进，奋力呈现新时代独具岭南水乡风貌的美丽乡村。一是改善农村人居环境，全力打造河畅、水清、岸绿、景美的城乡滨水景观带；二是提高农业发展质效，落实强农惠农政策，保障农产品质量安全，稳定粮食和主要农产品产量，促进农民持续增收；三是提升基层治理水平，造就一支懂农业、爱农村、爱农民的"三农"工作队伍；四是加强生态系统保护，认真落实节能责任制，加快循环经济发展，确保完成减排任务。

五是加强民主法治平安建设，切实兜牢民生保障底线。

始终把人民对美好生活的向往作为奋斗目标，坚持依法执政、民主执政、巩固稳定的发展局面，优化提升公共服务，使人民群众的获得感、幸福感、安全感更加充实、更有保障、更可持续。一是强化民主法治建设，源头上推动基层用法治思维和法治方式预防化解社会矛盾；二是维护社会平安稳定，加大安全生产监管力度，保障食品药品安全供给，不断增强人民群众的安全感；三是打赢精准脱贫攻坚战，加快10个省定贫困村"创建社会主义新农村"建设，推动一批民生工程项目建成发挥效益，协调配合好中山市的对口扶贫工作，力促贫困村村容村貌实现质的提升；四是大力发展民生事业，不断增强基本公共卫生服务水平和突发公共卫生事件应急处置能力；五是加强精神文明建设。

六是持续推进全面从严治党，铸造坚强的基层战斗堡垒。

坚持党要管党、全面从严治党，按照新时代党的建设总要求，促进广大党员干部锤炼好作风、展现新作为，用党建工作的实际成效为经济社会持续健康发展保驾护航。一是突出加强党的政治建设，营造风清气正的政治生态；二是着力提高干部队伍素质，不断提高干部队伍适应新时代发展的能力；三是全面强化基层党建工作，进一步促进党务、村务民主公开，不断提高民主协商水平；四是持续加大正风肃纪力度，认真贯彻落实"三个区分开来"原则、治理为官不为问题的工作意见，建立健全问题研判机制，真正实现用纪律约束不作为、用惩处整治乱作为、用政策激励敢作为，营造积极向上的干事创业氛围。

新时代赋予新使命，新起点开启新征程。潮安区委、区政府更加紧密地团结在以习近平同志为核心的党中央周围，高举习近平新时代中国特色社会主义思想伟大旗帜，按照习近平总书记对广东工作重要批示精神，不忘初心，牢记使命，开拓创新，锐意进取，奋力推动潮安老区在决胜全面建成小康社会、建设社会主义现代化新征程上再创辉煌。

附　录

附录一

大事记（1921—1949）

1921 年

2 月，潮安各界工人在"潮州工界联合会"的组织下，开展了多次争取工人权益的斗争，取得了一定的胜利。

是年夏，李春涛从日本留学归来，先后出任潮州金山中学教务长、代校长，在校中创办《金中周刊·进化》，传播马克思主义理论，培养一批进步青年。

1922 年

5 月，潮安青年团员叶纫芳在广州出席中国社会主义青年团第一次代表大会。

8 月，进步青年方惟精、张卧云、余益求等，分别深入到上莆区的乡村，发动工友组织染踏布、织布、锡箔等工团，成立"潮州工界联合会上莆支会"，推选方惟精、赖其泉为负责人。此后全县工人组织蓬勃兴起，先后成立 4 个支会，28 个工团，会员共 1.3 万人。

10 月，东莆区孙戊昌、孙清宜在方惟精等人的帮助下，发动了几十户贫苦农民，在西林紫来轩书斋成立了"西林农界救国联合会"。

1923 年

2 月，潮安各界声援京汉铁路工人大罢工，并电告孙中山，表示愿作京汉铁路工人的后盾。

3 月，青年图书社提出"宣传新文化，介绍新思想，建设新社会，创造新生活"的口号，并集资将"新刊贩卖部"扩办为"青年书店"。

春，在海陆丰农民运动影响下，潮安不断发展起来的农民组织，纳入了以彭湃为领导，在全国率先组织起来的广东农民联合体系。

5 月 9 日，潮安县城学生举行国耻日游行。

9 月，在彭湃指导下，西林农界救国联合会改称潮安农民协会，潮安成为粤东继海陆丰之后最早成立农会的县份。

9 月，工界、学界联合惩处偷办日货的奸商。

同年，潮安籍青年知识分子丘玉麟、洪灵菲、戴平万、冯瘦菊等加入新成立的潮汕地区新文学团体"火焰社"。

1924 年

1—2 月，韩师和金中部分进步学生组织社会科学研社，研究学习马克思列宁主义和俄国社会主义革命的经验。

5 月 4 日，潮安县城进步学生在开元寺举行隆重集会，会后在全城举行游行。

年底，在广州从事革命活动的共青团员杨石魂，介绍大寨乡进步青年、农运骨干赖盛杰、赖绵奎、黄纲常、陈明察 4 人，参加广州农民运动讲习所第三期学习班。

1925 年

3 月，中共汕头特别支部书记杨石魂来到潮安东莆区，吸收方惟精、余益求、赖其泉等人加入共青团，成立大寨乡团支部，成为共青团汕头地委辖下的三个团支部之一。接着，生聚洋也成立了团支部。

3 月 7 日，广州革命政府领导的东征联军右路军许崇智部许济旅进驻潮安，黄埔军校校长蒋介石率军校学生军教导团同日进入潮安。

3 月，中共广东区委常委兼军事部部长、黄埔军校政治部主任周恩来，深入潮安城乡，对工农运动情况进行调查，指导潮安恢复被军阀摧残而暂停或半暂停的工会、农会、学生等群众组织。

4 月 5 日，黄埔军校政治部干事潘学吟奉周恩来命令，就任国民党潮安县党部筹备处登记主任。

4 月 19 日，国民党潮安县党部成立。

同月，潮州市劳动同盟成立。

4 月，周恩来深入大寨，先后会见大寨团支部、大寨和赖厝农民协会主要负责人。当晚来到西林村紫来轩，听取区农会负责人孙戊昌、孙木乾等的工作汇报。

6 月，潮安县城工商学各界群众团体联合成立潮州国民外交后援会，掀起抵制洋货运动，声援"五卅惨案"和"沙基惨案"发生后的上海、广州工人，支援他们反对日、英、法、美帝国主义的斗争。

7 月，生聚洋团支部领导成立"生聚洋青年农工同志社"，社员 140 多人。

9 月，陈炯明、洪兆麟在潮汕实行"清乡"，潮安农会组织遭受严重破坏。

11月5日，国民革命军第二次东征收复潮安，第一师师长何应钦率部先后进驻潮安县城及意溪等地。同月9日下午，潮安各界一万多人在西湖运动场隆重集会，欢迎东征军重进潮安。

11月6日，经东征军政治部主任周恩来的推荐，刘康侯就任潮安县县长。刘康侯上任后，考察民情，制订施政计划，洗刷政治经济积弊。

11月，在周恩来的关心和指导下，成立中国共产党潮安县支部，书记为郭瘦真。

11月，中共广东区委委员兼妇女部部长邓颖超，到县城扶轮堂召开潮安各界妇女活动分子座谈会。

12月18日，黄埔军校潮州分校举行开学典礼。蒋介石兼任潮州分校校长，汪精卫任党代表，何应钦任教育长，周恩来任政治部主任。分校校址设在李厝祠和黄氏宗祠。

12月初，潮安县第一次农民代表大会，在县城扶轮堂举行。大会选举出郭瘦真兼县农民协会秘书长。至翌年4月，全县18个区已有16个区成立区农会，有128个乡建立起乡农会，总入会人数11304人（每户以1人为代表）。

1926 年

1月，潮安县党组织决定重组县总工会，并派出一批共产党员、工运骨干到基层工会开展工作，重新发现和培养工运人才。

同月，在邓颖超的指导下，广东妇女解放协会潮安分会在县城扶轮堂成立。

春，共青团潮安特别支部成立，书记方慧生，有团员41人。

1月17日，在县城开元寺举行孙文学会潮汕分会成立大会，参加大会的有农工商学兵各界代表。

2月，郭瘦真调回广州，中共潮安支部由黄法节任书记。随着党员人数的迅速增加，潮安县支部扩展为特别支部，书记朱叟林。随后，成立了上莆区、上莆区工人、潮安县农民协会、庵埠总工会等支部。

夏，中共潮安特别支部改为中共潮安县部委员会，书记朱叟林，工运书记赖炎光，农委书记方临川，宣传部部长方慧生，委员李绍法、方方。

7月11日，在县城扶轮堂召开潮安县第一次工人代表大会，宣告潮安县总工会成立。

8月23日，潮安县82个团体联合举行庆祝北伐军占领湖南岳阳及拥护省港罢工大会，同时通电慰问省港罢工工友，会后举行示威游行。

9月，潮安组织了由3000多名青壮年组成的工农运输队支援北伐革命军。

10月，潮安国民党右派制造了"李子标血案"，县总工会、农会组织2万多人集会，向县署请愿惩凶。11月，中共潮安县部委发动全县罢工、罢市、罢耕，经过斗争，潮梅警备司令部答应潮安工农提出的四项要求。

12月23日，潮安总工会召开第二次全县工人代表大会。

12月29日，因潮安妇女解放协会被右派把持，根据中共上级组织的指示，以女共产党员为核心成立潮安妇女改进会。

1927 年

1月1日，潮安各界200多个团体5万多人，在西湖运动场举行庆祝北伐军歼灭军阀孙传芳占领九江和南昌的重大胜利。

同月，潮安劳动童子团第一次全县代表大会在扶轮堂召开。

2月，在县部委和农协的组织下，于上莆召开全县各区农会代表大会，传达和贯彻潮梅海陆丰第一次农民代表大会精神，号召全县农会，进一步发展和加强农民自卫军，为反击国民党新右派的进攻，做好必要的思想准备。

3 月，潮安各界 20 多个团体 200 多名妇女代表，在金山中学举行纪念"三八"国际劳动妇女节大会。

4 月 15 日晚，国民政府潮安当局按潮梅警备司令部命令，"围剿"中共潮安县部委驻地和金山中学、县总工会、县农会、革命书报流通处等党、团活动地点，逮捕中共潮安县部委宣传部长方慧生、工运书记赖炎光、共青团潮安县部委书记郭子昂、宣传部长蔡英智以及金中训育主任李雄汉等一批共产党人和革命人士。这一事件史称"四一五政变"。

4 月 16 日夜，由 100 多名工农骨干组成的武装队伍，撬掉部分潮汕铁路路轨，切断军用电线，破坏国民政府当局的交通、电讯设施。

4 月 20 日下午，方临川、方方命赖其泉带领几十名工农武装人员，在宏安乡将潮梅警备司令部秘书兼国民党汕头市党部宣传部长耿勉之及其带领的潮梅警备司令部的黄宗仰、姚庆慈等 11 人抓获处决。21 日，工农武装抓获并处决国民党区分部书记赖盛治等 6 名反动分子。

6 月，中共潮安县委员会在大和区凤岗村成立，书记陈振韬。

8 月底，各区农民自卫军成立后，开展了袭击大和区警察署、攻打登塘圩、占领归仁区警察署、镇压国民党暗探等斗争。

9 月 6 日，方慧生、蔡英智在潮州西湖山下英勇就义。15 日，中共南昌起义前敌委员会派来的中共党员杨嗣震在西湖被国民政府当局杀害。

9 月初，潮安县委派出农民自卫军前往登荣区，准备接应起义军南下进占潮安。同月，林务农任潮安县委书记，根据中央和省委的指示，在江东仙洲村部署策应起义军工作。

9月23日，南昌起义军主力进驻潮安县城，周恩来、贺龙、叶挺、彭湃、郭沫若等同时到达。起义军的第二十军第三师（师长周逸群）驻潮安，师部设在西湖涵碧楼。同时成立潮安县红色政权——县革命委员会，陈兴霖任委员长。

9月24日上午，在潮安县城西湖运动场举行隆重的军民大会，热烈欢迎起义军和庆祝潮安县革命委员会成立，周恩来等领导在大会上讲话。会后，周恩来等前委和革命委员会领导乘火车前往汕头，途经鹳巢车站时，特地下车接见前来迎接和慰问起义军的群众并作了演讲。

9月30日，驻潮安县城的600多名起义军奋力抵抗攻城的国民政府军9000多人，起义军于傍晚撤离潮安县城。起义军在潮安的活动前后7日，史称"潮州七日红"。

10月，潮安县农民自卫军扩编为工农革命军东路第二独立团，许筹任团长，方方（方思琼）为党代表，起义军留下的干部李英平为参谋长。

同月，方临川接任潮安县委书记。

11月，潮安县委发动农民进行抗租抗税和武装斗争。处决了国民政府秋溪区民团局长陈梅友等反动分子，先后开展攻打沙溪乡公所、袭击金石区署等斗争。

12月14日，为配合广州起义，潮安县委组织第二独立团和鹳巢、西林、林妈陂等地赤卫队，在鹳巢火车站截劫从汕头开往潮州的列车，毙、伤押运的敌军10多人。

1928年

1月，国民政府潮安治安委员侯映澄率治安队与顾光华民团袭击归仁区林妈陂乡，方方带领第二独立团和赤卫队奋起反击，打退了敌人进攻。2月25日，侯映澄和顾光华又率队配合吴少荃保安队再次进攻林妈陂，第二独立团与赤卫队在澄海县赤卫军的协助下，再次击退敌人的进攻，并击毙了顾光华。当天下午，敌人增援了一个营兵力，配合保安队及治安队，兵分三路向林妈陂进攻，由于敌我力量悬殊，第二独立团与赤卫队被迫撤退。敌人进入林妈陂后，大肆烧杀。全村被烧毁民房 960 间，祠堂 5 座，被劫掠财产不计其数，史称"林妈陂散乡"。

2 月，全县共产党员从原来的 100 多人发展至 309 人，建立了 9 个区委、44 个党支部。

2 月 9 日，潮安县委书记方临川与原县委书记陈振韬在汕头参加会议时蒙难。

2 月 29 日，潮安县委在大和区召开首届全县党代会，改组县委，选举县委委员 11 人，陈木合任县委书记。

3—4 月，潮城区委执行"左"倾盲动错误的行动，致使区委和 4 个支部遭受破坏，区委书记邓云辉和两名支委遭到杀害。

5 月 11 日，潮安县总工会副委员长谢汉一被捕后在南较场殉难。

5 月，丰顺县八乡山革命根据地党支部书记古大存等几位领导同志，来到潮安归仁区的世田、枫树员等村活动。在潮安县委委员、归仁区委负责人张义廉的协助下，古大存在枫树员、白水、白茫洲等乡村，发动群众开展革命活动。

6 月 15 日，中共东江特委在潮安洋佘村召开潮梅各县县委书记会议，讨论夏收总暴动问题。16—17 日，国民政府汕头侦缉队先后包围新乡和洋佘村，潮安县委书记陈木合、委员姚为敬等 9 人被捕，并于当月在汕头被杀害。林中接任潮安县委书记。

6—7 月，国民政府军警对归仁区各乡的农民武装进行"围剿"，中共潮城区委委员方淑珍、少先队长陈文光和干部方立功在枫树员被捕，于 13 日在县城南较场英勇就义。

8 月，梅县畲坑暴动之后，张义廉代表潮安县委到九龙嶂，参加新成立的七县联合委员会，古大存任联委书记。

12 月 17 日，国民政府潮安警卫队分三路"围剿"桑浦山革命据点的兴饶和田心村。潮安县委委员赖其泉、吴根炎在掩护战友突围中牺牲。

1929 年

2 月，潮安县委委员陈宏通以农民代表身份到莫斯科学习。

春，潮安县委在归仁区建立武装队伍，发动游击战争，创建归仁山地游击区，与八乡山根据地的斗争紧密结合在一起。

3—4 月，中共东江特委派农运部长卢笃茂到潮安，帮助潮安县委开展工作，发动归仁区及北部山村一带农民，积极开展对敌斗争，先后建立了区、乡赤卫队。

4 月，林中调东江特委工作，方方任潮安县委书记。

4—5 月，潮安县委在白茫洲村举办全县党团员学习班，县委书记方方向学员传达贯彻中共六大会议精神，全县有 70 多人参加培训。

10 月 10 日，为迎接中国工农红军第四军进入东江地区，是夜，潮安的地下党组织，发动工农群众散发大批反对国民政府的标语、传单，放土炮炸毁西湖会场演讲台。国民政府驻军、警察鸣枪报警，引起城内骚动。事后，国民政府部分军政要员将家眷移居香港。

10 月，方方调动，杨少岳接任潮安县委书记。

11—12 月，在潮安县委的领导下，潮安县城工人先后举行四次罢工，反对印务、理发等行业的东家开除工人。

12 月，乌洋农民 700 多人，在村党支部的领导下，开展反加租、吊佃、增加牛税的斗争。同月，郭陇乡群众，联合附近乡民，处决长期鱼肉乡民、作恶多端的国民政府龙溪区监委郭芳霖等3人。

冬，归仁区成立了潮安县首个区级苏维埃政府，主席蓝阿怀。同时，东江红军总指挥古大存率领东江红军从丰顺崇下进入归仁区活动，在世田村设立第二军区。在东江红军帮助下，归仁区各乡村纷纷开展抗租、抗债、打击地主豪绅的斗争。

1930 年

3—4 月，东江特委进一步强调在潮安、揭阳、丰顺三县边区建立游击区，东江红军在归仁区推动了游击战争的迅速开展。

春，卢笃茂率东江红军短枪队 20 多人，东渡韩江进入潮安东北部的登荣区开展工作，成立登荣区苏维埃政府，建立有 30 多人的赤卫队，开辟了登荣游击区。

4 月，潮安县委在归仁区白茫洲成立全县性政权机构——潮安县革命委员会，主席张义廉，标志着潮安土地革命进入了新的时期。

5 月 1—12 日，东江第一次工农兵代表大会在八乡山召开，成立东江苏维埃政府，委员长陈魁亚。潮安代表陈耀潮、李子俊、龚文河被选为东江苏维埃政府常委，其中陈耀潮被选为副委员长。同时成立红十一军，古大存为军长。会后，古大存率红十一军进入潮安归仁区，在世田村设立军部。

5 月 16 日，庵埠 5000 多名船业工人举行同盟罢工，反对国民政府潮安航政局增收船牌捐和强迫船业工人加入黄色工会。罢工坚持了 9 天，迫使国民政府潮安当局撤销航政局长职务，答应了船业工人的正当要求。

6—7 月，根据东江特委的命令，古大存率领红十一军的四十六团、四十七团、教导团共 2000 余人，三次组织攻打潮安县城，因敌强我弱，远途出击，三次均未逼进潮安县城就被敌包围，遭受严重伤亡。红十一军被迫撤离潮安，返回八乡山根据地。归仁、登荣游击区的党组织和苏维埃政府因此遭到严重破坏。

9月25日，潮安县委书记杨少岳化名"楚司令"，与邢振声率领12名武装骨干，组织领导了南澳渔民暴动，攻占了南澳县城。

10月，国民政府派军警镇压，杨少岳为掩护战友突围壮烈牺牲。

11月初，成立以邓发为书记的闽粤赣苏区特委，撤销原东江特委，在东江设西南、西北分委，并相继成立了边界县委。潮安县与澄海县及南澳成立了潮澄澳县工委，书记周大林，属西南分委领导。

年底，中共中央军委书记周恩来亲自组织建立了从上海（中共中央所在地）经香港、汕头、潮安、大埔、永定到达中央苏区瑞金的地下交通线，在潮安县城的交通旅社设立地下交通站。

1931 年

5月，因敌人"围剿"切割了东江与闽粤赣的交通，根据中共中央指示，决定取消西南、西北分委，恢复东江特委。东江特委恢复后，先后派李崇三、陈耀潮、张敏、陈府洲、姚舜娟等到潮澄澳加强领导，同时潮澄澳县工委改称潮澄澳县委，周大林调出，李子俊任书记。

7月，潮安打石工人、织布女工开展罢工斗争，取得了增加工资的胜利。

9月，九一八事变消息传到潮安，各界群情激愤，纷纷成立各种抗日救国团体，抵制日货，对日实行经济绝交。金山中学、韩山师范和县立中学进步学生，不顾国民政府当局的禁令，开展抗日宣传和募捐活动。

10 月，潮澄澳县委以苏维埃政府的名义，在莲花山周围的游击区发起组织反帝大同盟、抗日互济会等民众团体，领导民众开展抗日反蒋救亡运动。

9—10 月，日本帝国主义侵占沈阳后，潮澄澳县委以苏维埃政府的名义，发起组织反帝大同盟、抗日互济会等民众团体。县委陈府洲主持出版党刊《红潮》。

11 月，陈圆圆等 10 多名农会骨干，成立了桑浦山游击队，开展武装斗争，在群众支持下，游击队迅速发展到 30 多人。

11 月，原潮澄澳县工委委员余丁仁在瑞金出席中华苏维埃第一次代表大会。

年底，潮澄澳县委错误清查"AB 团"，县委书记李子俊被认为"消极、政治上靠不住"被撤职。李崇三接任县委书记。

年底，中共中央军委书记周恩来沿地下交通线从汕头乘火车到达潮安县城交通旅社，午饭后，在韩江青天白日码头乘交通站电船北上，顺利到达中央苏区。

1932 年

1 月，潮澄澳县委为实现向闽西南发展，连接中央苏区的战略目标，从秋溪游击区先后抽出多名干部，进入凤凰白水湖一带山区，组织群众开辟革命根据地，发动各村成立党支部、农会、妇女会、儿童团，建立在业赤卫队。此后，又将不断壮大的武装力量整编为 4 个支队共 350 人，由浮凤区特派员文锡响统一指挥。在潮澄澳县委的领导下，开展了轰轰烈烈的武装斗争和土地革命，标志着浮凤苏区和革命根据地的正式形成。

7 月，东江特委为加强潮澄澳武装力量，调许日新、阿进、罗金辉、李金盛、吴元金等 10 人，进入桑浦山，配合游击队开展活动。

秋，潮安县城培英小学教师刘斌（刘光涛），联合在城的进步教师秘密成立岭东教育劳动者同盟，提出拥护共产党的抗日主张，反对国民政府迫害进步人士及坚持投降政策，开展抗日救国斗争。

冬，中国工农红军东江独立师第二团第三连（简称"红三连"）在秋溪区大涵埔成立，连长贝必锡，指导员傅尚刚。红三连成立后，先后袭击隆城和溪口的警卫队，缴获长短枪百余支。

1933 年

春，潮澄澳特务大队成立，队长李金盛，政委林乌。同期，建立了秋溪游击队，队长罗桂木，指导员曾才炎。

3—5 月，潮澄澳特务大队袭击火烧寮，攻打文祠，先后没收多个乡村地主的财产，使农民享受到了胜利的果实。

5 月，潮澄澳县委在潮安、饶平交界的草岚武召开了近千名各区代表参加的纪念"五一"劳动节大会，当场有 30 多名青年报名参加了红军。

6—8 月，潮澄澳红军和游击队，先后击破国民政府独立二师和三县警卫队对桑浦山游击区进行的三次"围剿"。

7—8 月，中共浮凤区委在白湖村成立，书记文锡响。在区委领导下，有 90 多个赤色乡村组织了农会、妇女会和地方赤卫队。同时秋溪区革命委员会成立，主席傅尚刚。

8 月，潮澄澳红军第二中队成立，队长吴元金。

秋季，潮澄澳县委从凤凰苏区工作队中抽出工作人员秘密潜入闽粤边界活动，打通了从凤凰到闽西中央苏区的交通线，并建立多个交通站、点。

冬，浮凤区武装联队成立，队长柯良。接着，成立登凤区革命委员会。

年底，红三连和游击队在秋溪黄儿坰阻击国民政府军队70余人的进犯，毙敌队长等12人，缴获武器一批。

年底，凤凰共产党员文锡题带领红军、游击队近千人，在凤凰内外，抗击国民政府邓龙光部队。

1934 年

1月，潮澄澳县委书记徐国声与县委委员陈宗鉴，一同在瑞金参加中华苏维埃第二次全国代表大会，徐国声同时参加了中共六届五中全会。徐国声在归途中被捕后牺牲，东江特委调陈信胜接任县委书记。

1月，潮澄澳县委召开县委扩大会议，讨论年关斗争、扩大红军、筹集经费和发展党、团组织等问题。会后，红三连按会议部署，开赴平原各区开展游击斗争。

1月，浮凤区赤卫大队在白湖成立，大队长林群池。全区划为4个支路，每个支路成立1个中队。驻凤凰圩的敌军罗静涛连，会同东兴、福南、坑美等地后备队，不断对赤色乡村进行袭击和"围剿"，搜捕党的领导人和革命干部。为保护凤凰革命根据地，中共红色武装对敌人展开激烈的反"围剿"斗争。

1月15日，中共浮凤区委委员黄来敬和交通员黄秋富（女）等4人被捕。2月27日，黄来敬、黄秋富等4人在凤凰圩英勇就义。

1月，红三连挺进平原，配合庵埠、上莆游击队，先后袭击了仙地头、龙田、仙德和塔下的后备队，攻克刘陇炮楼，内外夹击金石和彩塘的警备队，七战七捷。

1月27日，国民政府军张瑞贵部"围剿"共产党领导的桑浦山游击队，敌我双方发生激烈战斗。因力量悬殊，游击队迅速转移，敌军在各村纵火洗劫。

1月，为粉碎国民政府对中央苏区的第五次"围剿"，苏区中央局决定将中共漳州中心县委和饶和埔县委、潮澄饶县委，合并组成中共闽粤边区特委，直接归中共中央领导，指定黄会聪为特委书记。

3月，红三连和红二中队合编为中国工农红军潮澄澳第三大队（简称红三大队），大队长朱增强，政委贝必锡。

4月上旬，潮澄澳县委奉中革军委命令，派出辖下的红三大队一、三中队和特务大队共200人，在贝必锡的率领下挺进闽南，配合红九团共同完成中革军委交给的任务。月底，潮澄澳红军和饶和埔诏游击队分三路围攻诏安黄牛山，全歼匪徒，缴获长枪和大刀各20多支（把），匪首沈之光坠崖毙命。

4月，浮凤区革命委员会成立，主席黄芝固。

5月初，潮澄澳县委在白水湖召开追悼大会，悼念陈府洲、张炳琴、林大光等烈士，到会有各区代表和群众1000多人。

5月，在闽南的潮澄澳红军与闽粤边区临时特别委员会取得联系，归属其领导。

8月，在中共闽粤边区特委成立大会上，潮澄澳县委委员张敏当选为闽粤边区特委委员。

10月，按照中共中央的指示，潮澄澳县委改称潮澄饶县委，陈信胜任书记。

同月，潮澄饶县革命委员会在凤凰根据地叫水坑成立，陈耀潮任主席。

11月，潮澄饶红军从闽南回师凤凰，前后历时8个月，胜利打通了广东的饶平、潮安、丰顺、大埔和福建的诏安、平和、云霄等县几百里长的区域，牵制了国民政府军队4个师的兵力，缓解了中央苏区第五次反"围剿"和主力红军战略转移的压力。

12 月，潮澄饶特务大队在青岚分水岭伏击敌洪之政部，毙敌 8 人，活捉叛徒红番及敌兵 16 人。是役，特务大队政委林乌在搜索残敌时不幸中弹牺牲。

1935 年

自 1930 年底至本年 1 月止的四年多时间中，潮安各级党组织和人民配合地下秘密交通站的工作人员，在途经潮安地域近百公里的中央苏区红色交通线上先后安全护送了刘少奇、周恩来、项英、陈云、博古、任弼时、聂荣臻、刘伯承、邓小平等党、政、军领导以及国际人士共 200 余人；还两次护送参加中华苏维埃全国代表大会的各地代表和一大批电讯技术人员、文艺工作者和进步青年。中央苏区军民每年所需的物资大部分均在潮安转运或采购后运出，潮安转运创造了人员和物资无一失事的光辉业绩，为中央苏区的建设和发展作出了重大贡献。

1 月，按照中共中央指示，潮澄饶县委划分为潮澄饶和潮澄揭两个县委，张敏任潮澄饶县委书记；陈圆圆任潮澄揭县委书记。

1 月，潮澄饶县委在白湖举行纪念李卢列大会，红军和各区代表及群众 1000 多人参加。

2 月，中共潮澄饶县委成立分田委员会，主席张敏，下设查田、分田委员会。

3 月 2 日，潮安侦缉队长李映高伙同邓龙光三团章连和隆都后备队，沿水陆两路包围韩江洪渡口。隆都游击队长许尚稳等 5 人趁敌靠近，开枪击毙李映高和后备队第四中队长，毙伤敌军 20 余人，游击队许尚稳等 5 人在战斗中牺牲。

4—5 月，浮凤区已有 70 多个自然村先后完成分田工作。

4—5 月，国民政府军邓龙光部在加紧对大南山根据地进攻的同时，继续对潮安秋溪、上莆、庵埠、登凤、浮凤等革命根据地进行疯狂"围剿"。潮澄饶县委常委文锡响、许若愚，潮澄揭县委书记陈圆圆、上莆区委书记黄宏阳、庵埠区委书记郭懊柴等先后牺牲。陈锦豚继任潮澄揭县委书记。

7月初，浮凤区在庵下村举行区苏维埃政府成立大会，黄芝固任主席。接着，19个村相继成立苏维埃政府。

8月，邓龙光集中两个团的兵力，分三路进攻凤凰革命根据地。

9月，根据中革军委红九团的建议，红三大队和潮澄饶县委、县革委机关，突围向闽南转移，在闽粤边区特委的领导下，与闽南红三团小分队一起创建乌山根据地。

10月，潮澄揭县委根据中共闽粤边区特委的指示，从潮澄饶县委中抽调部分干部，开辟诏安、云霄新区。

11月，秘密设在汕头的潮澄揭县委机关被破坏，县委书记陈锦豚牺牲。

11月，潮澄饶红三大队、特务大队、卢秋桂短枪队与红九团邓珊部，根据闽粤边区特委的指示，合并为闽粤边区红军独立营，营长邓珊，政委贝必锡，归潮澄饶县委领导。

11月，重新成立潮澄饶县委，陆位保任书记，张敏调闽粤边区特委工作。

1936 年

1月，浮凤赤卫队与潮澄揭第一中队合并，成立潮澄饶红军第一大队，队长卢秋桂，政委曾才炎。

4月，潮澄饶县委书记陆位保和县委常委蔡茂，根据闽粤边区特委指示，到潮澄饶开展抗日救亡工作。

5—6月，因叛徒出卖，陆位保和隆澄区委书记陈绵裕、区妇委刘碧花在汕头被捕。翌年春，陆位保、陈绵裕、刘碧花被杀害于潮安县城。

6 月，闽粤边区特委根据抗日形势的发展，把独立营改为中国人民红军闽南抗日第一支队，支队长卢胜，政委吴金。潮澄饶红军第一大队改为第五支队，支队长李金盛。

9 月，重组潮澄饶县委，常委陈耀潮、曾才炎、黄芝固三人秘密潜回潮澄饶开展恢复工作。由于敌人到处追捕，黄芝固、曾才炎牺牲，翌年 5 月，潮澄饶县委停止活动。

10 月上旬，岭东小学教师救国会潮安分会成立。

1937 年

6 月，中共闽粤边区特委及其领导下的闽南红三团、潮澄饶红军（抗日第一、五支队）和各县游击队，开辟新的云和诏游击根据地。

7 月 16 日，闽粤边区特委代理书记张敏，在主持召开云和诏县委扩大会议时，被国民党诏安县保安大队包围。张敏等 13 名干部被捕后遭杀害，史称"月港惨案"。

8 月 21 日，由共产党人发起组织的潮安青年救亡同志会，在潮安县城扶轮堂成立，钟骞等 11 人被选为理事会理事。

9 月上旬，潮安党组织恢复活动，成立中共潮安职工支部，邱创荣任书记。

10 月，中共潮安县工作委员会成立，书记金缄三。11 月，金缄三调动，由谢南石接任。

10 月，潮安党组织派出张灵夫等 12 人，参加"潮汕青年北上随军工作队"随军北上。

1938 年

1 月，根据中共中央关于南方红军游击队编入新四军的指示，闽粤边区红军游击队（包括原潮澄饶红军）400 多人正式编入新四军第二支队第四团第一营，开往苏皖前线。

1 月，潮安青年救亡同志会改称潮安青年抗敌同志会，至潮安县城沦陷前，拥有会员四五千人。

2 月，国民政府成立潮澄澳抗日自卫总队，总队长洪之政。

4 月，广东省分区成立民众抗日自卫团，潮安、澄海、饶平、汕头、南澳被划为第九区，刘志陆任第九区统率委员会主任委员。

5 月，潮安党组织通过共产党员林西园，组织金中、韩师、县中、龙溪中学以及迁来潮安二区的汕头市一中等学校，成立"潮安学生救国联合会"。

7 月，庵埠青抗会派会员参加国民政府军"一五七师战地服务团"。

9 月，潮安"青抗会"为支援抗日前线，仅用半个月就完成派发 3 万封慰劳信和发放慰劳袋的任务。10 月，完成潮安县后援会分配的征集 800 件棉背心的任务；在纪念"八一三"事变的献金运动中取得献金 1 万元的成绩。

10 月，共产党员徐先兆、胡沥、张村三人，受中共广东省委统战部部长古大存的派遣，到驻潮安的独九旅政治部协助抗战工作。

11 月，李习楷受潮安党组织委派，回到家乡江东，成立了中共厝洲党支部，李习楷任书记，开展武装抗日工作。

1939 年

3 月，中共潮安县工委改称潮安县委，书记谢仰南。

5 月，根据潮安党组织的决定，青抗会在潮安县城组织声势浩大的"保卫大潮州"游行和集会。

6 月 16 日，保安司令邹洪、驻潮警备部队独九旅旅长华振中，为阻止日军对潮安进犯，下令拆毁潮汕铁路。

6月21日（农历五月初五，端午节），入侵华南的日军出动一万余人，飞机40多架，舰艇40多艘，分三路侵犯潮汕。同日，汕头和庵埠相继陷落。在庵埠赶集的群众被杀死100多人，由汕头逃往庵埠的300多人被日军戮死后推入韩江中。

6月24日，国民政府驻军联合共产党游击队，袭击驻庵埠日军，激战两日后撤退。日军屠杀当地无辜民众170多人。

6月24日，2000余名日军，分别沿铁路线、护堤公路和韩江水路向潮安县城进攻。27日，潮安县城沦陷，潮安县委迁至文祠长背山。

7月7日，中共潮汕中心县委在桑浦山宝云岩成立抗日武装队伍"潮汕青年抗日游击大队"，政委卢叨（兼），大队长罗林。

7月15日夜，独九旅六二五团、六二七团，在保安四团、预备六师和自卫总队、县自卫团的配合下，共6000人，对驻潮安县城日军发起反攻。反攻失败后撤离潮城。

7月，撤销中共潮安县委，新组建中共潮（安）揭（阳）丰（顺）边县委，书记林美南。

7月下旬，在华振中承认游击队独立性的原则下，汕青游击队接受"中国国民革命军陆军独立第九旅游击队"的番号，队长罗林。

9月13日，汕青游击队在云里山伏击日军，打死日军4名。

10月7日，汕青游击队在枫溪云步活捉日军伍长加藤始助。

10月28日，200多名日军从云步向乌洋山进攻，受到保安团和汕青游击队夹击，日军死伤20多人。

10月，潮汕中心县委改组为潮澄饶中心县委。

11月，汕青游击队支援受日军围困的保安团，共击毙近百名日军。

11月16日，驻彩塘日军向沙溪进犯，驻沙溪的国民党保安团前往桑浦山阻击，激战一整天，阵亡70多人。

12月23日晚，潮安军民200多人，破坏从潮安县城至阁州的公路，拆毁桥梁2座及日军新装的电话线杆。

同年，日军在彩塘、庵埠设立日语学校，施行奴化教育。8月，将200多名日语学校学童运往台湾。

1940 年

1月25日，汕青游击队夜袭护堤路边的阁洲村日伪自警团，缴获长短枪19支，俘敌9名。

2月2日起，日军先后出动1000多人进犯西塘等村，遭到国民政府守军和当地乡民的顽强回击。激战三昼夜，日军被歼四五百人。

3月9日，日军分三路进攻枫溪。枫溪守军和乡民奋起抵抗，因敌我力量悬殊，枫溪陷落。

3月，由于国民政府掀起的反共高潮，汕青游击队果断将队伍化整为零，转入敌占区。潮安党组织被迫转入地下斗争。

4月4日，驻枫溪日军渡边大队几百人经古巷进扰登塘，在浩桥遭国民革命军独九旅六二五团伏击，死伤近百人。

同月，在潮澄饶中心县委的领导下，成立潮澄饶游击小组，后扩充为小队。

9月初，独九旅调防河源县，国民革命军第十二集团军独立第二十旅从清远县被调来潮汕接防，旅长张寿，旅部驻黄竹径。

12月，中共潮澄饶中心县委改组为潮澄饶县委。

1941 年

5月6日，驻潮安日军出动步兵、骑兵、炮兵4000多人，分别向大脊岭、玉窖、龟山等地进犯。

7月，潮澄饶县委划分为潮澄饶县委和潮澄饶汕敌后县委。

8月，日军焚劫潮汕铁路西片的仙庭、翁厝、曾厝洋、联安乡等8个村，毁民房1300多间。

9月，原潮澄饶县委的辖区分别划为潮饶边县、澄饶边县和饶诏边区，设特派员。

是年，中共领导下的凤凰隐蔽点建立和发展起来，为积蓄党的力量作出了贡献。

1942 年

5月4日，独立第二十旅旅长张寿召集潮州、丰顺各界代表人物开会，决定对日军实行经济封锁。

5月，中共南方工作委员会（简称"南委"）组织部长郭潜在韶关被捕后叛变，南委和粤北省委受到严重破坏。南委书记方方决定其他负责同志分散到各地活动。

6月3日，日军焚掠浮岗、凤塘一带，又烧劫古巷、福庆、孚中、长美、湖厦等处。

6月11日，日伪军共出动300多人，从白塔、枫溪、西塘等地出发，进犯三山乡福庆庵山独立第二十旅阵地，遭到国军英勇抵抗，经一天激战，日伪军伤亡较大。同日，日军对孚中村进行烧杀，孚中村被杀村民47人，被奸淫妇女55人，被烧毁民房120间。

6月18日，日军迂回向枫树员独立第二十旅三团驻地袭击，经过一整天激战，日军伤亡惨重，于当晚退回枫溪等据点。

9月，中共潮安组织在国统区暂时停止活动，在敌占区继续坚持斗争。

秋，中共南委书记方方在福建省永定县遭土匪绑架，索要赎金 3 万元,中共潮梅特委和潮安党组织筹集了巨款营救出方方。

1943 年

春,大旱,粮食严重歉收,加上日军封锁,出现大饥荒,沦陷区有几百人饿死。全县饥民流离失所,饿殍遍野,大量逃往福建,部分流入江西省。

6 月 22 日,侵华日军石井大队,在飞机、炮火掩护下,向归仁区三山乡大举进犯,独立第二十旅驻军撤出三山乡,古巷沦陷。

9 月 11 日,国民政府军队一八六师集中两个团兵力对驻古巷一带日军进行大反攻,当夜仅用一个小时便攻占杨梅山。

9 月,潮梅党组织根据中共中央"关于大力发展广东抗日游击战争"的指示,确定潮汕为抗日前线,闽西南为抗日后方,兴梅地区为联结前方和后方枢纽。

10 月 8 日,日伪军数百人在叛徒的带领下进犯大脊岭,守军 200 多人全部阵亡。至此,坚守了四个月,经历了几十次战斗的阵地终告陷落。

是年,潮州霍乱流行。潮安县城内新街头死于霍乱 89 人。庵埠仙溪李村霍乱致死者 100 多人。

1944 年

8—11 月,原"南委"秘书长姚铎变节叛党,潮揭丰边党组织指挥驻守在江东的游击队基干小组,先后对姚铎执行两次处决任务,于 11 月 12 日将姚铎击毙。

10 月,中共潮汕党组织全面恢复活动。同月,成立中共潮澄饶县委,书记周礼平。

11 月,成立中共铁路线工作委员会,书记李习楷。

12 月,设立潮揭丰边特派员,钟声任特派员。

1945 年

1月，成立中共潮饶丰边工作委员会，书记余昌辉。

春，潮澄饶敌后抗日游击队由秘密逐渐公开化，先后在江东、枫溪、东凤、龙湖、彩塘、磻溪的部分乡村发展了不脱产游击小组，开辟了新的活动点。

5月6日，潮澄饶敌后游击队袭击彩塘日伪警察署和区公所，缴获枪弹药及物资一批。

6月19日，潮澄饶游击队袭击东凤日伪警察署，缴获一批枪弹，处决伪警察署长郭汉城。

8月13日，广东人民抗日游击队韩江纵队第一支队在居西溜宣布成立，政委兼支队长周礼平，副支队长李亮，政治处主任钟声。

8月15日，日本宣布无条件投降。

8月17日，国民政府军警六七百人，袭击韩江纵队第一支队居西溜的驻地，周礼平等11人牺牲。18日，韩纵一支队突围人员，到英塘村集中后，由潮澄饶县委书记吴健民接任政委，李亮接任支队长，陈维勤任政治处主任，开展平原活动。

9月7日，针对国民政府顽固派的围攻，潮澄饶县委决定让韩纵一支武装队伍开进凤凰山。中旬，韩纵一支奉命转移丰顺八乡山与第二、三支队会合整编。

9月14日，侵潮日军开赴汕头集中缴械。

9月15日，国民政府第五战区行政督察专员陈克华，在一八六师的协助下，接收潮安县日伪政权，宣告潮安光复。

11月下旬，中共潮揭丰边县委成立，书记杨英伟。

12月底，吴健民根据地委指示，在澄海莲阳永平村召开县委扩大会议，对地方党组织作了调整：撤销潮澄饶县委、潮饶丰边工委和铁路线工委，成立潮安县工委和澄饶县工委。

12 月起，中共潮安组织开辟了比较固定的 8 条地下交通线，建立了 50 多个地下交通站（点），构成了一个地下交通网。

1946 年

1 月，中共潮安县工委成立，工委书记陈汉。

1 月 26 日，国民政府潮安县当局奉令将拘押的汉奸案犯吴得、吴君玉、赖松年、曾义、卢贻智等 30 人押解至汕头，移交肃奸机关点收和处置。

同月，国民政府潮安县当局在西湖公园建立忠烈祠和抗战阵亡将士纪念碑。

年初，潮安县工委派宣传部长庄明瑞和许拱明负责领导学运工作。同时按照上级指示，将地下党员分别隐蔽于 20 多所学校读书或当教员，在党员较集中的学校，秘密成立党支部或党小组。

5 月，因叛徒出卖，枫溪英塘地下党交通站（王炳荣家）被密侦队包围，在突围中，王炳荣的妻子和两名地下党员被捕后遭杀害。

5 月，中共潮安县工委在县城昌黎路东安里办《路报》。因揭露国民党包庇汉奸罪行，于 6 月被迫停刊。

6 月，因蒋介石撕毁停战协定，内战全面爆发。潮汕国民政府军警先后在各乡实行联防、联保、连坐，以消灭中共组织及其武装。

同月，因国民党当局到处实行"绥靖""清乡"，中共领导的韩江纵队部分干部北撤。潮澄饶地下党组织根据中央指示，转移部分已暴露人员往香港、南洋及其他各地。

1947 年

5 月，中共潮汕特委改称潮汕地委，书记曾广。

6 月，潮汕地委根据中共香港分局关于充分发动群众开展反"三征"运动的精神，成立了"潮汕人民抗征队潮澄饶武装基干队"，队长赵崇护。

7 月 7 日，国民党潮安县党部召开追悼抗战死难军民大会。

8 月初，潮汕地委根据中共中央指示，成立中共潮澄饶丰边山地工作委员会（简称"山工委"），书记陈义之。山工委配合全国解放战争，发动群众抗"三征"（国民政府的征兵、征粮、征税），开展游击武装斗争，建立凤凰山根据地。

10 月，潮安县工委负责人和一批地下党员，转移到山区参加武装斗争。

12 月 10 日，中共领导的潮澄饶丰边第一、第二政治武装工作队（简称"一武""二武"）袭击樟林乡公所和守菁队，缴获枪弹及物资一批。是役，亮出"人民抗征军"的旗帜，揭开潮澄饶地区解放战争的序幕。

1948 年

1 月 1 日，国民政府委任喻英奇为广东省第五"清剿"区司令兼第五行政区督察专员和保安司令。

1 月 5 日，喻英奇在潮安召开"绥靖"会议，部署"剿共"工作。随后，推行国民政府当局的反共政策，开展"联防"和"清乡"活动。

1 月 20 日，山工委组织武装力量奇袭凤凰乡公所，开仓济贫，处决反动分子蔡诚忠。

2 月，潮揭丰边县为开辟山后区，成立了山后武工队（简称

"山后武"），活动在登塘、田东、水美一带山区。

3月9日，撤销"山工委"，成立潮澄饶丰武装工作委员会（简称"武工委"），书记吴健民。

4月，中共香港分局派张震回来传达学习毛泽东《目前形势和我们的任务》，以及关于成立中共潮澄饶丰边县委和韩江支队第十一团的决定。不久，中共潮汕地委派回李习楷、许士杰等骨干充实潮澄饶武装斗争的领导力量。

4月上旬，第六中队西渡韩江，挺进登塘一带活动，开辟河西游击走廊，打通了凤凰山与大南山革命根据地联系的地下交通线。

5月，成立了潮澄饶平原工作委员会（简称"平原工委"），书记邱河玉。

6月，中共潮澄饶丰边县委在五股（凤南）曾厝村正式成立，书记张震。同月，人民解放军韩江支队第十一团在文祠李工坑成立，团长许杰，政委张震（兼）。

6月26日，喻英奇纠集国民政府军警500人，对凤凰山革命根据地官头輋村进行"围剿"，全村17座民房被烧毁15座。

6月中旬，国民政府潮安密侦队包围江东下埔村地下交通站黄名贤的家，逮捕了黄名贤夫妇及其周岁幼子和堂侄黄木坤4人，随后四人被杀害。

同月，国民政府王国权部配合各乡联队约700人，兵分四路进袭五股，遭到中共领导的武装部队的伏击，仓惶撤退。

7月中旬，国民政府调集各部军队和地方武装近千人，分四路进攻凤凰山五股革命根据地，对赤竹坪等17个村庄进行烧杀抢掠。

8月，潮澄饶丰边县委改为潮饶丰县委，书记张震。将潮澄饶平原工委改为潮澄饶平原县委，书记许士杰。

8 月 17 日，洪之政带领国民政府军警数百人，再次对五股革命根据地进行"围剿"，游击队为了保护主力，采取"围魏救赵"战略，留下少数人员与敌人周旋，其余大部开赴平原进行斗争。

8 月 26 日，"四突"组成一支 10 多人的突击队，化装成农民，袭击洪之政老家江东乡公所，俘敌 30 余人，缴获武器弹药一批。

同月，根据上级"试建新民主主义青年团"的指示，成立韩师地下团支部。10 月至翌年 2 月，潮安二中、金中、一中等校先后建立新民主主义青年团组织。

9 月，在中共潮饶丰县委领导下，成立秋荣、�凤、饶中三个区委。

10 月，潮饶丰县委颁布减租减息政令，同时发动山地游击区内群众开展减租减息斗争。

年底，潮饶丰县委辖下的武工队已有 10 支，韩江纵队第十一团有 5 个连队。

1949 年

1 月，潮揭丰边行政委员会成立。

1 月 26 日，韩江支队十一团攻克凤凰圩，凤凰山区全境解放。

1 月底，韩江支队编入中国人民解放军闽粤赣边纵队第四支队，支队司令员许杰，政委黄维礼。

2 月，大和突击队先后开辟了玉窖、凤塘一带村庄。

2 月初，为巩固凤凰解放区，潮饶丰县委决定，把七武和十三武合并，成立凤凰武工队。

2 月 10 日晚，十一团突袭敌军文祠据点，俘敌 53 名，扫清了山区通往平原的交通障碍。

2月，中共韩东地委在凤凰五股举办党的组织员学习班。

3月13日，喻英奇派韩东地区指挥部参谋长庄升彦率军警300余人向凤南进攻，被五股民兵前后伏击，死伤7人后溃退。

3月23日，国民政府军警240余人"围剿"凤凰山革命根据地，在大水溪村遭到十一团和当地民兵的合力围堵、阻击。25日，敌调400余人增援，与先前队伍会合后败退。

4月，成立潮饶丰边县委和潮饶丰边人民行政委员会，县委书记陈义之，人民行政委员会主任许宏才。同时，建立4个区委和成立3个区人民民主政府。

4月，中共韩江地委所属的党、政、军领导机关先后迁至凤凰圩周围各村。

4月，根据上级指示，为迎接南下大军和建立地方政权做准备，撤销潮澄饶平原县委，分别成立潮安县工委和澄海县委，潮安县工委书记邱河玉。

4月15日夜，归湖溪美村共产党武工队活动据点，遭到国民政府蓝道立部袭击，西林民兵队长黄太安、武工队员陈英生惨遭杀害。

同月，国民党广东省务会议通过决议，把全省扩编为15个行政区，潮汕地区分成七、八两区。第八区下辖潮安、丰顺、澄海、饶平、揭阳、汕头、南澳。八区专署设于潮安。

5月1日，潮澄饶丰边区县各村民兵2000多人，在凤凰圩广场举行盛大集会，纪念"五一"节暨庆祝解放大军胜利渡江。

5月14日，韩师、金中第一批学生75人（稍后又有第二批47人）上凤凰山参加革命队伍。在此前后，有80余名华侨进步青年从南洋回国，上凤凰山参加革命。

5月18日，中国人民解放军闽粤赣边纵队第四支队，在凤凰山后河村溪埔举行成立大会，同时举行阅兵仪式。

5 月，凤凰山区的武装队伍，由原来的韩江支队十一团发展为十一团、十五团和一个独立大队。

5 月，韩江地委于凤凰松柏下村创办韩江地委革命干部学校，第一期学员 200 人。

5 月 30 日，由中共香港地下组织先后派遣来潮汕、兴梅地区开展策反工作的原国民党中将陈侃、少将梁一飞，被喻英奇杀害于潮安县城南较场。

6 月 10 日，喻英奇派马汉初、林期深部共 300 余人进犯凤凰解放区，马、林部在凤凰圩烧杀抢掠，无恶不作，群众称为"五一六"（农历）惨案。

6 月，撤销韩江地委，成立中共潮汕地委潮澄饶丰澳分委，书记李习楷。分委领导整编后的中国人民解放军闽粤赣边纵队第四支队，并设敌工科，专门向驻潮安城敌军开展策反工作。

7 月 1 日，闽粤赣边纵副司令员铁坚率边纵一团、七团和三支队一部及四支队共 2000 余人从兴梅转入凤凰解放区休整。

7 月，凤凰山区革命根据地，以"军民合作社"名义发行以港币为基金的"流通券"（每 2 元折兑港币 1 元）。

8 月 2 日，潮澄饶丰澳分委在凤凰召开"潮汕党政军民迎接大军动员委员会潮澄饶丰澳分会"筹备会议。

8 月 28 日，中共潮澄饶平原工委青运工作负责人柯国泰，在南较场被国民党杀害。

9 月 9 日，喻英奇抽调驻汕头、潮安、饶平、澄海的军队共 200 余人，水陆并进，对潮安江东的洲东、谢渡和佘厝洲等村进行"围剿"，有 4 名中共地下工作者和革命群众被杀害。

9 月 22 日，从江西败退到闽粤的国民政府军胡琏兵团残部 2000 多人从大埔分两路窜扰凤凰山解放区，遭凤凰各村民兵袭扰，至 25 日撤离。

9 月，潮澄饶丰澳分委根据华南分局指示，在凤凰山松柏下村召开迎接解放、准备接管的干部会议，学习城市政策，安排参加潮澄饶各县接管的干部。

10 月 3 日，胡琏兵团残部 1000 余人再次窜扰凤凰山解放区，于飞凤径遭到十四团和基干民兵阻击。胡琏兵团残部在潮安期间，强拉壮丁 1000 多人充当兵役。

10 月 13 日，闽粤赣边纵与潮汕地委领导人在揭阳五经富（现属揭西县）举行会议，部署解放全潮汕和接管工作。

10 月 14 日，广州解放。"四野"先遣五十一支队在完成兴梅解放后挺进潮汕，闽粤赣边纵二、四支队也向潮安县城急速进军。

10 月 18 日，驻潮安胡琏残部和国民政府潮安驻军先后撤离潮安县城。

10 月 20 日，山后武工队接管了归仁乡公所。

10 月 21 日，四支队先遣队 120 人在司令员许杰的率领下从凤凰抵达文祠。同日，二支队司令员张希非率部从揭阳梅北进驻潮安古巷，在枫洋召开有一、三团领导人参加的作战会议，研究部署解放潮安县城的有关工作。

同日，胡琏兵团最后一批主力在汕头乘军舰逃往台湾。潮安境内只剩下国民党的一些地方武装。

10 月 22 日，闽粤赣边纵队第二支队一团、三团和第四支队先遣部队占领潮安县城。国民政府县警察局长曾宪宣带警察中队及部分乡警 100 多人集中缴械，省保安一团二营宣布起义。潮安宣告解放。

10 月 23 日，四支队举行解放潮安入城仪式。

同日，潮安县军事管制委员会成立，李习楷任军管会主任。

附录二

历史文献资料

一、文献资料

（一）中共广东省委关于潮梅暴动工作计划（节录）
（一九二八年一月二十七日）

（上略）

潮安因此次暴动特别厉害，故潮安受白色军队之摧残亦特别厉害，尤以毗连的鹳巢车站之西林乡为最凶。且潮安土豪劣绅势力非常厉害，压迫农民无微不至，不过他们向来都是躲在国民党招牌之下。

（下略）

中共广东省委党史研究委员会、东江革命根据地党史资料征集编写协作组、潮澄饶澳苏区党史协作组编：《东江革命根据地史料汇编（潮澄饶澳苏区）》，广东省内部刊物登记证第〇六三号，1987 年版，第 81—82 页。

（二）中共东江特委给省委的报告（第三号）（节录）

——最近军事形势、杜式哲事、召开党代会和

派同志赴省委训练等问题

（一九二九年二月十五日）

（上略）

（2）赴莫农民同志已指定潮安县委委员陈宏通同志（履历在介绍书，另详）前去。但宏通同志目前在潮安仍有紧急工作要他做，不能抽身，大约在十日后才可去。

（下略）

中共广东省委党史研究委员会、东江革命根据地党史资料征集编写协作组、潮澄饶澳苏区党史协作组编：《东江革命根据地史料汇编（潮澄饶澳苏区）》，广东省内部刊物登记证第〇六三号，1987年版，第136—137页。

（三）中共东江特委给省委的报告（二）（节录）

——朱、毛红军的行动及东委的工作布置

（一九二九年十月中旬）

（上略）

附：潮安县委十月十一日报告如下：

让兄：

昨晚对双十节工作，在城市方面散发传单、标语，一方面把西湖双十节纪念会泼屎。把演说台放火烧个干净，至〔直〕到天光不〔还〕有时〔的〕同〔在〕散发传单，贴标语，一般警察惊得不敢出来，这种捣乱工作做后，现在放哨放到城外来，竹篙山数日来白日晚上都有军队放哨，城内戒严异常。今天火势越发凶猛，〔车〕站都有贴标语、传单。有日〔的〕地方不甚坚决，

现在准备会议检查此次工作的效果与经验及教训，使十月革命纪念时更有把握，对于潮汕双十节工作，开会后才做一个总报告，此种情形先告兄知道，以免挂念。

（下略）

中共广东省委党史研究委员会、东江革命根据地党史资料征集编写协作组、潮澄饶澳苏区党史协作组编：《东江革命根据地史料汇编（潮澄饶澳苏区）》，广东省内部刊物登记证第〇六三号，1987年版，第157—159页。

（四）中共东江特委给省委的报告（新编第二号）（节录）
——目前政治斗争形势与军事布置
（一九二九年十一月七日）

（上略）

甲、东江方面政治斗争的形势：

B. 潮安方面：最近工作仍有很大进展，特别是在双十节动作之后，党的政治影响很快速的扩大。一般群众在各方面的影响之下，革命情结日益高涨，日益接近我们。就是一般小资产阶级及一般中立的群众，也不敢和以前一样轻视我们，并且反转同情我们（特别是在红军入梅之后）。现在我们的活动范围很是扩大，潮汕铁路两旁的乡村工作都有很快的进展。潮城工作自理发工人斗争后，工作虽仍无极大的发展，但党的政治影响的确扩大很多了，黄色领袖（如著名工贼侯映澄等）的信仰的确削弱了。其次潮党近来对于宣传鼓动骚动等工作也干得有成绩（特别在潮汕铁路一带几乎无处没有我们的标语宣传，无处没有骚动过。但城内的骚动工作，因策略关系，没有需要去多做）。

（中略）

丁、政治斗争的形势总结：

B. 群众与党组织有很大的发展，而且发展的趋势大有转变，就是由乡村进展到城市——特别是汕头、潮安、揭阳的工作发展，使东江过去畸形发展的倾向，相当逐渐的纠正过来。

（中略）

戊、东委目前的策略：

B. 东委坚决要朱、毛红军依照原定计划向蕉岭、平远、兴宁、五华、梅县、丰顺一带推进，先造成西北广大范围的割据。红军四十六团除暂留丰顺内地帮助揪斗一短期间后，即向韩江中心的隬隍与潮安的田奉（东）一带发动游击战争。

（下略）

中共广东省委党史研究委员会、东江革命根据地党史资料征集编写协作组、潮澄饶澳苏区党史协作组编：《东江革命根据地史料汇编（潮澄饶澳苏区）》，广东省内部刊物登记证第○六三号，1987年版，第188—196页。

（五）中共东江特委给省委的报告（节录）
——对目前形势的估量，今后工作安排
（一九二九年十二月二十七日）

（上略）

二、目前全国军阀混战局势中东江政治斗争的总形势

（一）东南方面：

潮安方面：……潮安工人在近月来发动过四次斗争，第一次印务工头要开除印务工人，工人与之斗争，结果得到胜利；第二次是理发东家要开除工人，结果是东家罚茶包，工人胜利；第三次亦是理发东家要开除工人，结果亦工人胜利；第四次是理发工人被军队拿去当挑夫，工人几次斗争的勇气号召全业工人起来，一面要挟东家向政府交涉释人，一方面要挟工支会向政府交涉。

工支会毫无办法进行，对工支会还有幻想的工人，看穿了工支会的把戏，结果被拿去当挑夫的工人在群众声援之下放出来。铁路工人要〔也〕有斗争的要求，现正计划着。农村方面，普遍的有斗争要求，尤其是已有我们组织的地方，更特别表现着。秋收斗争不能有广大的发动，并不是群众惧怕斗争，而是党的力量太薄〔弱〕的缘故。在乌洋平民群众曾反对加租、吊佃、加牛税，结果得到胜利。……

潮安文字宣传方面，月来有很大进步。通衢大道（如沿铁路）随时都有我们的宣言、传单、标语张贴。半月前曾召集潮安县农协会第三次代表大会，影响很好。……

（下略）

中共广东省委党史研究委员会、东江革命根据地党史资料征集编写协作组、潮澄饶澳苏区党史协作组编：《东江革命根据地史料汇编（潮澄饶澳苏区）》，广东省内部刊物登记证第〇六三号，1987 年版，第 199—208 页。

（六）中共广东省委给东委信（第六号）（节录）
——关于工农革命斗争形势和红军的发展等问题
（一九三〇年一月九日）

（上略）

汕头工人群众已自动的要"找团体"，潮汕理发工人之不断斗争（潮安理发工人四次斗争均得到胜利，汕头理发工人反对东家勾结警察武装压迫工人）。

中共广东省委党史研究委员会、东江革命根据地党史资料征集编写协作组、潮澄饶澳苏区党史协作组编：《东江革命根据地史料汇编（潮澄饶澳苏区）》，广东省内部刊物登记证第〇六三号，1987 年版，第 208—209 页。

（七）中共东江特委报告（节录）

——目前东江斗争形势和各种运动概况

（一九三〇年五月十八日）

（上略）

二、各种运动概况

（二）农民运动概况

（中略）

农民的组织状况：……县农会的组织除惠来、五华、梅县、丰顺、兴宁、龙川、寻邬、大埔、潮安等县已转变为革命委员会外……

中共广东省委党史研究委员会、东江革命根据地史料征集编写协作组、潮普惠苏区史料汇编协作组编：《大南山苏区史料汇编》，广东人民出版社1987年版，第281—299页。

（八）中共广东省委关于庵埠船业工人罢工

问题给东委、安县委信（E21、C4）（节录）

（一九三〇年五月二十二日）

（上略）

庵埠居汕头、潮城之间，是潮汕的一个重要市镇，庵埠工作的进展，可以直接帮助与影响汕头与潮城的工作，工作上占有重要位置。此次庵埠船业工人的斗争，不但可以掀起庵埠、汕头工人罢工的浪潮，而且必然影响潮汕的工人（如铁路、瓷业、轮渡、市政）的起来。假如党能正确运用策略去推动整个工作，是有形成潮汕工人总的同盟罢工的可能。

（下略）

中共广东省委党史研究委员会、东江革命根据地党史资料征集编写协作组、潮澄饶澳苏区党史协作组编：《东江革命根据地史料汇编（潮澄饶澳苏区）》，广东省内部刊物登记证第〇六三号，1987 年版，第 215—219 页。

（九）中共广东省委五月工作报告（节录）
（一九三〇年六月十七日）

（上略）

二、“五一”以后工农劳苦群众斗争的形势

1. 工人群众斗争及罢工的形势

（上略）

（二）庵埠船业工人同盟罢工的经过：庵埠为潮汕一个重要的市场，来往船只甚多，计有电船、篷船（轮渡）、农船三种，尤以农船为多（农船系当地农民一种转运载柴炭等货，为庵埠附近各农村自己作的）。未久之前，国民党的船政局要抽收船牌捐，同时反动派人来办工会，要强迫船业工人加入，强抽会费。因此潮庵党便决定组织农船、篷船及电船的同盟罢工。……计这次罢工支持了九天之久，结果得到相当的胜利，船政局的局长被撤职，工人不加入黄色工会了，也不需交费了，船牌捐由两元四角减［到］一元二角，而且多抗而不缴，反动政府也不愿追问了。据潮庵的报告，罢工虽然告一段落，但斗争并不停止，现正继续斗争。

（中略）

（二）东江各县详情虽未悉（东委尚未报告），但在潮安、潮阳等县均有群众大会，梅县也有群众示威大会，潮安庵埠船业工人罢工，刚得胜利，群众参加“五卅”示威大会更热烈。……

（下略）

中央档案馆、广东省档案馆编：《广东革命历史文件汇集》，（资料性出版物），1982 年版，甲 18 册，第 91—136 页。

（十）闽粤赣边特区苏维埃政府筹备委员会成立宣言（节录）

（一九三〇年十二月七日）

（上略）

闽西赣南东江数百万的革命群众，经过长期斗争获得土地革命的胜利，普遍的建立苏维埃政权和红军，造成广大的苏维埃区域，成为南方革命根据地和苏维埃中央的后防。

（下略）

闽粤赣边区党史编审领导小组著，林天乙主编：《中共闽粤赣边区史》，中共党史出版社 1999 版，第 82—83 页。

（十一）中央给闽粤赣特委信（节录）
——闽粤赣目前形势和任务
（一九三一年四月四日）

（上略）

闽粤赣是整个中央区的一部分，他应当巩固这一根据地打通中央区的联系，但在今天闽西这一严重情况之下，闽西首先应当保持这一根据地。

（中略）

（七）东江分特暂时划与广东省委直接指挥，并积极组织潮梅的斗争来帮助闽西。

（下略）

闽粤赣边区党史编审领导小组著，林天乙主编：《中共闽粤赣边区史》，中共党史出版社 1999 版，第 96 页。

（十二）中共苏区中央局通告

1931 年 1 月，中共苏区中央局发出第一号通告，明确划定了闽粤赣苏区 28 个县的地域，加上原有东江地区 10 个县，合计 38 个县市。

闽粤赣边区（苏区）市县一览表

福建	龙岩、上杭、长汀、永定、武平、连城、宁化、清流、明溪、漳平、宁洋、平和、南靖、诏安
广东	海丰、陆丰、惠阳、紫金、潮阳、普宁、惠来、揭阳、潮安、澄海、饶平、龙川、五华、兴宁、梅县、大埔、丰顺、蕉岭、平远
江西	寻邬、安远、会昌、瑞金、石城

《闽粤赣边区的历史丰碑》编委会，福建省革命历史纪念馆编：《闽粤赣边区的历史丰碑画集》，中央文献出版社 2011 年版，第 3 页。

（十三）团东江特委报告（节录）
——闽粤赣代表会的情况、惠来的暴动情形
（一九三一年十月）

（上略）

3. 这次闽粤赣代表会，潮、普、惠、潮安、饶、埔、X、揭八县都有 C. Y. 负责同志来参加，……

（下略）

中共广东省委党史研究委员会、东江革命根据地史料征集编写协作组、潮普惠苏区史料汇编协作组编：《大南山苏区史料汇编》，广东人民出版社 1987 年版，第 303—308 页。

（十四）目前政治形势与闽粤赣苏区党的任务（节录）
——中共闽粤赣苏区党第二次全省大会决议
（一九三二年三月五日）

（上略）

潮汕、厦门、福州，许多城市工人贫农学生，反帝反国民党的斗争，在与闽粤赣苏区红军、工农群众斗争的胜利相应和，东江与漳泉各县工农群众对国民党军军阀豪绅地主的反抗斗争，也在围绕着粤赣苏区，显示出闽粤赣苏区的开展形势。

（下略）

闽粤赣边区党史编审领导小组著，林天乙主编：《中共闽粤赣边区史》，中共党史出版社1999版，第114—115页。

（十五）福建省苏关于政治及省苏工作报告决议（节录）
（一九三二年十月二十日）

（上略）

群众斗争的积极性的提高与广大群众武装的建立，特别是白区群众斗争与游击战争日益开展（如漳浦、东江、饶、和、埔等处的游击战争及潮汕的反日运动）。

（下略）

古田会议纪念馆编：《闽西革命史文献资料》第7辑，2006年内部版，第396—402页。

（十六）中共闽粤边特委给何鸣同志信（节录）
（一九三五年十月八日）

何鸣同志：

来信收到，现答复如下：

（中略）

（二）潮澄澳县委并没有代表来特委，你到潮澄澳巡视，特委是同意的，并决定你为饶和埔、潮澄澳特委特派员，但你到潮澄澳的时间不能超过一个月，至于你到潮澄澳的主要任务，是根据目前党的主要任务与当地的实际情形，来布置那一带的工作……为要争取潮澄饶游击战争的胜利，须加强党对红三大队的领导，县委应调坚强的主要干部到红三大队中负责领导工作，在各方面加强对红三大队的领导……

（三）关于健全特委的领导机关的办法，我们是依照中央过去的指示与代表大会的决定，在潮澄澳县委中提拔一位同志参加特委工作，经常到饶和埔、潮澄澳一带巡视工作，而加强特委对这二县委的领导。

中共广东省委党史研究委员会、东江革命根据地党史资料征集编写协作组、潮澄饶澳苏区党史协作组编：《东江革命根据地史料汇编（潮澄饶澳苏区）》，广东省内部刊物登记证第〇六三号，1987 年版，第 255—257 页。

（十七）中央对广东工作的指示（节录）
（一九四〇年三月十一日）

粤委：

关于广东情况电收到，我们有下列意见：甲、乙、丙、丁、戊略。

（己）对青抗、抗先及妇女团体，在能合法在的地方，应尽可能的扩大发展深入群众工作、加紧统一战线，加紧抗战活动，以争取广大群众、当地驻军和公正士绅的同情和援助。在形势不利不能合法存在的地方，应适当的转变工作方针，将大暴露的干部调往别处工作，普暂时化整为零，尽力利用各种合法团体名义和各种合法工作方式，以掩护我们的群众工作。

（下略）

中央书记处

中共潮州市党史研究室、凤凰山革命纪念公园筹委会编：《凤凰山革命根据地史料汇编（上）》，资料性出版物，潮内资出准字第 179 号，2003 年版，第 391 页。

（十八）中央对潮梅闽西工作指示（节录）
（一九四五年三月六日）

林平并转临委：

我们对潮梅、闽西南工作有如下建议，望考虑后转告林美南等同志。

（一）沦陷区及可能沦陷区，如潮揭普潮澄饶工作可以经审查后，恢复活动。以组织保卫家乡各种式样的地方性武装为主，未能审查党员则给予任务单独活动，林美南应到潮普惠揭主持工作，潮澄饶则由周礼平负责。

（中略）

（四）潮汕一带，敌后游击小组可以集中行动，并求发展，调罗林回来负队长职务，在普揭中找一干部为政委。

（五）沦陷区的各式反日武装及国民党区的反蒋武装，我们均应设法与之进行统战工作，特别澄饶边土匪武装，更应打入工作。

（六）各地情况如何，望经过东江电告。

中央寅鱼

闽粤赣边区党史编审领导小组著，林天乙主编：《中共闽粤赣边区史》，中共党史出版社 1999 版，第 519 页。

（十九）关于迎接大军南下的工作指示（节录）
（一九四九年四月二十四日）

（一）我们的大军南渡了（并已解放了南京）。

这是解放全国的一件大事情。不久，饶平、大埔、潮安、汕头、南澳等地都会插上人民解放军的旗帜！

大军的南渡，使人民的斗争情绪更提高，我们的力量更会发展，韩江的敌人更动摇、分化、瓦解，接受起义之事定必接踵而起，即使他们放弃若干据点，采取重点防御，也终要很快被我歼灭（或收编）的。

这是华南解放斗争最高潮的时期，要求全体同志加倍努力，用最紧张的工作精神迎接胜利。

（以下略）

韩江地委

中共潮州市党史研究室、凤凰山革命纪念园筹委会编：《凤凰山革命根据地史料汇编（下）》，资料性出版物，潮内资出准字第 179 号，2003 年版，第 24 页。

（二十）潮澄饶丰［潮饶丰］边行政委员会
吴健民同志报告（节录）

潮、澄、饶、丰边区所属潮安、澄海的一部分已建立政权，一部分则未建立。

潮澄饶丰地区有三个特点：

一是国民党反动统治的一个坚强区域。

二是封建势力强大，而且有武装，和官僚地主结合的，但力量分散，不比惠来的集中或其他地方派系之多（洪之政是代表人物之一）。

三是地理情形复杂，包括有平原、山地、河流、旱田、水田、山林等。

（中略）

首先，谈机构和地区的情形。

潮澄饶丰边区约有一百万人口，内有三十万在游击地带。政权：一部分政权较正规，一部分是在游击区，是秘密的，两面性的，全游击区人口共有三四百万人（闽西至潮澄沿海一带）。

具体机构是：潮饶丰行委会共有七八个区，十万多人，他是以凤凰山为中心的。

（中略）

第三，在我们政权活动地区，发行了潮饶丰流通券，款额不足港币三万元，流通地区已达到潮州对河的意溪。

（下略）

中共潮州市党史研究室、凤凰山革命纪念园筹委会编：《凤凰山革命根据地史料汇编（下）》，资料性出版物，潮内资出准字第 179 号，2003 年版，第 27 页。

二、报刊资料

（一）赤色的版图 鲜红的东江
——汕头通信
因心

目前东江的斗争，正在猛烈的向前开展。城市工人运动有惊人的发展，农村土地革命逐渐深入，苏维埃区域日益扩大，红军赤卫队继续扩充，士兵群众纷纷的爆发革命的兵变，投入红军；反动统治，更加动摇而趋近崩溃的末路。

（一）东南方面：东南自朱毛红军入东江，统治阶级非常动摇，他们极力扩充武装，加紧向革命势力进攻，以维持其垂死的命运。就潮安一县说，已经有集中的警卫队八百人，后备队各乡均有组织，侦缉队有两万人之多……这些武装，都是镇压革命，维系豪绅地主统治的利器。

（中略）

潮安、汀［澄］海、汕头市都一代［带］今年秋收的丰稔为十六年来所未有，反动政府地主豪绅藉口丰年而大增其勒索。农民说："今年秋收虽好，但更加不够还租，不够还税还捐。"工人生活更加苦痛，只庵埠一地，失业工人已达三千以上，其他各区，更不待言。

群众的斗争随着生活的惨痛而剧烈，四十八团的红军在务平两次胜利，缴得敌人枪械一百五十多枝。黄岗工人有不断的斗争爆发。潮安有五十余乡有农会的组织，斗争普遍的起来，工人的斗争不断的获得胜利，如印韩［刷］工人反对工头开除工人的斗争，理发工人反对东家解雇的斗争，理发工人反对拉夫的斗争，均得到胜利，工人斗争情绪日益高潮。乌洋农民反对加租另佣和加牛捐，妇女开始反对□长压迫，要求加入农会……在这些斗争发展当中，召集全县的第三次农民代表大会，在潮安的全城，都看得见革命的标语传单，敌人忙于侦缉与戒严。

（中略）

群众的斗争，平衡的发展，武装斗争成为主要的方式，苏维埃的旗帜将布满整个鲜红的东江。

（录自中共中央机关报《红旗》1930 年 2 月 8 日第三版）

（二）潮安龙溪区船业工人全体罢工
——经济上反抗苛捐杂税，政治上反对军阀混战

最近全国革命高潮非常高涨，东江形势紧张，各种群众斗争俱甚活跃，潮安龙溪区全体船业工友，因不堪苛捐杂税的压迫，和军阀混战的影响，全体工友五千余人，决议一致罢工，罢工后，统治阶级甚为恐慌，特别是值广东发生混战时，给军阀交通以莫大的不便，今日罢工形势日在扩大中，兹将其快邮代电录下：

中国共产党，中国共产党青年们，中华全国总工会，各省区苏维埃政府，农会，红军战士，互济会，反帝大同盟，全国各革命团体，各报馆，及一切革命群众们：

万恶的国民党军阀，在帝国主义指使之下，一面作进攻苏联的急先锋，一面爆发不断的军阀混战，延长战祸，向民众的压迫剥削，更天天的加紧，苛捐什［杂］税层出不穷，就如船挥［楫］一捐，多至十数种，他们抽剥之不已，愈来愈凶，近且将船牌捐一项，五变十更，名目百出，使我劳苦群众忍无可忍，我们为要解除自身迫切的痛苦，特联合同业工友五千余人，于本月十六日起一致坚决同盟罢工，走上革命战线，以共同消灭国民党军阀，反动统治，建立工农兵代表会议政权。特此电闻，潮安龙溪区船业全体工人叩。

（录自闽西苏维埃政府机关报《红报》1930年6月28日第二版）

（三）潮州工农起来暴动
——参加者十余万人

自广东两陈火拼爆发后，潮梅大埔一带的驻军，俱开拔回粤，反动势力，甚形薄弱。群众斗争，十分活跃。红军第十一军，协同丰顺赤卫队进攻潮城，该地工农起来参加暴动者十余万人。大

埔方面则有大部红军，已达松口，驻桃花之红军二十三大队及二十四大队，异常活动。该地豪绅地主，尽随反动军队走避一空。东江形势甚形紧张云。

（录自闽西苏维埃政府机关报《红报》1930 年 6 月 28 日第一版）

（四）闽西赣特区苏维埃大会筹备委员会开
——通过选举条例，选举筹备委员，决定大会日期，通过宣言通电

全苏大会中央准备会，决定闽西赣南东江苏维埃赣区域为一特区，于最近召集闽粤赣特区工农兵代表大会，产生闽粤赣特区苏维埃政府。闽西政府接此决定，乃召集东江赣南代表组织闽粤赣特区苏维埃大会筹备委员会，于本日上午在闽西政府大礼堂开成立大会，到会代表有闽西代表林一株、陈正、罗寿春，东江代表李光等三人参加……决定于列宁逝世纪念日（一月廿一日）成立闽粤赣特区苏维埃政府，并选举筹备员十一人，闽西四人，赣南三人，东江三人，红军一人。选举结果，闽西为张鼎丞，罗寿春，陈正，李世弟当选，东江为陈魁亚，邱中海，李占春当选，红军为施简当选。赣南因本日代表未到，通知赣南政府，请其从速选出三人，讨论及选举完毕，乃唱国际歌，高呼口号散会。

（录自中央革命根据地机关报《红色中华》1930 年 11 月 7 日第二版）

（五）汕头发现共产党传单
国民党大为恐慌

汕头电：本市今日发现共产党传单甚多，国民党大起恐慌，疑为这是红军派去活动的，故本市已宣布戒严。

（录自中央革命根据地机关报《红色中华》1933 年 9 月 3 日第四版）

（六）东江红军的捷报

——东江击溃广东省军阀基干队

东江讯：上月十日我东江红军之一部在潮安秋溪区消灭广东军阀基干队一队，缴获长枪三十余枝，驳壳数枝，手榴弹三十余个，子弹七八千发，毙敌十余人，俘掠十余人。

（录自中央革命根据地机关报《红色中华》1934 年 1 月 1 日第二版）

（七）广东东江的革命怒潮

——铁路工人的武装斗争

汕头特讯：广东东江潮汕铁路的工人，为了反对国民党进攻苏区，屡次举行组织国民党军事运输的斗争，他们坚决不运输一兵一卒一枪一弹到苏区边境去，采取各种武装的直接行动。本月（四月）八日，潮汕铁路第四列车，由潮开出，驶近彩塘车站时，一警察发现离该一百米远处，铁轧（轨）下有一窟窿，埋藏了十九颗炸弹，引一药于铁轨上，倘若火车驶过，炸弹立可爆发，国民党知道这是铁路工人所布置的，吓得手忙脚乱，连日火车均不敢按时开班，一面派了大批军队驻扎铁路附近防守。但工人斗争仍在更积极的进行，配合着东江一带的赤色游击队的行动，使统治阶级感觉到极大的恐慌。

（录自中央革命根据地机关报《红色中华》1934 年 5 月 25 日第四版）

（八）赤色游击队的活跃

（上略）

潮安县第四区秋坑乡的群众，于本月（四月）十九日召集大会，实行没收地主土地，实行分田。国民党得信后，即开往镇压，打死李姓良妇一名。群众在这一镇压之下，非常愤怒，已组成游击队，在潮安境内开展游击战争。桑浦山、青岚洞，及龙川县属的天长山等地，赤色游击队极为活跃，国民党军阀独立第二独立第四师驻防返一带区域，时常遭受赤色游击队的袭击，兵士动摇，军官恐慌，东江的苏维埃运动日在开展中云。

（录自中央革命根据地机关报《红色中华》1934 年 5 月 25 日第四版）

（九）蓬勃发展着的闽西南的赤色游击战争
——在杭永岩宁安一带还存有大块苏区，当地红军非常活跃

白区电：自中央红军主力军团离开了中央苏区北上抗日后，中央苏区的地方武装和游击部队至今还在坚持的进行着抗日反卖国贼的战争，在福建江西的边界上，在福建、广东的边界上，在江西的南部、福建的北部，都还有大队的红军在活动，……曾经屡次将汉奸卖国贼的部队消灭，去年九月间并曾一度在广东的大埔与闽粤边的红军（数目约有四千余人）会合过。那里的党，有很大的发展。

（录自中央革命根据地机关报《红色中华》1936 年 2 月 16 日）

附录三 红色歌谣、歌曲、诗词

　　新民主主义革命时期，潮安老区的革命前辈们，以无产阶级革命情怀和坚定信念，用歌谣、歌曲和诗词等（方言）文艺形式，诉说人民疾苦，激励和讴歌人民的革命信心和斗志，体现了潮安人民在党的领导下前仆后继、不屈不挠的斗争精神和无所畏惧、一往无前的英雄气概。这些歌谣、歌曲和诗词，既是潮安人民革命传统的宝贵遗产，也是我们初心永不忘、后代得教育的好教材，是革命老区留给潮安人民的宝贵精神财富。

田仔骂田公

（潮州方言歌）

　　咚咚咚！田仔骂田公：田仔做到死，田主吃白米。咚咚咚！田仔骂田公：田公唔（不）知死，田仔团结起。团结起来干革命，革命起来分田地，你分田，我分地；有田有地真欢喜，免食番薯食白米。咚咚咚！田仔打田公。田公四散走，拿包斗，包斗大大个，割谷免用还。

（作者：彭湃，写作时任中共东江特委书记）

起义歌

　　我们大家来起义，消灭恶势力！如今大革命，反封建，分田地，坚决来斗争，建设苏维埃！工农来专政，实行共产制，人类庆大同，无产阶级世界革命，最后成功！

（作者：彭湃）

纪念庄淑珍同志

白云白水白目洲，云在飞兮水在流。

云水多情君莫恋，归仁群众慰君休。

（作者：方方，原名方思琼，写作于土地革命战争时期，时任潮安工农武装独立二团党代表，中共潮安县委宣传部部长）

秋收歌

大家叱报齐举红旗，镰刀斧头闹猜猜。

建立红军赤卫队，共国民党见高低。

武装起来共伊刣，建立俺个苏维埃。

没收地主个土地，分给农民勿偏私。

工人做工八小时，工课轻轻又加钱。

兵士又可分田地，硗仔又免纳税厘。

此后政府是俺个，俺可设计来安排。

作田全是用机器，早晚无忧清心在。

机器发明多又多，帝国主义无奈何。

国内都是浮革命，送伊老命见阎罗。

苏联是俺个兄弟，俺欲学伊来实行。

走上共产的道路，世界工农是一家。

（作者：方方）

山 歌

你莫苦来你莫愁，还有张炳农民头。

333

苦命总有恢复日，旧屋烧了住新楼。

（作者：古大存，土地革命战争时期任东江工农红军总指挥、红十一军军长，潮安县归仁、登荣游击根据地的主要创始人）

妇女革命歌

（潮州方言歌）

正月点灯笼，点呀点灯笼，封建制度真荒唐，男女事事无平等，生做女子不如人！二月君行舟，君呀君行舟，婚姻大事不自由，嫁个丈夫合唔落，苦楚难言目汁流！三月君行山，君呀君行山，妇女一生苦万般，贫穷家计难调理，翁姑责骂无日安！四月针花围，针呀针花围，看俺妇女无作为，政治经济共教育，妇女无份实可悲！五月人划船，人呀人划船，烧杀掳掠白匪军，奸淫残暴无天理，生雅姿娘难生存！六月热毒天，热呀热毒天，白军害人真惨凄，丈夫活活被打死，少年守寡惨无依！七月跳粉船，跳呀跳粉船，保卫工农是红军，为着革命不顾己，战死沙场人钦尊！八月跳粉墙，跳呀跳粉墙，穷苦兄弟到战场，大家艰苦同一样，齐心合力去"缴枪"。九月秋风凉，秋呀秋风凉，妇女团结力量强，努力革命求解放，参加暴动不后人。十月人收冬，人呀人收冬，妇女革命不输人，组织交通宣传队，宣传白军来投降。十一月去探亲，去呀去探亲，剥削乡邻是豪绅；一年三百六十日，作田作去饲仇人！十二月年也终，年呀年也终，英雄妇女作先锋，组织交通宣传队，杀敌报仇勿放松。十三月天顶游雷公，游呀游雷公，暴动胜利真威风，妇女解放万万岁，自由平等乐融融！

（作者：卢笃茂，土地革命战争时期任中共东江特委农运部部长，潮安县归仁、登荣游击根据地的创始人之一）

赠　别

同志临别感情深，何日回来听信音。
万隔重山无信息，愿君时向指南针。

（作者：卢笃茂）

萧　瑟

故国乱离三万里，东风吹恨一千年。
鱼龙呼吸江初静，花鸟歔欷月正圆。
莫傍山河忧社稷，好从陆地作神仙。
江邨寒食最萧瑟，倚仗柴门听暮蝉。

（作者：洪灵菲，土地革命战争时期任"中国左翼作家联盟"常务委员，中共中央驻北平全权代表秘书处处长）

起舞奏乐迎彭公

农会建立好威风，战胜敌人年有丰。
男女农民同欢庆，起舞奏乐迎彭公。

（作者：佚名）

七日红

（潮州方言歌）

西湖广场闹猜猜，欢迎义军潮州来。
红旗遮天歌震地，工农兄弟喜扬眉。
涵碧楼前闹猜猜，工友农友把头抬。
跷起脚跟望呀望，欲见俺个周恩来。

（作者：陈添）

同胞姐妹着欲知

同胞姐妹着欲知，现今世界是俺个。
是俺妇女出头日，着来做事理应该。
俺个工作是乜个，男人伊会去相刣。
妇女也着来刻苦，家中个事俺安排。
丈夫仔儿去参军，不可争阻闹纷纷。
现着帮助伊前进，使伊免用挂心肠。
切勿咀俺家内贫，贫人革命正认真。
开荒生产种杂食，支援前线勿输人。
队伍来时就接待，柴草是俺送到内。
妇女做事负责任，革命工作莫放松。
大家团结心一齐，革命成功在今年。
许时分田甲分地，人人都是笑嘻嘻。

（作者：佚名）

指甲花

（潮州方言歌）

指甲花，脚青青，地主是俺大冤家。
农民兄弟团结起，一定掠伊来斗争。
指甲花，脚红红，地主是俺大仇人。
一定将伊来斗倒，农民正能分好田。

（作者：佚名；搜集者：程汉灏）

日头出来满天红

日头出来满天红，拿起红旗插正中。
土豪劣绅杀干净，土地革命定成功。

（作者：佚名）

卖油条

（潮州方言歌）

三点四点天未明，眠床爬落未灵精。提起吊篮去退油渣粿，双脚行着平吓平。日本鬼子真正枭，害俺家内青哩硗，行情艰竭无钱赚，俺个读书着放掉。放掉读书真激心，日本是俺大仇人，害俺细细来受苦，此仇不报唔甘心贰唔甘心！

（作者：周礼平，全面抗日战争时期任中共潮澄饶中心县委常委兼敌后工作部长、广东人民抗日游击队韩江纵队第一支队支队长兼政委）

鸦片丁

（潮州方言歌）

鸦片丁，戴红缨，红缨红纷纷，戴去见皇军。皇军无你拜，献鸡又献菜；礼物廿八双，封你做汉奸。认贼做生父，枉你生做人！

（作者：周礼平）

妇女歌

（潮州方言歌）

全国诸位姐妹们，一齐静心听歌文，
自古至今个制度，压迫妇女罪万分。
重男轻女真不该，丈夫看亩如奴才，
欲打欲骂由伊做，因为钱银伊赚来。
父母遗产有万千，全部全归兜仔个，
生着走仔人人卤，落涂打死如刣鸡。
农夫农妇终日忙，烤风曝日惨难当，

所食所穿无件好，所住破屋不像人。

（作者：周礼平）

快来救国勿放松

（潮州方言歌）

兄弟姐妹听吾言，快来救国勿放松！

现在只有二条路，唔是抵抗就投降！

谁人愿做亡国奴？谁人愿去做汉奸？

除非无知个猪狗！除非无耻个臭人！

俺大家，唔投降！欲共潮汕共存亡！

肉"殿殿"、血红红，死在战场心也甘！

（作者：王亚夫，全面抗日战争时期潮汕青抗会的领导人之一）

杀敌歌

（潮州方言歌）

月娘光光好开枪，刣到倭奴叫阿娘；倭奴害俺无好日，杀尽倭奴返回乡。

月娘光光好冲锋，刣到倭奴叫阿公；倭奴害俺无好日，杀尽倭奴勿放松！

月娘光光好驶车，刣到倭奴叫阿爹；倭奴害俺无好日，杀尽倭奴正回营。

月娘光光好相刣，刣到倭奴叫阿嫒；倭奴害俺无好日，杀尽倭奴方归来。

（作者：佚名；口述者：文衍藏、文永光；搜集者：林木杰、文衍长）

行路歌

行路行到月东升，山岭一重又一重。为了革命不觉苦，为了人民愿牺牲。

行路行到月三竿，大岭行过行山坡。上高落低勿开嘴，到达营地正唱歌。

行路行到月正中，月光照山山朦胧。前路只存三十里，此时行着正轻松。

行路行到月西斜，四更鼓响正安营。叔伯婶姆来慰问，亲生娘与亲生爹。

安营四直月如银，叔伯问咱蒋匪命若长？中秋团圆来赏月，许时糕饼用大"匾"。

［作者：林琴园（林齐安），解放战争时期任中共潮安下铁区委宣委］

欢迎老大哥

老大哥，老大哥，您威名大呀功劳多。

蒋介石这个活阎罗，见你一来就打哆嗦。

您过了渤海跨长城，越过了黄河渡长江。到处解放人民笑呵呵。

老大哥，老大哥，又要您南征来奔波。

我这个小弟弟，三年的游击虽无错，

要是没有您老大哥，解放广州，解放华南就还得到再拖。

欢迎呀，欢迎呀，欢迎我们的老大哥，

一齐打到广州去，一齐活捉活阎罗！

解放全广东，解放全中国，我们一齐来欢舞高歌。

注：老大哥是指中国人民解放军。这首歌谣由玛原配上潮州

曲调流行于凤凰根据地和广大游击区。

（作者：方方，写作时任中共香港分局书记；供稿：蔡钦洪）

刺仔花
（潮州方言歌）

刺仔花，白茫茫，细妹送兄到路旁。目汁拭干共兄呾，革命四直来收冬，来收冬，哎哟！

刺仔花，白披披，细妹送兄到路边。目汁拭干共兄呾，革命四直来团圆。来团圆，哎哟！

（作者：陈北，解放战争时期凤凰山后方医院指导员；供稿：陈礼坚根据记忆默写出来）

月光光
（潮州方言歌）

天顶月娘月光光，地下活跃解放军。冲锋陷阵尚敢死，刣到蒋匪无个存。

天顶月娘月光光，世上穷富不均匀。臭种蒋匪连皮剥，解放全国得生存。

天顶月娘月光光，欢迎南下解放军。解放红旗插汕市，人人看了笑吧文。

（作者：慈）

抗征队是人民活救星
（潮州方言歌）

抗征队是人民活救星！队伍越打越强硬；好比春草处处发，那里有泥土，那里草青青。干掉枭横个恶霸，打垮反动个地主；抗征队号召人民来革命，为的日后人民活得成。山花遍地红，我们这条路，愈走愈多人。山花朵朵鲜，穷人翻了身，我们大家过过好日子！

（作者：佚名）

望你来

望你来，望你来，二月旱园望雨落，正月桃园望花开，四月大军渡江到，九月大军广东来。望你来，望你来，大军到来庆解放，四处欢笑闹猜猜。

（作者：宜尔，潮汕解放前夕为解放军随军工作队队员）

龙船歌
（潮州方言歌）

五月划龙船，溪中锣鼓闹纷纷，大家猛猛组织好，准备迎接解放军！

五月划龙船，溪中船只排成群，拿起船桨打白匪，反抗三征谋生存。

五月划龙船，两岸人物闹纷纷，大家出刀共出铳，活捉喻匪研粉粉！

（作者：光）

附录四 重要革命人物

一、重要革命人物

（一）潮安部分革命英烈简介

潮安县在新民主主义革命时期牺牲的烈士，有记录的共 537 人，其中大革命时期和土地革命战争时期，有记录的烈士 436 名；抗日战争时期，有记录的烈士 31 名；解放战争时期，有记录的烈士 70 名。《潮州市志》记录的这批烈士名单，对烈士的身份记录十分具体，有姓名、曾用名、性别、籍贯、政治面貌、参加革命时间、牺牲时间、牺牲地点、原因和牺牲前单位职务等，[①] 但是《潮州市志》记录的这批烈士均属潮安籍（包括现属湘桥区），在历次革命斗争中，尚有未知姓名者以及非潮安籍的革命同志（如"潮州七日红"的起义军将士，东江红军和红十一军在潮安开辟游击区的官兵等）在战斗中壮烈牺牲，大部分没法找到详细的姓名及个人信息。还应提及的是，李习楷同志在《凤凰山革命根据地英烈传·序》中记述："在近 20 年的战斗历程中，有 1000 多位党和人民的优秀儿女献出了宝贵生命。"[②] 在本书中不应被遗忘。

---

① 烈士名单均为潮州市民政局提供，引自潮州市地方志编纂委员会：《潮州市志》，广东人民出版社 1995 年版，第 1965—2013 页。

② 中共潮州市委党史研究室、凤凰山革命纪念公园筹委会编：《凤凰山革命根据地英烈传》，资料性出版物，准印证：潮内资出准字第 178 号，2003 年版，第 1 页。

以下的烈士简介中，有部分为避免重复，移至革命故居中一并介绍，如李春涛、冯铿、洪灵菲等烈士，故此说明。

蔡英智

蔡英智（1910—1927），广东省湘桥区人。蔡英智少年读书期间，受到马克思主义革命思想的启蒙，于 1926 年加入了共青团，不久转为中国共产党员，担任中共金山中学特别支部组织部部长和共青团潮安县部委宣传部部长。9 月，蔡英智以潮安农工商学联合会代表的身份，出席潮安县第一次工会代表大会。1927 年 4 月 15 日，国民党右派发动反革命政变，蔡英智等人按照金山中学特别支部的应变部署，派人护送进步人士杜国庠校长安全离开潮州城。当晚 10 时左右，国民党军警 300 多人突然包围金山中学，蔡英智等人被逮捕。在狱中，国民党当局对蔡英智软硬兼施，他始终不被敌人的酷刑所屈服，坚贞不屈，于 9 月 6 日被杀害于潮安县城西湖山下，年仅 17 岁。

冷相佑

冷相佑（1903—1927），别名相祐，山东省苍山县神山镇青竹村（旧属郯城县）人。1924 年 5 月，考入黄埔军校一期步兵科，受到周恩来、叶剑英、聂荣臻、蒋先云、陈赓等一批共产党员的教导和培养，同年 7 月，加入中国共产党。毕业后留校，先后参加了广州革命（国民）政府组织的第一、二次东征。由于他作战勇敢，不怕牺牲，屡立战功，被时任东征军总政治部主任的周恩来称为"黄埔硬骨头"。①1927年8月，在贺龙二十军军官教导团第一营任营长，参加南昌起义。起义后，改任国民革命军二十军第三师教导团第一总队总队长。部队驻守潮州时，冷相佑带领第一总队的全体将士协助潮安县的工农武装斗争，先后攻克了洪巷、徐陇两个反动民团据点，又攻占庵埠区警察署，扫除了起义军往返潮州、汕头之间的障碍。9月30日，冷相佑率领起义军将士在潮安县城北竹竿山英勇反击数倍于己的敌军，腹背受重伤多处，肠子和鲜血一起流出体外，仍顽强地坚持指挥作战到生命的最后一息，壮烈牺牲。年仅24岁。

孙应采

孙应采，女（？—1927），广东省潮州市潮安区沙溪镇西林村人。1922年，她率先参加工会组织，并到周边村发动妇女参加织布工团。参与组建潮安县妇女职工协会，成为协会领导骨干。1925年，任东莆区妇女协会会长。1926年秋，她成为潮安首批入党的女党员之一。1927年6月，任中共潮安县委委员。是年8月下旬，她率领其他女干部，分赴上莆、东莆、归仁、隆津等区，恢复妇女组织，发动妇女做好迎接南昌起义军南下潮汕的各项具体工作。起义军进入潮安后，她组织妇女群众设茶水站，沿途慰劳起义军。起义军撤出潮安县城后，她继续坚持在上莆、东莆一带开展革命活动。国民政府对她的革命活动恨之入骨，潮安县侦缉队指使仙乐村乡绅对应采的家翁软硬兼施，使她在同年冬至夜遭逮捕。在狱中，她受尽严刑拷打，却始终不暴露党的机密。在

① 卢昱撰：《冷相佑：黄埔硬骨头，血染竹竿山》，《大众日报》，2017年2月3日，《大众周末》第5版。

被押解到仙乐、西林、潮城等地游街时，她昂首挺胸，从容镇定，高呼口号，大义凛然。12 月下旬，她在潮安县城南较场英勇就义。

陈振韬

陈振韬（1902—1928），原名道琪，广东省海丰县人。1923 年加入中国社会主义青年团，1925 年转为中共党员。先后任团海丰地委书记，汕头市总工会副委员长等职。1927 年 6 月，中共潮安县委员会成立，陈振韬为首任县委书记。他带领潮安县委一班人，根据上级指示精神，迅速恢复各区、乡党的基层组织和农会组织，重建武装队伍，成立县农民自卫军，印发大量革命传单，使潮安县的革命活动又逐步恢复起来。8 月中旬，陈振韬被调回汕头组织工农武装队伍，策应南昌起义军进入潮汕。1928 年 2 月 9 日，陈振韬在汕头参加潮梅各县党、团书记联席会议时，因叛徒告密被逮捕，13 日被国民政府汕头市当局杀害，年仅 26 岁。

方临川

方临川（1899—1928），学名书照，化名陈亮臣，广东省普宁县洪阳镇南村人。他于1919 年五四运动时期为岭东学联会主要领导人之一，1923 年加入社会主义青年团，1924 年加入中国共产党，历任中共普宁县、揭阳县特派员、潮安县农会特派员、中共潮安县部委农委书记、县农民协会执委会执委、惠潮梅工农

革命军前方特委委员。1927 年 10 月任中共潮安县委书记期间，他迅速恢复和健全了潮安县党的各级组织，发展党员近 300 人；将潮安县农民自卫军改编为工农革命军东路独立第二团，并领导和组织独立二团协同农民赤卫队开展了有力的武装斗争。1928 年 2 月 9 日，方临川到汕头参加潮梅各县党、团书记联席会议，由于叛徒出卖被逮捕，13 日在汕头市被杀害，年仅 29 岁。

谢汉一

谢汉一（1880—1928），广东省潮州市湘桥区人。1918 年，谢汉一加入潮安青年图书社并成为主要骨干，此后相继担任潮州工界救国联合会和农界救国联合会副会长。1923 年 9 月，谢汉一等人根据彭湃的意见，把农界救国联合会改为潮安农民协会，他任副会长，并于 1924 年加入彭湃组织的惠潮梅农会。谢汉一是潮安较早加入中国共产党的党员之一。1926 年 7 月，他被选为潮安县总工会执委和副委员长。1927 年 9 月 23 日，南昌起义军进驻潮安县城，他积极组织工界、学界的群众支援起义大军。1928 年 5 月，他被国民党当局逮捕。在狱中，他与国民政府潮安县长李笠侬及右派势力头目侯映澄进行针锋相对的斗争。是年 6 月 1 日，他被杀害于潮安县城南较场，时年 48 岁。

陈木合

陈木合（？—1928），广东省潮州市潮安区人。大革命时期参加中国共产党，曾领导潮安县的工农运动。他先后担任过中共潮安县委委员、常委、秘书、职工运动委员会委员。1928 年 2 月任中共潮安县委书记期间，他为恢复潮安县各级党组织和发展党员以及开展武装斗争做了大量的工作。至 5 月份，全县已成立 8 个中共区委、40 个党支部，党员达 309 人。1928 年 6 月 15 日，他在潮安县洋佘村参加东江特委召开的潮梅各县县委书记联席会议时，因叛徒告密，未及撤走，16 日被国民党汕头侦缉队包围逮捕，19 日在汕头市被杀害。

庄淑珍

庄淑珍，女（1912—1928），曾用名剑魂，广东省潮州市湘桥区人。庄淑珍幼年喜爱读书，受秋瑾英雄事迹的影响。1926 年 3 月 8 日，她参加潮汕妇女界纪念"三八"国际劳动妇女节大会，聆听周恩来、邓颖超关于妇女问题的报告，更受到革命思想的熏陶和启迪，遂参加学校的妇女协会，改名庄剑魂，以示投身革命的决心。同年秋，加入中国共产党。年底，当选为潮安妇女改进会的监察委员。1927 年国民党"四一二"反革命政变后，庄淑珍一如既往，受县委的派遣，女扮男装到鹳巢、归仁、大和、桑浦山、隆津等地做群众工作。1928 年 4 月间，担任中共潮城区委委员的庄淑珍下乡工作时腿部毒疮腐烂，不能行走，因叛徒告密，在隐蔽的枫树员村山后石洞中被捕。在狱中，她痛斥任潮安县长的表兄李笠侬的利诱和威胁，宁愿忍受摧肝裂胆的痛苦，也不毁节求生。7 月 13 日，庄淑珍被杀害于潮安县城南较场，年仅 16 岁。

李绍发

李绍发（1905—1930），又名李绍法，广东省潮州市潮安区

龙湖镇鹳巢村人。1925 年，李绍发结识谢汉一等人，积极投身到农民运动中，并在鹳巢组织农会，被选为农会执委。1927 年，李绍发加入中国共产党。是年 9 月，为策应南昌起义军占领潮汕，他与许筹等人一起，在鹳巢一带乡村组织农民自卫军。12 月 14 日，他参与领导潮安工农革命军和各乡赤卫军，在鹳巢车站截击敌人军用列车，毙敌 10 多名。1929 年 3 月，李绍发到香港参加中共广东省委举办的训练班。学习结束后，被调往潮阳工作。10 月，他被选为潮阳县委书记，与县委其他领导人一起深入农村，发动群众，开展抗租、抗债、抗税等斗争，取得了重大胜利。1930 年 1 月 7 日，不幸被叛徒下毒手，牺牲时年仅 25 岁。

杨少岳

杨少岳（1901—1930），又名林楚、楚南、亚楚，广东省海丰县红草区新村乡人。1924 年春参加革命，1925 年加入中国共产党，历任共青团海陆丰地委委员、中共红草区部委组织委员、田乾区部委书记、陆丰县委常委、普宁县委书记。1929 年 9 月任中共潮安县委书记期间，先后领导和发动了潮安县城印务和理发工人进行四次罢工斗争、庵埠五千多船业工人举行同盟罢工斗争，并取得胜利；领导和组织全县 13 个区建立 50 多个乡农会，会员达一千多人。1930 年 9 月，杨少岳化名"楚司令"，领导南澳岛渔民举行暴动，奇袭了云澳区国民党警察所，攻占了南澳县城。10 月 15 日，杨少岳等人在南澳战斗中为掩护同志安全撤离海岛，壮烈牺牲，年仅 29 岁。

周大林

周大林（1900—1933），广东省海丰县海城西门人。他 1923 年在海丰跟随彭湃从事农民运动。1926 年 5 月加入中国共产党，历任中共海丰县梅陇区委书记、公平区委书记、潮阳县委常委、东江彭杨军校政治教官。1930 年底，周大林任中共潮（潮安）澄（澄海）澳（南澳）工作委员会书记，在闽粤赣边区特委的领导下，为创建和发展潮澄澳革命根据地、开展游击战争、深入进行土地革命做了大量的工作。1931 年 5 月以后，先后任中共潮普惠县委书记、红军东江独立师第二团政治处主任、海陆紫县委书记、东江特委委员等职。1933 年 5 月，周大林前往厦门向中央汇报工作，返回途中因叛徒出卖被捕，12 月 8 日在汕头被杀害，年仅 33 岁。

李子俊

李子俊（1893—1932），又名李立梁、阿仙，广东省潮州市潮安区鹳巢乡人。1924 年，他与李绍法等人一起，在鹳巢乡发动组织"教育促进会"，1925 年，他任潮安县农会常委，成为工农运动领导人之一。1926 年，加入中国共产党，历任中共潮安县委委员、潮安县军事委员会主任、东江苏维埃政府常务委员会委员、中共潮澄澳县工作委员会委员。1931 年 5 月任中共潮澄澳县委书记。1931 年冬，潮澄澳县委错误清查"AB 团"，李子俊被认为"消极、政治上靠不住"

被撤职。1932 年 5 月，他被错杀于澄海县上长宁村。1985 年 4 月，潮州市人民政府《平反昭雪说明书》（州政平字第 005 号）给予李子俊平反昭雪，恢复名誉。

黄秋富

黄秋富，女（1918—1934），广东省潮州市潮安区凤凰镇虎头村人。黄秋富小小年纪便参加革命工作，在中共浮凤区委的领导下，有一次，她到凤凰圩上机智地插上许多写着革命口号的小纸旗，并把标语贴在圩亭上，使群众情绪振奋，国民政府官员则一片惊慌。不久，她参加了共青团，当上地下交通员。1933 年农历十二月初一夜间，浮凤区委开会地点突然遭到国民政府军警的包围。机敏的黄秋富大声高呼口号，使前来开会的同志闻声走脱，

她与黄来敬等 4 人被捕。国民政府当局企图以黄秋富为突破口，乘夜审讯，但敌人的酷刑和利诱都不能使她屈服。她把监狱当战场，常抓住时机倚着铁窗高唱红军歌曲。1934 年农历正月十四凤凰圩日，敌人把黄秋富等 4 人绑在树干

上示众。她昂然唱起红军歌曲，大义凛然。在刑场上，黄来敬等 3 位烈士光荣就义，只剩下黄秋富，行刑的敌营长假惺惺地说："姑娘，你年轻漂亮，死了太可惜！现在你面前有两条路：说了就活，不说就死！"黄秋富视死如归，坚决回答："要杀就杀，天下红军杀不完！"她挺起胸膛，从容就义，年仅 16 岁。

徐国声

徐国声（1904—1934），又名阿丹，广东省海丰县人。1925年参加共产主义青年团，1926年转为中国共产党党员。历任中共海丰县第四区区委宣传委员、海丰县委委员、书记等职。1931年5月调任中共东江特委常委、书记。1932年4月改任东江特委常委、宣传部部长、组织部部长。同年9月，在广东省工委负责宣传工作。1933年1月到中央汇报工作后派回东江特委，任常委，负责组织工作。同年秋，他兼任中共潮澄澳县委书记期间，在巩固和发展凤凰根据地，开辟平原游击区，保卫桑浦山根据地，发展壮大红军、游击队方面做了大量的工作。同年冬，他往中央苏区——瑞金开会。1934年4月在归途中被捕牺牲，年仅30岁。

陈圆圆

陈圆圆（1911—1935），广东省揭阳市揭东区炮台镇蕉山乡人。1932年参加革命工作，任乡游击队长，同年10月加入中国共产党。历任中共上莆区委委员兼游击队长、潮澄饶澳县委常委、宣传部部长，率领游击队在桑浦山根据地开展游击战争。他机智勇敢，多次深入到国民政府统治区域，有力地打击敌人。1935年1月，陈圆圆任中共潮澄揭县委书记。同年4月21日，潮澄揭县委在潮安县上莆区大寨廖厝村秘密开会时，遭国民政府军警包围，陈圆圆在突围时中弹牺牲，年仅24岁。

文锡响

文锡响（1913—1935），广东省潮州市潮安区凤凰镇芹草洋村人。1931年九一八事变后，他在学校秘密参加反蒋抗日运动。1932年冬，回到家乡开展革命工作。1933年加入中国共产党，参

与创建浮凤革命根据地。在反"围剿"斗争中，敌人以重金四处悬赏通缉文锡响。侨居南洋的母亲，千里迢迢回到家乡，要带他出国团聚；刚怀孕的妻子，劝他一同过洋谋生。他谢绝母亲的好意和妻子的要求，坚定地说："我革命的路子走定了，就是把我砍成四段，丢到溪里浸几天几夜，也洗不掉我革命的本色。"年轻的妻子只好含泪跟婆婆远走异国他乡。1933—1935 年，文锡响先后任中共浮凤区特派员、浮凤区委书记、秋溪区委书记、中共潮澄饶县委常委兼宣传部部长、闽粤边区特委候补委员。1935 年 8 月，文锡响等同志因来不及转移而被捕。在狱中，他铁骨铮铮，视死如归，保持了共产党员的革命气节。10 月 14 日，被杀害于凤凰圩，年仅 22 岁。

许若愚

许若愚（1911—1935），广东省潮州市湘桥区磷溪镇英山人。许若愚于 1933 年参加中国共产党，先后担任中共秋溪区委常委、区委书记，中共潮澄饶县委常委、巡视员和宣传干事，为创建和发展秋溪游击区作出突出的贡献。1935 年，秋溪游击区遭敌人破坏，他在与敌人战斗中，英勇顽强，不幸身中数弹，壮烈牺牲，年仅 24 岁。

陈锦豚

陈锦豚（1912—1935），又名无汗，广东省潮州市湘桥区人，中共党员。1935 年 4 月，在上级派来接任中共潮澄揭县委书记期间，由于县委和各区委连遭破坏，领导骨干相继牺牲，他仍然领导着游击队战斗在桑浦山区抗击敌人，并袭击月浦乡警备队炮楼等多处敌据点，消灭守敌，缴获一批武器弹药，壮大了革命队伍。同年8月，由于国民政府当局对平原游击区的"围剿"，潮澄揭县委机关从潮安大寨秘密转入汕头市进行隐蔽斗争。同年11月，设在汕头华坞的潮澄揭县委机关，被叛徒引领国民政府驻汕十三宪兵队包围，陈锦豚等人遭逮捕，年底被杀害于潮安县城，陈年仅23岁。

陈信胜

陈信胜（1904—1936），化名刘信胜、阿胜，广东省海丰县捷胜镇人。1926年，加入共青团，同年转为中共党员，历任中共海丰县委组织委员兼区委书记、东江彭杨军事学校政治教官、海陆紫县委巡视员、东江特委委员。1933年底任中共潮澄澳县委书记（1934年10月改称潮澄饶县委）期间，多次遭到国民党军队的"围剿"，在异常残酷的环境下组建红军第三大队，挺进闽南取得胜利，为发展壮大潮澄饶革命根据地和配合中央苏区第五次反"围剿"斗争作出了突出贡献。1935年1月到潮澄揭县委协助工作，在桑浦山及平原游击区坚持游击斗争。1936年初，在中共闽粤边区特委开展"肃反"时被错杀。

1984年2月，根据国务院国发（83）91号文件精神，给予陈信胜平反昭雪，恢复名誉。

黄芝固

黄芝固（1912—1936），广东省潮州市潮安区凤凰镇白湖村人。黄芝固于1932年参加革命工作，1933年加入中国共产党。1934年任中共浮凤区委委员、浮凤区革命委员会主席。1935年任浮凤区土地革命委员会主席、浮凤区苏维埃政府主席。同年八九月间，国民政府军队邓龙光部大举"围剿"浮凤苏区，中共潮澄饶县委和红军、游击队向福建转移。黄芝固按县委指示，率部分同志留驻饶诏边区。1936 年，他先后担任中共浮凤区委书记、潮澄饶工委常委，带领干部、群众，为恢复浮凤苏区开展了艰苦卓绝的斗争。10 月，黄芝固在往福建诏安大营向县委汇报工作时，遭到敌人包围，不幸中弹牺牲，年仅 24 岁。

曾才炎

曾才炎（1910—1937），广东省潮州市湘桥区磷溪镇葫芦后塘村人。曾才炎于 1932 年加入中国共产党。1933 年担任中共秋溪区委委员、秋溪游击队指导员，带领游击队配合潮澄饶红军，在秋溪区多次反击敌人的进攻，打了一些胜仗。1935 年 5—8 月间，敌人大举"围剿"游击区和革命根据地，为了保存实力，他带领游击队转移至饶诏边境，继续坚持斗争。1936 年 1 月，秋溪游击队在福建诏安奉命合编为潮澄饶红军第一大队，曾才炎任政委，开辟饶诏边新游击区。同年 9 月，他调任中共潮澄饶县委常委。1937 年 1 月，根据闽粤边区特委的指示，曾才炎等秘密返回秋溪、浮凤，开展恢复根据地工作。因叛徒出卖，他在饶平县十二排苦竹坑被敌人包围，战斗中不幸牺牲，年仅 27 岁。

陆位保

陆位保（1908—1937），别名陆和尚，广东省潮州市湘桥区磷溪镇北坑乡人。1932 年参加革命，1933 年加入中国共产党，历任秋溪区委委员、浮凤区委书记。1935 年 11 月，潮澄饶县委转移到福建坪路之后，被闽粤边区特委任命为中共潮澄饶县委书记。随后，在恢复浮凤苏区和秋溪游击区、开创云和诏根据地等方面，做了大量的工作。1936 年 4 月，根据闽粤边区特委指示，陆位保和县委常委蔡茂到潮澄饶开展抗日救亡工作，先后在澄隆、苏南 10 多个乡村和汕头汽车工人中建立抗日群众组织。6 月，因交通员叛变，陆位保在汕头市金山街被捕，1937 年 5 月，在潮州竹竿山被国民政府杀害，年仅 29 岁。

张　敏

张敏（1908—1937），原名张义恭，字章邑，广东省汕头市金平区岐山街道办事处人。1925 年起，参加和领导当地的农民运动。1926 年加入中国共产党。历任澄海县下蓬区农民协会负责人、汕头郊区农民协会负责人、中共汕头市委常委兼兵运执委。1931 年 5 月，派来潮澄澳县委工作，任县委委员。1934 年 8 月兼中共闽粤边区特委委员。1935 年 1 月，任中共潮澄饶县委书记兼县分田筹备委员会主任，坚持游击战争，开展分田地，建立红色政权工作。同年 9 月，按闽粤边区特委指示，率潮澄饶县委和红三大队转移至闽南乌山一带坚持斗争。同年 11 月调任闽粤边区特委，先后任常委兼云和诏县委书记、特委代理书记。1937 年 7 月 16 日，在诏安县月港主持召开云和诏县委扩大会议时，被国民党诏安县保安大队包围逮捕。20 日，张敏等 13 名共产党员被杀害于诏安县城，张敏年仅 29 岁。

钟骞

钟骞（1916—1944），广东省潮州市湘桥区意溪镇人。1934 年秋，钟骞考进国立中山大学文学院，受到革命思想的影响。1935 年底，北京学生发起"一二·九"爱国运动，广州随即爆发

"一二·一二"倒蒋抗日爱国学潮，他是这次学生运动的积极参加者。是年，钟骞加入中国共产党。抗日战争期间，他先后任中共潮安县工委宣传部长、潮汕中心县委宣传部长、闽西南特委秘书长兼《前驱报》社长、闽南特委副书记。他在长期的革命斗争中，积劳成疾，肺病复发。1944年5月，他在临终前赋诗："思亲泪尽韩江水，报党唯悲命如丝。"31日，他因肺病医治无效，与世长辞，年仅28岁。1945年，中共闽粤边临委追认他为模范党员。1946年6月，闽南特委将王涛支队第四大队命名为"钟骞支队"。中华人民共和国成立后，福建省人民政府追认钟骞为革命烈士。

卢 根

卢根（1910—1945），广东省潮州市潮安区庵埠镇人。卢根1926年加入青年团，1927年加入中国共产党。同年9月，南昌起义军攻占汕头市前夕，他积极做好欢迎起义军的宣传工作，受到周恩来、彭湃、杨石魂等领导人的亲切接见。1937年七七事变后，他利用自己在教育界的合法身份，在普宁梅峰一带团结各阶层人士，动员民众一致抗日，募集财物，支援前线。1938年冬，他受党组织委派，参加"汕青抗"驻国民党军一五五师随军工作队并任第一队队长。1939年上半年，中共潮普惠南中心县委委派卢根组成工作队，执行开辟大南山革命根据地的任务。6月，任国民党军独九旅战地工作队队长，带领战工队在揭阳英勇抗击日军；在潮阳西胪乡，组织民众奋起自卫，全奸入侵日军49人。1940年，他调任中共揭阳县第四区区委书记。1945年春，他负责潮汕人民抗日游击队的统战、民运工作，在执行任务中，因坏人告密而被捕。狱中，卢根坚贞不屈，绝不泄露党的机密，9月18日被杀害于揭阳榕城进贤门外，年仅35岁。

周礼平

周礼平（1915—1945），广东省汕头市澄海区东里镇樟林人。1937年，他加入中国共产党，任中共汕头市学生支部书记。11月，任中共汕头市工委委员、组织部部长。1938年，任中共潮汕中心县委职工委员会委员。1939年10月，任中共潮澄饶中心县委常委兼敌后工作部部长。他把县委机关设在潮安县江东佘厝洲李习楷家。在他的指挥下，潮澄饶武装小组不断打击敌伪势力，先后处决了澄海冠山乡汉奸和洪渡头日伪密探，筹巨款营救南委书记方方和击毙叛徒姚铎，奇袭彩塘、东凤伪警察署，取得了胜利。1945年8月，广东人民抗日游击队韩江纵队第一支队成立，他任支队长兼政委。8月17日，韩纵一支在潮安居西溜被国民政府军队近千人攻袭，在敌我力量悬殊的情况下，周礼平沉着顽强地指挥反击，在战斗中壮烈牺牲，年仅30岁。

戴平万

戴平万（1903—1945），广东省潮州市潮安区归湖镇溪口村人。1922年，他考进国立广东高等师范学校（中山大学前身）西语系学习。1924年，他在校内组织潮州旅穗学生革命同志会，走上革命道路，加入中国共产党。1928年5月，戴平万和杜国庠、

洪灵菲等人成立"我们社"。10月，中国共产党在上海组建"左联"，他是筹备组成员之一。1930年3月2日，他成为"左联"机关刊物《拓荒者》（蒋光慈主编）的主要撰稿人之一。1932年，他参与上海反帝大同盟的工作。不久，他被党组织派往东北满洲省工作，任刘少奇的秘书。1940年11月，他到苏北根据地，任鲁迅艺术学院华中分院文艺系教授。1941年5月，他到苏中党委宣传部主编《抗敌报》。1943年，他任苏中区党委副校长兼教务主任。1945年春，不幸溺水身亡，年仅42岁。

王增辉

王增辉（1923—1948），广东省潮州市湘桥区人。1938年，他加入中国共产党。1939年6月潮安城沦陷后，他随中共潮安县委机关撤往文祠长背山村。不久，党组织派他参加国民党军独九旅战地工作队，在潮安归湖的仙洋村一带组织群众开展抗日救亡运动。1940—1945年，党组织派他到潮安意溪开展地下工作，他先后任中共潮安县三、四联区区委宣传委员、潮饶边西陇特派员。1945年9月，他到汕头市开展城市工作。1947年8月，任中共潮安县委特派员，在组织武装队伍、建立凤凰山根据地的工作中作出了应有的贡献。1948年春，他从潮安县城搭乘汽车前往汕头，被埋伏的特务逮捕。在狱中，种种毒刑始终没能动摇他的革命意志。4月18日，王增辉被国民政府秘密杀害，年仅25岁。

陈维扬

　　陈维扬（1923—1948），广东省潮州市潮安区东凤镇人。1938年，陈维扬从金山中学回乡参加东凤抗敌播音工作团，任第一宣传队队长。东凤沦陷后，他随部分宣传队员到江东井美参加战时工作队，任副指导员。1941年春，加入中国共产党。1946年2月，其父陈政在潮安县城主办《复兴报》和创办新民印刷所时，他介绍一批地下党员和进步青年到报社任职。他为《复兴报》副刊《野草》编辑，并任中共潮安县工委主办的《路报》社长兼发行人。1947年8月，他任中共潮澄饶丰山地工委宣传部部长。11月，在丰顺盐坪成立第二政治武装工作队，陈维扬兼任指导员，后改任队长。1948年2月28日夜晚，陈维扬等4人在东隆陂肚村开展群众工作，由于叛徒告密，遭国民党军队包围，他与陈志鹏在掩护战友突围时英勇牺牲，年仅25岁。

江秀卿

　　江秀卿（1925—1948），广东省汕头市澄海区溪南镇梅州村人。1942年，江秀卿在南溪小学读书时，接受了革命的启蒙教育。1945年11月，她加入中国共产党。入党后经常为党组织送书信、文件到澄海苏南等地，出色地完成交通联络任务。1946年，她就读于潮安艺校，在艺校建立党的地下工作组，她为组长。毕业后，党组织派她到潮安意溪橡埔小学，以教书为掩护开展革命活动。1947年冬，她参加潮澄饶丰第一政治武装工作队。1948年2月10日，武工队在潮安曾尾店（今潮州铁铺境内）宿营时，突遭国民政府饶平县保警第四中队包围，她在突围中，因脚扭伤掉队而被捕。受审时，她大义凛然，言辞尖锐，批驳得主审者无言以对，狼狈不堪。她被押赴潮安刑场时，途中对着群众数说国民政府的反动罪行，并高呼口号，牺牲时年仅23岁。

柯国泰

柯国泰（1924—1949），广东省潮州市湘桥区人。抗日战争全面爆发时，他在潮安县立一中积极参加学生救亡运动。1938年，他加入中国共产党。中学毕业后，在潮安、揭阳等地从事抗日救亡工作。1943年春，他就读于由上海迁徙到福建建瓯的暨南大学，继续从事学生运动。抗战胜利后，他随校回上海，曾任暨大学生会主席，是暨大学生运动的领导人之一。他的革命行为受到国民政府的注意和监视。1947年5月，他奉命离开学校，转移香港；是年9月又转到台湾彰化，继续从事地下革命活动。1948年初，他与妻子郑晶莹同时被捕。五六月间，他们经保释回到大陆。柯国泰先任韩纵十一团龙连副指导员，后调中共潮澄饶平原工委，负责学运工作，并任《海啸》报编辑。1949年7月初，柯国泰在澄海仙美渡口被捕。在狱中，敌人用尽酷刑，都无法使他屈服。8月28日，他被杀害于潮安县城南较场，年仅25岁。

曾应之

曾应之（1916—1949），原名陈兆镐，学名陈烈丰，广东省潮州市潮安区浮洋镇福洞村人。1936 年秋天，他参加抗日救亡团体。12 月，他任潮汕人民抗日义勇军大队长，并主编大队部的机关刊物《奋斗》。同年加入中国共产党，先后任中共韩江工委和汕头市工委宣传部长、韩江工委潮汕分委宣传部长、潮汕中心县委宣传部部长。他被推为"岭东通讯处"负责人，并担任《抗敌导报》主编。1938 年 10 月，他任"汕青第一战工队"政治指导员。1939 年初，他被调到中共闽西南潮梅特委青委工作，由于工作繁重，积劳成疾，患了严重的肺结核病。解放战争期间，他参加创办《路报》和担任《自由韩江》顾问。在生命垂危之际，还为党组织撰写《告国民党官兵书》。1949 年 3 月 13 日，曾应之因病与世长辞，年仅 33 岁。

（二）无产阶级革命家在潮安的光辉足印

周恩来、邓颖超在潮安①

1925 年 3 月，广州革命政府东征联军第一次东征占领潮汕后，时任中共广东区委常委兼军事部部长、黄埔军校政治部主任

---

① 周恩来、邓颖超内容可见于：刘纪铭，蔡超主编，中共汕头市委党史研究室等编：《中共潮汕地方史（新民主主义革命时期）》，中共党史出版社 1998 年版，第 25—52 页；中共潮州市委党史研究室编：《中共潮安党史（新民主主义革命时期）》，1993 年版，第 16—17 页，第 20—27 页，第 65—67 页。

的周恩来来到潮安，深入到民众中，对潮安的工农运动进行详细的调查。他依靠共产党员、共青团员以及进步人士，着手组织和恢复被军阀摧残而暂停或半暂停的工会、农会、妇女会、学生会等群众组织；指导中共汕头特支书记杨石魂协助筹建潮安的共青团组织。同时，周恩来以国民党东江党务组织主任的身份，根据中共中央关于全党"当以扩大国民党之组织及矫正其政治观念为首要工作"的要求，委派黄埔军校政治部干事潘学吟，任潮安县国民党党部筹备处登记主任；随东征军同时进入潮安的中共党员周逸群，遵照周恩来的指示协助开展工作。

周恩来为了提高潮安工农运动领导人的文化水平，在百忙中倡办潮安夜校，由东征军中的共产党员当教员，招收方惟精等一批工农运动的领导人、积极分子进夜校参加学习。他们通过学习，将学到的文化知识和提高的理论水平，应用到革命实践中。方惟精等工农骨干，依照周恩来的指示，发动庵埠船民加入了农船工会；组织了1600余名船工，联合起来抗议潮梅海陆丰船政局庵埠分局强征船牌捐，取得胜利。与此同时，余益求、孙应采等妇救会领导人，也在周恩来的关心指导下，在加强妇女组织方面起到积极的领导作用。

同年4月，周恩来不辞辛劳来到上莆区大寨团支部，会见支部领导人方惟精、张卧云，并先后接见了大寨、赖厝农民协会的负责人。随后，周恩来来到西林乡农会秘密活动地点紫来轩，听取了区农会负责人孙戊昌、孙木乾等人有关农会工作汇报。通过调查后，周恩来对上莆、东莆区的共青团和农会工作加以肯定和赞许，使潮安基层的工农运动领导者受到了极大的鼓舞。

同年11月，周恩来以东征军总政治部主任的身份，随东征军再次进入潮安，接到潮安工农运动遭到回窜的反动军阀镇压的报告。在周恩来的过问和指导下，工会、农会等群众组织的活动很快得到恢复，出现了新的局面，如归仁区一些乡村的农会组织，不但恢复了活动，而且成立了农民自卫军。周恩来在得悉东莆区农会组建工农革命铁血团之后尤为兴奋，特别指示汕头国民外交后援会，给铁血团送来 40 支毛瑟独响枪。

同月，周恩来安排到潮安的中共党员郭瘦真、方临川等人与篷船工会中的中共党员赖炎光一起筹建潮安党组织。当月，在周恩来、杨石魂的指导下，中共潮安县支部成立，郭瘦真任书记。

11 月下旬，周恩来在杨石魂等人的陪同下，再次来到西林乡紫来轩，会见区农会领导孙戊昌等人，在了解了农会活动的情况后，对农会的工作作出了指示。

11 月底，金山中学爆发了驱逐反动校长黎贯的学潮。12 月 9 日，周恩来指派潮安党组织负责人郭瘦真偕同杨石魂、杨嗣震、刘康侯等前往金山中学，指示该校共青团组织，要消除学潮中的意见分歧，使"倒黎"斗争最终取得胜利。24 日，经周恩来推荐，广州国民政府委任杜国庠接任金中校长。

11 月，中共广东区委委员兼妇女部长邓颖超（周恩来夫人）来潮梅协助整理党务，指导妇女运动工作。她和周恩来多次接见了潮安先进妇女代表，在各种集会上作了关于妇女问题的演讲。11 月下旬，邓颖超到潮安金山中学、韩山师范等学校，接见了女师生代表，随后到县城扶轮堂召开各界妇女活动分子座谈会。25 日，邓颖超代表国民党中央妇女部，参加了"国民革命军第二次东征祝捷大会"，并在大会上作了妇女解放运动的演说。1926 年 1 月，在邓颖超的指导下，广东妇女解放协会潮安分会在县城扶轮堂成立，成为潮安革命运动的一支重要力量。

12 月 8 日，根据周恩来的提议，成立中共潮梅特委，赖玉润任书记，彭湃负责农运，杨石魂负责工运，邓颖超负责妇运，郭瘦真专管潮安党的工作。

12 月 18 日，在周恩来等人的积极筹备下，黄埔军校潮州分校在县城黄厝祠举行开学典礼。蒋介石兼任潮州分校校长，汪精卫任党代表，何应钦任教育长，周恩来任政治部主任。周恩来聘请黄埔军校的熊雄、恽代英、萧楚女等共产党员任政治教官。还聘请潮安人李春蕃（马克思主义原著翻译家）、李春涛到校授课，并指示政治部宣传科长杨嗣震（共产党员）创办校刊《韩江潮》，作为宣传革命思想的阵地。

同月，东征军总指挥蒋介石在潮安县城西湖涵碧楼主持召开政治会议。会议期间，蒋向周恩来讨要黄埔军校和东征军中的共产党员名单，以及加入共产党的国民党员名单，被周恩来以"这两份名单关系两党大事，不能擅自作主，必须请求我党中央之后，方能定夺"① 而拒绝。

1927 年 9 月 23 日，南昌起义军南下后占领了潮安县城，周恩来、贺龙、叶挺、彭湃、郭沫若等起义军领导人同时到达。中共潮安县委书记林务农立即向周恩来请示工作，周恩来详细询问了潮安的革命情况后，作出重要指示，决定成立潮安县红色政权——县革命委员会，委派第十一军二十四师政治部主任陈兴霖为县革命委员会委员长，政治保卫局警卫科长李国珍为县公安局长。潮安县委根据周恩来的指示，立即召开会议，部署建立区政权，恢复工会、农会、妇女协会、学生协会组织和发展工农武装等工作。当晚，周恩来安排彭湃负责潮汕铁路的修复工作，潮安、汕头各界积极响应，组织了沿潮汕铁路线的 8 千名工农群众，连续奋战 12 个小时，修通了被毁坏的铁路。

9 月 24 日上午，潮安县城西湖广场召开了隆重的军民大会，

---

① 张秀章编著：《蒋介石日记揭秘》，团结出版社 2007 年版，第 297—298 页。

热烈欢迎起义军和庆祝潮安县革命委员会成立，周恩来等领导在大会上作了讲话。会后，周恩来带领前委和革命委员会领导，随起义军乘火车前往汕头。潮安沿铁路线各区乡的农会、妇协等革命组织，根据县委的指示，积极发动群众，在各地车站欢迎、慰问起义军，做好向导、运输等工作。周恩来在鹳巢车站还停下车来，向聚集在车站周围的欢迎群众演讲革命道理，号召工农大众积极奋起，与国民党反动派及其黑暗势力作坚决的斗争。

1931 年 12 月，中共中央军委书记周恩来由中央交通局负责人之一的肖桂昌和交通员小黄华护送，在上海乘船到汕头，从汕头乘潮汕铁路的火车到潮安县城的地下交通站——交通旅社，稍事休息后，于当天下午 2 时，在城外青天白日码头乘电船沿韩江北上，数日后到达中央苏区。

方方在潮安

方方（1904—1971），乳名瑶泉，学名思琼，广东省普宁县洪阳镇人。1924 年夏，方方到广州参加第二届农民运动讲习所学习班。1925 年 5 月，加入共产主义青年团，任普宁县团支部书记。同年 6 月，到潮安县联合国民党左派，组织农民自卫军独立营，任独立营秘书长兼团特支书记。1926 年春转为中国共产党党员。先后任中共潮安上莆区支部书记兼工农党校校长、庵埠总工会支部书记、中共潮安县部委委员兼县总工会秘书长，领导潮安工人举行了 60 多次罢工、90 多次加薪的斗争取得胜利。其中，为抗议工贼侯映澄等右派势力杀害工会骨干李子标，大胆组织全县人民举行罢工、罢市、罢耕斗争，逼使汕头军政当局对涉事人员进行处理和对被害人员家属进行赔偿。

1927 年 4 月，广东国民党右派发动"四一五"政变后，方方组织潮安农民自卫军以坚决的革命斗争打击敌人的白色恐怖，处

决在宏安乡搞反动宣传的汕头国民党党部宣传部部长耿勉之等 12
人和大寨反动据点 6 名反动分子。为此，方方被国民政府通缉，
被迫到泰国曼谷避难。

同年 10 月，方方回国后重返潮安，任中共潮安县委宣传部部
长兼工农革命军第二独立团党代表。这期间，方方率领第二独立
团和赤卫队展开对国民政府军警的激烈斗争，恢复了部分潮安乡
村的红色政权；积极培养和吸收新党员，组建了第二独立团的长
枪队和短枪队两个党支部；为配合广州起义，攻打多处敌乡公所，
每战必胜；组织工农自卫军，破坏敌人的交通线和电讯设施，并
且控制和破坏潮汕铁路，阻止国民政府军队的物资运输和兵力调
遣活动。

1928 年 2 月，广东省委巡视员兼潮梅特委书记沈青、特派员
徐克家来到潮安，针对潮安周边有国民党重兵把守的状况，指示
第二独立团党代表方方组织赤卫队再次暴动，破韩江北堤以淹没
国民党军队。方方明白水火无情，一旦决堤，潮汕大地将变成浩
渺的"水葬场"，敌人被淹不足惜，可怜广大贫民百姓就要遭受
灭顶之灾。方方是从事群众工作出身的党员干部，有浓厚的群众
观念和阶级感情，深知党的干部应该如何保护群众的利益，决不
能干危及人民群众生命财产安全的事情。因此，方方对破北堤极
力反对，拒绝执行命令，始终没有听从省委巡视员的瞎指挥。

由于方方是潮安有名的共产党干部，为了抓住他，国民政府
当局竟出高价悬赏。坚持在农村开展武装斗争的方方，知道敌人
正在通缉他，他从自身的经历中深知革命的"风险"，却不畏艰
险，泰然处之，多次在革命群众的保护下脱险。为了勉励自己和
鼓励战士们坚持斗争，方方对大家说："每个信仰真理的共产党
员和革命战士，都要有一颗不能屈服的雄心，一定要同国民党反

动派斗到底，斗到死!"① 大革命失败后几个月颠沛流离的生活，给方方以深刻的教育。方方给在普宁老家的父亲写信说："做工的苦，你比我知道的多，教书的生活，我也尝了几年，没有出路；溜乌水（俗语说'过番'）也已溜过，人们是如此无情。因此，目前我所走的路，虽然危险，但是唯一的大路，唯一的出路。"② 方方在党的领导下，与潮安广大群众一道，同生死，共患难，不屈不挠地坚持革命斗争，扭转了革命形势一度低迷的状况，使潮安大部分乡村的革命工作得到了恢复。

　　为了保护潮安农民群众的利益，避免敌人对农民的屠杀，方方和游击队战士们住的是荒郊茅荫、破房烂屋，任凭风吹雨打，过着半饥半饱的生活，但丝毫没有动摇他对革命事业的坚定信念。有一天傍晚，北风凛冽，寒气袭人，方方出外工作路过舅父的家。由于他身体消瘦，头发很长，穿着破棉袄，正在晚炊的舅父母误以为他是乞丐。少顷，方方才低声说，他是瑶泉。舅父母感到愕然，定睛一看，眼前这个年轻人正是他们的外甥，于是赶快招呼他进屋暖和暖和。当晚，善良的舅父母怀着爱怜的心情，流着眼泪劝说方方："瑶泉啊，你少爷不当，专拣乞食仔做，其实你比乞食仔还不如。乞食仔可留宫歇庙，你却无处藏身；如今弄得家破人亡，牵祖连宗。国民党这样凶残，你不要再在外面奔波了，暂且回家吧!"方方理解舅父母的一番好心，他沉思片刻，便语气坚定地说："我就是要革命，革命的道路没有走错，哪怕骨头

---

① 张开明著：《方方——南粤大地的儿子》，长征出版社 2000 年版，第 44 页。

② 张开明著：《方方——南粤大地的儿子》，长征出版社 2000 年版，第 46 页。

烧成灰，我还是要当共产党员！"①

1929 年 3 月，方方任中共潮安县委书记。在任期间，方方带领县委一班人，积极恢复潮安县的党团组织，扩大党的政治宣传，深入发动群众，积聚革命力量，重建武装队伍，开展游击战争，使潮安的革命斗争迅速复兴，开辟了土地革命的新局面，为潮安红色政权的创立和巩固作出了突出的贡献。同年 9 月，方方调中共东江特委任宣传委员兼职工委书记，并先后担任中共普宁县委书记、汕头市委书记、潮阳县革委会党团书记。1930 年秋末，参加闽粤赣边区党的第一次代表大会，任大会秘书长，会后随邓发赴闽西工作。

在潮安这片红色的土地上，人们至今没有忘记无产阶级革命家方方在此留下的可歌可泣的革命事迹。

古大存在潮安

古大存（1897—1966），广东省五华县人。1928 年 5 月，八乡山革命根据地党支部书记古大存在开创八乡山根据地的初期，同李斌（由省委派到东江特委工作，后任红军四十七团团长）等几位同志来到潮安、揭阳、丰顺边界活动，在登塘枫树员遇到了潮安县委委员、归仁区委负责人张义廉，张带古大存到白水等村一起发动当地的群众开展革命活动。6 月 15 日，古大存出席了在潮安洋佘村召开的潮梅各县领导人会议。8 月，梅县畲坑暴动之后，张义廉代表潮安县委来到九龙嶂，参加新成立的七县联合委员会，古大存为联委书记，归仁区因此成为八乡山根据地革命斗争的一部分。

---

① 张开明著：《方方——南粤大地的儿子》，长征出版社 2000 年版，第 50 页。

1929 年夏秋间，东江特委成立东江工农红军总指挥部，古大存为总指挥。10 月，为配合红四军进军东江，阻击潮汕援兵，古大存率领东江红军四十六、四十七团驻扎于归仁区世田、大小葫芦等村，充分发动群众，开展抗租、抗债、打击地主豪绅的斗争，镇压了作恶多端的豪绅，鼓舞了贫苦农民的士气，使归仁各地的地主豪绅惶惶不可终日。

1930 年三四月，东江特委指示在潮安、丰顺、揭阳三县之间建立游击区，东江红军奉命进驻归仁区，在世田村建立第二军区，在大小葫芦村建立红军后勤处，推动了归仁区游击战争的迅速发展。东江红军在归仁区赤卫队的配合下，先后攻打了揭阳埔田湖下民团，袭击揭阳新圩下坝、东寮两村，攻打田东圩民团，获得了胜利。5 月 8 日，在居西溜袭击敌人，激战了一天，红军牺牲了 30 多人，敌军伤亡更重。

4 月，潮安县在归仁区白茫洲村管厝祠成立了县革命委员会，主席张义廉，下辖归仁区、登荣区苏维埃政府。在古大存的指导下，归仁区和登荣区相继建立了赤卫队，开辟了的游击区。从此，地处潮安西北与东北两处的山地游击区，遥相呼应，互为配合，推动了潮安全县革命斗争的复兴。

5 月，东江第一次工农兵代表大会在丰顺八乡山召开，正式成立了东江苏维埃政府和成立了红十一军，古大存任军长。

6 月，广东省委根据中央的"左"倾冒险错误精神下达指示"以夺取潮汕政权为完成地方暴动中心"。在这个大背景下，东江特委党、团组织合并为行动委员会（简称行委），颜汉章为行委主席。面对敌强我弱、力量悬殊的严峻形势，颜汉章强令前敌总指挥兼红十一军军长古大存率兵攻打潮安县城。古大存奉命率领红十一军的四十六团、四十七团和教导团计 2000 余名红军，第一次攻打潮安县城，途中在林妈陂歼敌一个营，虽是胜仗，但红军也牺牲了200余人，部队只好撤回八乡山崇下休整。部队撤回后，受到行委主席颜汉章的严厉批评，古大存受命率兵第二次攻打潮安县城，途中在枫溪长美与敌军遭遇，结果红军损失很大。经过两次攻打后，古大存向颜汉章陈述利害关系，认为敌强我弱，远途出击，于红军不利，但颜汉章批评古大存"右倾"，命令其第三次攻打潮安县城，此次红军出发后在归仁区枫树员被敌包围，遭受了更大损失。因此，古大存带领红十一军被迫撤离潮安，返回八乡山根据地，潮安的归仁、登荣两地游击区因此陷落。

古大存带领红十一军配合潮安党组织在归仁、登荣开辟游击区以及开展各区的武装暴动斗争，为后来创建潮安苏区和建立革命根据地提供了宝贵的经验，对潮安整个土地革命斗争的影响是深远的。

杨石魂在潮安

杨石魂（1902—1929），广东省普宁县人。1924年底，在广州从事革命活动的杨石魂，介绍大寨乡进步青年、农运骨干赖盛杰、赖绵奎、黄纲常、陈明察4人，参加广州农民运动讲习所第三期学习班。

1925年3月，中共汕头特别支部成立，杨石魂任书记，成为潮汕地区共产党组织的创始人之一。此后，他经常到潮安指导发动工农运动，培养发展了坚持在潮安上莆、东莆一带开展革命活动的方惟精、余益求、赖其泉等加入共青团。在他的直接领导下，上莆区大寨和东莆区生聚洋相继成立了共青团支部。

11月，在周恩来、杨石魂的关心和指导下，中共潮安县支部成立，郭瘦真任书记。11月底，杨石魂陪同东征军总政治部主任周恩来，来到西林村紫来轩，会见上莆区农民协会的负责人孙戊昌和孙木乾等人。[①] 此后，杨石魂介绍孙戊昌等人加入中国共产党。12 月 1 日，潮安县第一次农代会在县城扶轮堂召开，杨石魂专程前来指导并在会上作了省港大罢工的情况报告。

1927 年 9 月 23 日，汕头市委书记杨石魂配合彭湃组织、发动潮安等地的工农群众达七八千人，协助潮汕铁路工人连夜修复好被破坏的铁路。24 日早晨，杨石魂与彭湃乘坐火车从汕头赶到潮安县城，迎接周恩来等领导率领南昌起义军乘火车进驻汕头。

1929 年 5 月，时任中共湖北省委常委兼秘书长的杨石魂，不幸遭敌人围捕后光荣就义，年仅 27 岁。

彭湃、彭士禄父子在潮安

彭湃

　　彭湃（1896—1929），广东省海丰县人。彭湃是中国农民运动的领袖，被毛泽东称为"农民运动大王"。1923 年 1 月，彭湃在海丰县主持召开全县农民代表大会，成立海丰县总农会，彭当选为总农会长。同年 9 月，彭湃为营救海丰县总农会遭到军阀镇压、逮捕的会员，特地来到潮安，他一面委托李春涛为其草拟了《海丰全县农民泣告同胞书》；一面会见潮安工农运动负责人谢汉一、郭仰川等，介绍传授海陆丰农民运动的经验，指导潮安的工农运动。根据彭湃的建议，潮安五四运动期间成立的"潮安农界救国联合会"改称为"潮安农民协会"，张卧云、谢汉一为正副会长，潮

---

① 中共潮州市潮安区委、中共潮州市委党史研究室、潮州市社会科学界联合会编：《红色潮安记忆》，准印证号（粤 U）Y0165025，第 30 页。

安成为粤东继海陆丰之后最早成立农会的县份。年底，潮安农民协会归属于彭湃在汕头组织、领导的惠潮梅农会。此后，军阀陈炯明下令解散农会，潮安农民协会依照彭湃关于"保存力量，坚持长期斗争"的指示，转入秘密活动。

1927年8月，彭湃参与领导了向国民党右派打响第一枪的南昌起义，任中共前敌委员会委员，随后，起义军南下挺进潮汕。9月23日，起义军进驻潮安县城，中共潮安县委书记林务农立即找到前敌委员会书记周恩来请示工作，周派人带林务农去见彭湃。彭湃在听取林务农的汇报后指出，县委眼前的首要任务是协助起义部队，大力发动群众，迅速恢复工会、农会、妇女会等组织，建立农民自卫军和工人纠察队，组建政权，搞好宣传发动工作，揭露蒋介石和汪精卫的反革命罪恶。随后，彭湃协助县委组建潮安县革命委员会，周恩来委派第十一军二十四师政治部主任陈兴霖为革命委员会委员长，彭湃向周恩来推荐曾担任过中共陆丰县委书记、现为起义军政治保卫处警卫科长的李国珍任潮安县公安局局长。

当起义军南下潮汕时，潮汕铁路工人为了支援解放潮汕，举行了大罢工，并挖断铁路路基，以阻挠反动军队驰援潮汕。而国民政府守军在撤出潮汕前，也对潮汕铁路加以破坏，致使潮汕铁路一时无法通车。周恩来急于带领起义军领导班子和部队前往汕头，但铁路交通一时难以解决，遂请彭湃设法组织修复潮汕铁路。9月23日晚上，在彭湃的指导下，潮安、汕头各界组织了沿铁路线的8000名工农群众，连续奋战12个小时，修通了被毁坏的铁路。24日上午，周恩来、彭湃等中共前委和革命委员会的领导随起义军乘火车到达了汕头。

1929年，时任中共中央政治局委员、中央农委书记的彭湃，由于叛徒出卖被捕，于当年8月在上海龙华英勇就义。

2009 年，彭湃被评为 100 位为新中国成立作出突出贡献的英雄模范之一。

彭湃次子彭士禄，1925 年 11 月生于广东省海丰县。1928 年，其母亲蔡素屏（中共地下党员）在海陆丰农民运动失败后，被国民政府杀害。彭湃于次年牺牲。未满 4 岁的彭士禄，成了失去双亲的孤儿，国民政府为了斩草除根，到处搜捕他，为此，亲属带着他四处逃避。1931 年，党组织为了妥善保护烈士的后代，把彭士禄送到潮安革命根据地的上莆区周边乡村，以便寻找机会把小士禄转移到中央苏区。潮安的党组织为避开国民政府军警的反复搜捕，保护好小士禄，在这几年里，上莆区先后有 20 多位"妈妈"负责保护和抚养他。这些"妈妈"都把士禄当作自己的亲生孩子看待，冒着坐牢危险，自己忍饥挨饿、流浪求乞，都要让小士禄"吃饱穿暖"，决心把小士禄抚养成人。1933 年秋，有两个"妈妈"与士禄一起被抓进潮安监狱囚禁数年。在监狱中，"妈妈"和狱友们都在悉心地照顾着小士禄。

1936 年，彭士禄的祖母在报纸上看到了刊登士禄在潮安监狱中的相片与消息，想方设法找到彭湃在日本留学时的学友、民主人士陈卓凡先生，通过他的关系将士禄营救出来。此后，士禄在党的培养下逐步成长为中国著名的核动力专家，是中国第一任核潜艇总设计师，中国核动力领域的开拓者和奠基者之一，中国工程院首批资深院士，被誉为"中国核潜艇之父"。

周逸群在潮安

周逸群（1896—1931），字立凤，出生于贵州省铜仁市城区。周逸群是中国共产党的优秀党员、杰出的无产阶级革命家、军事家、宣传家、活动家，共产党军队的早期缔造者之一，湘鄂西红军和苏区的创建人。1924 年 10 月，他考入黄埔军校第二期辎重

队学习，同年 11 月加入中国共产党。1925年 3 月，随黄埔军校学生军第一次东征来到潮安，受周恩来的委派，协助军校政治部干事潘学吟筹建国民党潮安县党部。1926 年，参加北伐，任国民革命军第九军第一师政治部主任。1927 年夏，调任国民革命军第二十军（贺龙任军长）政治部主任，被国民政府授予陆军中将军衔。在第二十军中，他与贺龙成为莫逆之交，同时向贺龙灌输革命思想。南昌起义前夕，周逸群及时向前委汇报了贺龙的思想和部队情况，安排贺龙与周恩来见面，在周恩来和周逸群的共同努力下，贺龙最终下定决心誓死跟着共产党走。

同年 8 月，周逸群参与领导南昌起义，起义军南下后任第二十军新组建的第三师师长，率部参加瑞金、会昌等战斗。南下途中介绍贺龙加入中国共产党。9 月 23 日，起义部队占领潮安县城后，中共前委决定经营和发展潮汕，建立革命根据地，争取共产国际的支援，积蓄力量，再度北伐，彻底推翻蒋、汪政权。因此，前委将起义军首脑机关设在汕头；贺龙、叶挺的主力部队向丰顺汤坑前进；朱德率领的后卫部队留在三河坝阻击敌人；考虑到潮安县党组织健全，群众觉悟较高，市面贸易繁荣，又不至于直接遭受帝国主义和国民党军舰的攻击，将起义军的后勤机关及供应基地设在了潮安县城。

周恩来和第二十军军长贺龙考虑到周逸群曾在潮安工作过，对潮安工作比较熟悉；且第三师是南昌起义后新组建的部队，作战经验缺乏，兵员伤亡较大，需要在一个安定的地方进行休整。因此确定由师长周逸群兼任潮州警备司令，司令部设在西湖涵碧楼，主要负责起义军的后勤保障工作。

周逸群服从中共前委的命令，将第三师分成两部分，师部和教导团及第六团的一个营共 600 人驻守潮安县城，第六团的两个营 400 人开往汕头为中共前委和革命委员会担任警卫任务。

在潮安的几天来，周逸群与师党代表徐特立在中共潮安县党组织的协助下，积极完成中共前委交给的筹集物资为起义军提供后勤保障的任务，共筹集到几十万元军饷、数千条步枪、制备好的上万件冬装以及其他大批军用物资；同时派出教导团三个总队，协助潮安农民军攻克了徐陇、洪巷两个反动据点，占领了庵埠区警察署，扫除了潮汕铁路沿线的障碍。

9 月 30 日，国民党桂系黄绍竑部的两个师共 9000 余人突然围攻潮安县城，周逸群坚决执行总指挥部"死守潮州"的命令，带领仅有 600 人的起义军队伍，与剽悍凶猛的强敌从城外到城内展开了殊死的激战，战斗从上午 9 时一直打到下午六七时，杀敌无数，终因众寡悬殊，起义军死伤惨重。周逸群为了保存仅剩数量不多的革命火种，下令部队从潮安县城突围。脱险后带领身边的几十人在潮汕地区周旋了几日，因难以立足，故将队伍分散转移，周逸群与师参谋长苏文钦一同在汕头乘船前往上海寻找党组织。

1931 年 5 月，时任中共湘鄂西特委代理书记兼湘鄂西苏维埃联县政府主席的周逸群，在工作途中遭国民政府军伏击，不幸壮烈牺牲，年仅 35 岁。

2009 年，周逸群被评为 100 位为新中国成立作出突出贡献的英雄模范之一。

附录五 革命遗址、文物、纪念场馆

新民主主义革命时期，潮安老区人民在中国共产党领导下的革命斗争活动中，留下了许多珍贵的革命遗址，铭刻着党和人民为了民族独立和解放而英勇奋斗的光辉历程，体现了潮安党组织和人民艰苦奋斗、不屈不挠、不怕牺牲、勇夺胜利的革命精神。我们要保护和利用革命先辈留下的宝贵红色文化遗产和资源，积极加强宣传和开展相关教育活动，大力推动红色资源的开发和利用，为广大人民群众特别是青少年进行爱国主义和革命传统教育，大力弘扬和培育伟大的民族精神，为建设中国特色社会主义的伟大事业作出贡献。

截至 2017 年 12 月，潮安区普查登记在册的革命史迹共有 87 处，其中革命遗址 56 处，故居 14 处，纪念设施 17 处。

本节在《广东省革命遗址通览》第 20 册和《潮州革命史迹选编》等专著记载的大量革命遗址中，选录部分重要的革命机构旧址，历史事件发生地，革命前辈、先烈活动纪念地以及故居、烈士墓园、纪念馆等，并配现状图片及相关说明文字，余下未选录部分则采用目录式记载方式展示。

一、重要革命遗址、旧址

东莆区农民协会、中共东莆区支部旧址——紫来轩书斋

紫来轩书斋位于潮州市潮安区沙溪镇上西林村西头社。1922

年 10 月初，东莆区孙戊昌、孙清宜发动了几十户贫苦农民，在紫来轩书斋秘密组建了"西林农界救国联合会"。1923 年 9 月后改称为"西林农民协会"，孙戊昌为总负责人。1925 年 9 月，东莆区农民协会在紫来

轩书斋成立，孙木乾当选为区农会主席。1925 年 3 月和 12 月，国民革命军两次东征进驻潮汕期间，周恩来都深入到西林，在紫来轩书斋会见孙戊昌等人，指导革命斗争。1926 年夏，中共东莆区支部在紫来轩书斋成立，书记为孙戊昌。

潮安第一次工人代表大会会址——扶轮堂

扶轮堂位于原潮安县城（今属潮州市湘桥区）太平路英聚巷 20 号，始建于清嘉庆年间，原为海阳县知县谢邦基倡建的民间助学机构。1925 年 11 月，中共广东区委

委员兼妇女部长邓颖超到扶轮堂召开潮安各界妇女活动分子座谈会。1926 年 7 月，全县第一次工人代表大会在扶轮堂召开，县城及各乡、镇代表共 267 人参加大会。大会以潮安劳动同盟为基础，全县 32 个团体联合成立了潮安总工会。

黄埔军校潮州分校旧址——李厝祠

李厝祠位于原潮安县城中山路中段（今属潮州市湘桥区）。1925 年 11 月，国民革命军第二次东征抵达潮安后，于 12 月创办了中国国民党陆军军官学校潮州分校，校址设在李厝祠。1926 年 5 月因黄埔军校本部改名，随之改称国民革命军中央军事政治学校潮州分校。这是黄埔军校最早创办的一所分校。黄埔军校校长蒋介石兼任分校校长，汪精卫任党代表，何应钦任教育长，周恩来任政治部主任。分校共办二期，至 1926 年 12 月结束，先后招收了省内外的学员 990 余人，学员毕业后均分配到国民革命军各部充当下级军官。李厝祠于 1987 年被列为潮州市文物保护单位。

南昌起义军驻潮部队指挥部旧址——涵碧楼

涵碧楼位于原潮安县城西湖畔（今属潮州市湘桥区）。1925 年 3 月，国共合作的东征联军进驻潮安，黄埔军校政治部和学生军办事处设在涵碧楼，政治部主任周恩来在此办公。11 月，国民革命军再次东征到潮安，涵碧楼仍是东征军领导人活动的重要场所。1927 年 8 月 1 日，中国共产党领导的南昌起义军占领南昌后，千里转战，向潮汕挺进。9 月 23 日，周恩来、贺龙、叶挺、刘伯承、彭湃、郭沫若等率领的起义军占领潮安，第二十军第三师师部和潮州警备司令部设于涵碧楼。9 月 30 日，起义军撤出潮安县城，史称"潮州七日红"。

1987 年，涵碧楼被公布为潮州市重点文物保护单位；2000 年，被公布为省级爱国主义教育基地；2002 年 7 月，被公布为广东省重点文物保护单位；2011 年被列为广东省中共党史教育基地。

大和区农民协会总部旧址——敦仁公祠

敦仁公祠位于潮州市潮安区凤塘镇冯厝村。1927 年初，中共潮安县部委派许筹到大和区（今凤塘镇全部，枫溪镇和浮洋镇部分村庄）发动、建立了农民协会。大和区农民协会成立后，总部设于冯厝村中的敦仁公祠，挂牌为"二区农民协会总部"，冯坤遇担任总部主席，冯宏华负责武装组织工作和吹号。敦仁公祠现为周边学校红色教育基地。

中共潮安县委员会驻地旧址——凤岗村宋衔茶家

宋衔茶家位于潮州市潮安区凤塘镇凤岗村（曾叫"下岗村"）。1927 年 6 月，在中共广东区委潮梅巡视员黄居仁的指导下，中共潮安县委员会在此成立，书记为陈振韬。至 1928 年 2

月,全县先后建立了8个中共区委、40个党支部,党员从原有100多人发展至309人。房东宋街茶(村中称呼"街茶婆")曾多次在敌人的搜捕中掩护县委领导人方方脱险。1947年,武工队员黄锐锋进入凤岗村进行革命活动,发展地下组织,建立地下活动站。1949年5—6月,在凤岗村活动的武工队配合上级行动,先后破坏了国民党的通讯设施及烧毁交通要道"安揭公路浮岗桥"。

"七日红"前后中共潮安县委驻地旧址——黄氏宗祠

黄氏宗祠位于潮州市潮安区江东镇仙洲村。1927年8月前后,中共潮安县委驻地转移到仙洲村,在县委书记林务农的领导下,发动和组织工人、农民策应南昌起义军南下潮汕。"潮州七日红"期间,县委机关移至潮安县城。9月30日,敌人攻袭潮安县城,几经激战之后,起义军于当天下午撤出潮安县城,县委再次重返仙洲村。县委在回仙洲途中还收容了一些起义军的伤病人员，安排在各乡同志家里进行救护。10 月，潮安农民自卫军在此扩编为工农革命军东路第二独立团，团长许筹，党代表方方，起义军留下的武装干部李英平任参谋长。

林妈陂革命老苏区遗址

林妈陂老苏区位于潮州市潮安区登塘镇林妈陂一村。1924 年秋，林妈陂成立了第一个农民组织——林妈陂农民协会，并建立了赤卫大队，全村掀起了一个农运高潮。1927 年 5 月，国民政府潮安当局第一次派军警攻打林妈陂。村赤卫队员在党代表的领导下，英勇杀敌，打退了敌人进攻。1928 年 2 月 5 日，国民政府军队第二次围剿林妈陂。在独立第二团和赤卫队的共同抵抗下，敌人再次溃败。当天下午，敌军增兵一个营，分东、西、南三路，围剿林妈陂，全村村民人人参战，奋勇抗敌，终因众寡悬殊，村民们被迫撤离家园，史称"林妈陂散乡"。敌人进村后，烧毁了全村 960 多间民房和 5 座宗祠，全村仅留下一座古庙和村头一株大古榕。林妈陂人民在历次战斗中有 22 名烈士英勇捐躯。1951 年，林妈陂村被广东省人民政府评为第一批"革命老苏区"。

中共潮安县委机关驻地旧址——双抛祠

双抛祠位于潮州市潮安区龙湖镇鹳巢村，由两座并列的李氏祠堂——春实公祠和仕魁公祠组成。1928—1929 年，双抛祠是中共潮安县委机关所在地。潮安党组织的领导方临川、陈木合、方方、林中（李奕标）、李子俊、李绍法等先后在此开展革命活动。

潮安县革命委员会机关驻地遗址——管氏祖祠

管氏祖祠位于潮州市潮安区登塘镇白茫洲村。1927 年，中共潮安县委第一次党代会在管氏祖祠内召开，国民政府闻讯后放火烧毁管氏祖祠。

1929 年 4 月，中共潮安县委书记方方在白茫洲村举办学习党的六大精神训练班，共 70 多人参加。1930 年 4 月，潮安县革命委员会在白茫洲村成立，革委会机关设于管氏祖祠。同年 8 月，国民政府派兵围剿潮揭丰边革命乡村，潮安县革命委员会受到破坏，机关所在地管氏祖祠再次被烧毁，仅存祠堂大门。

1991 年 2 月，白茫洲村管氏族人在原址重建管氏祖祠。

红十一军军部旧址——世田村大石岩山洞

大石岩山洞位于潮州市潮安区登塘镇世田村。1929 年，古大存率东江工农革命军驻扎在世田村，辟建第二军区，开展游击战争。1930 年 5 月，红十一军成立后，军长古大存在世田村大石岩山洞设立红十一军军部，奉东江特委命令，率红十一军四十六团、四十七团、教导团共 2000 余人三次攻打潮安县城未果。此间，红十一军联合赤卫队先后攻打了揭阳的多个反动民团和田东圩郑国武乡团取得胜利。同年 8 月，红十一军撤至八乡山革命根据地。

中共潮澄饶县委机关驻地旧址——杨柳居

杨柳居位于潮州市潮安区凤凰镇庵下村打埔峯。1934 年 10 月，潮澄澳县委更名为潮澄饶县委，县委机关由杉坑村移至浮凤区打埔峯村杨柳居。1935 年 1 月，县委在杨柳居召开扩大会议，将中共潮澄饶县委划分为潮澄饶和潮澄揭两个县委。潮澄饶县委继续在此办公。同年春，潮澄饶县委发动浮凤农民开展分田运动。8 月，国民政府军邓龙光师"进剿"浮凤苏区。9 月，县委、县革委机关被叛徒引敌包围破坏。10 月初，潮澄饶县委领导人张敏等从浮凤突围转移至福建诏安坪路。

潮澄饶县革命委员会机关驻地旧址——文厝文冬舟家

文厝文冬舟家位于潮州市潮安区凤凰镇三平磜村。1934 年 11 月，潮澄饶县革命委员会在浮凤区叫水坑村（现属凤凰镇）成立，机关设于浮凤区三平磜村文厝文冬舟家。1935 年 1 月，中共潮澄饶县委和县革委会在这里举办为期半个月的分田训练班。随后，浮凤区发动群众分田，当季获得丰收。7 月，建立浮凤区苏维埃政府；9 月，国民政府军邓龙光师在攻陷大南山根据地后，集中兵力"围剿"浮凤根据地，县革委会撤至福建诏安坪路。

潮汕青年抗日游击大队成立处旧址——桑浦山宝云岩

宝云岩在潮州市潮安区沙溪镇桑浦山的宝云寺内。1939 年 7 月 6 日，中共潮汕组织领导人从潮汕青年抗日同志会战工队中挑选出 30 名队员聚集在桑浦山田心村，第二天在桑浦山宝云岩成立"潮汕青年抗日游击大队"（简称"汕青游击队"），卢叨任政委，罗林任大队长。8 月下旬，汕青游击队开赴潮安抗日前线，先后在西塘和云里袭击了进扰的日军。10 月上旬，游击队在云步村活捉了日军伍长加藤始助。此后，多次配合国民政府军抗击日军。1940 年 4 月，因国民政府掀起"反共"高潮，游击队被迫解散，化整为零。保留下来的两个武装游击小组，继续活动在潮汕地区开展抗日斗争。

潮汕青年抗日游击队、广东人民抗日游击队
韩纵"一支"队据点旧址——紫凝轩

　　紫凝轩位于潮州市潮安区枫溪镇英塘村。1939 年 8 月起，潮汕地下党组织利用此处的有利地形，创建了党领导的抗日武装平原地下活动据点和秘密联络处。10 月 7 日，潮汕青年抗日游击队员许英、林克清、王炳荣、黄玉屏、李朝道等人在紫凝轩经周密部署后，到云步村活抓了日军伍长加藤始助。1943 年 9 月，中共潮澄饶县委在紫凝轩建立抗日武装基干小组。1945 年 8 月，广东人民抗日游击队韩江纵队第一支队成立前后，在此集合和休整。1946 年 6 月 26 日，紫凝轩遭到国民政府军包围，党组织的部分地下武装人员被捕遭杀害。

潮澄饶革命"一老家"旧址——佘厝洲村

　　佘厝洲村位于潮州市潮安区江东镇，村中李习楷家是当时潮澄饶汕党组织活动的主要场所和指挥中心。1939 年 10 月，中共潮澄饶中心县委增设敌后区工作部（部长周礼平）在佘厝洲村建立抗日游击战争据点。1940 年 4 月，成立潮澄饶抗日游击小组，周礼平在佘厝洲村领导这支抗日武装队伍，开展打击日伪顽斗争。1944 年 10 月，在佘厝洲村重新成立潮澄饶县委。解放战争时期，

佘厝洲村是潮澄饶游击队隐蔽和接送兵员支持凤凰山根据地的重要交通枢纽，也是中共潮澄饶平原县委和平原武工队的活动点和地下交通网点。从抗日战争中期至解放战争结束的整整 10 年间，佘厝洲村历受敌人的多次"围剿"，仍巍然屹立，斗争不息，因此被誉为革命的"一老家"。

广东人民抗日游击队韩江纵队第一支队成立处旧址——居西溜村

居西溜村位于潮州市潮安区登塘镇白茫洲村，属潮安西北部山区与揭阳市揭东区、梅州市丰顺县的交界处。土地革命战争时期，古大存领导的红十一军在此开展革命活动，建立了游击斗争根据地。1945 年 8 月，根据中共潮梅特派员林美南的指示，潮汕多支抗日队伍在居西溜汇合，成立广东人民抗日游击队韩江纵队第一支队，周礼平为支队长兼政委。8 月 17 日凌晨，国民政府军警 1000 余人突然包围袭击韩纵一支队驻地，在激烈的战斗中，周礼平壮烈牺牲，同役捐躯的还有许悦标等 10 位烈士。

中共潮安县工作委员会机关驻地旧址——"梅兰轩"书斋

"梅兰轩"书斋位于潮州市潮安区江东镇井美村，是一所老式的二层楼房。1949 年 4 月，中共潮安县工作委员会（简称"县工委"）以梅兰轩书斋为机关驻地，开辟平原新区，借枪募粮，组织学生上山入伍，开展统战和策反，做好潮安解放的接管准备工作。县工委曾根据当时形势发展的需要，在梅兰轩成立了上铁区委、下铁区委、上下铁武工队及江东武工小组，从而开创了潮安平原革命斗争新局面，机关驻地一直坚持至同年 10 月潮安全境解放。

中共韩江地委、潮汕地委潮澄饶丰澳分委机关驻地旧址——太和斋

太和斋位于潮州市潮安区凤凰镇下埔村。1949 年 1 月，中共

韩东地委改称为中共韩江地委。同月，凤凰圩解放后，地委机关（代号"耕读"）移驻下埔大格村太和斋。4 月后，该村成为凤凰解放区的政治指挥中心。6 月，根据闽粤赣边区党委决定，撤销韩江地委，成立中共潮汕地委潮澄饶丰澳分委，书记李习楷，下辖中共潮安县工委、澄海县委、饶平县工委、潮饶丰边县委。分委驻地仍设于太和斋，一直至潮汕地区全面解放。

闽粤赣边纵队第四支队司令部旧址

闽粤赣边纵队第四支队司令部旧址位于潮州市潮安区凤凰镇福南村，原为黄泰昌家宅，现为黄泰昌后代居住。1949 年 1 月，经中央军委批准，中国人民解放军闽粤赣边纵队成立，司令部机关驻凤凰福南村黄泰昌家。5 月，闽粤赣边纵第四支队经过扩编成立，辖第十一团、第十三团、第十五团和一个独立大队（后改为第十四团）。四支队多次粉碎了国民政府军队的"围剿"和胡琏兵团的窜扰，为解放全潮汕作出了重大贡献。

二、重要革命人物故居

李春涛、李春霖烈士故居

李春涛

李春涛、李春霖烈士故居位于原潮安县城（今属潮州市湘桥区）上西平路刘察巷15号。李春涛（1897—1927），1917年，他协助彭湃开展海丰农民运动。1925年底，以国民党左派身份，在广州参加了毛泽东主编的《政治周报》的编辑工作，并撰写了不少文章。1926年1月，《岭东民国日报》出版，经周恩来推荐担任社长。1927年，国民党右派发动的"四一二"反革命政变后，4月14日，李春涛被汕头潮梅警备司令部诱捕后杀害，年仅30岁。

李春霖（1912—1937），中共党员，李春涛的堂弟。1931年参加红军，在长征途中任红四方面军政治部秘书长、西路军政治部秘书长，1937年4月在甘肃安西县红柳园战斗中牺牲。

许甦魂烈士故居

许甦魂烈士故居位于潮州市潮安区庵埠镇凤岐陇村。许甦魂（1896—1931）原名统绪，曾用名许进。1916 年秋，许甦魂出走新加坡，领导和组织华侨支援国内反帝爱国运动。1926 年 1 月初，参加国民党第二次全国代表大会，被选为中央候补执行委员，成为出席国民党"二大"并被选为候补委员的七位共产党员之一。1927 年 8 月，许甦魂参加南昌起义，任起义前敌委员会秘书。1929 年 8 月底，参加广西百色起义，历任红七军政治部宣传科长、第十九师政治部主任、红七军政治部主任。1931 年 6 月，任红三军团第七军政治部主任。9 月，由王明"左"倾教条主义统治的中央，派人到红七军开展"肃反"运动。许甦魂被打成"国民党改组派"被迫害致死。1945 年党的七大后，中央为许甦魂平反昭雪，恢复名誉，并追认其为革命烈士。

1965 年，潮安县人民政府拨款在原址对面建了三间平房供烈士遗属居住。

"左联" 烈士洪灵菲故居

洪灵菲烈士旧居位于潮州市潮安区江东镇红砂村一座由 10 多间平房环绕组成的小院中。洪灵菲（1902—1934）原名洪伦修，现代著名 "左翼" 作家。1926 年加入中国共产党。1927 年任中共上海市闸北区委三街道党小组长，与杜国庠、戴平万组织 "我们社"，主编《我们》月刊，宣传革命文学。同年冬至 1930 年春，他写出了近 200 万字各种体裁的文学作品，在文学战线上为党的事业作出了重要的贡献。1930 年 3 月，"中国左翼作家联盟" 成立，他与鲁迅、田汉等 7 人被选为常务委员。1932 年，"中国反帝大同盟" 成立，他任反帝大同盟党团书记。1933 年 2 月，调任中共中央驻北平全权代表秘书处处长，同年 7 月，因叛徒出卖，

洪灵菲在北平被捕后被秘密押送南京。1934 年夏，被国民政府当局杀害于南京雨花台，年仅 32 岁。

"左联"烈士冯铿旧居

冯铿旧居位于潮州市潮安区枫溪镇云步村冯厝内。冯铿（1907—1931），原名冯岭梅，女。1929 年加入中国共产党，参加上海党组织的地下斗争。1930 年参加中国左翼作家联盟，她的代表著作有政论文《破坏和建设》《妇女运动的我见》；短篇小说《月下》《小阿强》《红的日记》；诗歌《深意》《你赠我白烛一支》；散文《开学日》《夏夜的玫瑰》等。1931 年 1 月 17 日，冯铿在上海东方旅社被国民政府逮捕，2 月 7 日被杀害，她是"左联"五烈士中唯一的女性作家。

人民艺术家陈波儿故居

陈波儿故居位于潮州市潮安区庵埠镇。陈波儿（1907—1951），原名陈舜华，又名陈棠秋，女。陈波儿早年曾游学中国香港、上海及日本，肄业于复旦大学、中国艺术大学。1929 年参加中共领导的上海艺术剧社，从事左翼戏剧电影活动。曾主演《梁上君子》等多台舞台剧。1934—1938 年，先后主演《青春鳗》等影片，编演了《女记者》和

"左翼"剧联的大型话剧《保卫卢沟桥》等。1937年在南京加入中国共产党，翌年赴延安。1939年抵重庆，从事抗日宣传工作。

1940年陈波儿返延安，就职于马列学院文艺研究室，导演《马门教授》等话剧。1947年参加东北电影制片厂的创建及领导工作，主持拍摄系列新闻纪录片《民主东北》。1949年底，陈波儿奉调北京，担任电影局艺术委员会副主任委员兼艺术处处长，1951年11月因病逝世，被称为人民艺术家。

徐光英故居

徐光英故居位于潮州市潮安区浮洋镇徐陇村念慈园。徐光英（1899—1984），又名金藩，字树屏。1920年，徐光英赴法国勤工俭学，认识周恩来和李富春，接受共产主义思想。1921年，加入由周恩来等创立的旅法共产主义小组，之后，转至西

班牙攻读军事，获"陆军博士"学位。1926年，他参与领导上海三次工人武装起义。1927年8月，他参加南昌起义，并随起义军南下广东，潮汕"七日红"期间，任汕头市公安局代理局长，同年12月11日，参加广州起义，任工农红军总参谋长。此后，他参加了百色起义。抗日战争时期，他先后任国民政府的南宁警备司令、广西别动军第三纵队指挥官，其间曾暗中支持、掩护中共地方组织和越南劳动党的革命活动，1947年赴香港做革命联络工作，1984年因病在香港逝世。

黄名贤烈士故居

黄名贤烈士故居位于潮州市潮安区江东镇下埔村。1938年，中共潮汕地下组织在下埔村建立党支部。其间，黄名贤的弟弟黄名昌从马来西亚回乡宣传抗日，黄名贤受其弟的影响，参加抗日活动。在黄名昌、黄名贤两兄弟的发动下，不少村民积极参加了党组织及武工队，为抗日救亡做了大量工作。黄名昌后因身份暴露，在汕头遭日伪诱捕后杀害。在日军的多次围村"扫荡"下，黄名贤和妻子王菊花始终不屈不挠，他家也成了潮澄饶抗日游击小组的转动点。解放战争时期，黄名贤家仍为地下党的交通联络站，其夫妇负责接送过往韩江的同志。1948年，由于叛徒出卖，黄名贤、王菊花和刚满周岁的幼子及堂侄黄木坤不幸被捕，受尽毒刑，始终保守党的秘密，最后他们在澄海隆城惨遭活埋，献出宝贵的生命，出现了一门五忠烈的壮举。

林若故居

林若故居位于潮州市潮安区浮洋镇高义村老玩记大夫第中的儒林第西灰巷的两间平房。林若（1924—2012），广东潮安人。

林若青少年时在梅县东山中学读书期间，参加中共地下党领导的抗日救亡运动。1945 年 5 月，加入中国共产党，同年 7 月，考入中山大学文学院，积极参加爱国学生运动。1947 年 1 月，由于身份暴露，林若前往东江游击区工作，历任东江第二支队教导员、粤赣湘边纵队支队政治指导员、团政治处主任。中华人民共和国成立后，先后任中共东莞县委书记、广州市委书记、湛江地委书记、广东省委书记、广东省人大常委会主任，中共第十二届、十三届中央委员，第七届、八届全国人大代表。1997 年起担任广东省关心下一代工作委员会主任、广东省老区促进会理事长等职务。2004 年 9 月离休，2012 年 10 月 7 日，林若因病在广州逝世，享年 88 岁。

陈德将军故居

　　陈德将军故居位于潮州市潮安区古巷镇古二村。陈德（1914—1983）是潮汕籍中央红军干部唯一走完长征全程的开国将军。1932 年，陈德参加中国工农红军，1933 年加入中国共产党，参加中央苏区第四次反"围剿"战斗，在长征的磨砺中成长为红军连队指导员。1937 年 7 月，陈德随部队挺进山西平型关抗日前线，后转战山东巩固抗日根据地。解放战争中，陈德带领东北民主联军第七师第二十一旅，先后参加了辽沈战役和平津战役。中华人民共和国成立后，参与广西剿匪和解放海南岛。1953 年 7 月任第四十二军副政委，翌年任政委。1955 年，他被授予少将军衔，并被授予三级八一勋章、二级独立自由勋章、一级解放勋章；1963 年任广东省军区党委书记、政委兼广东省委常委；1975 年任山东省军区党委书记、政委，山东省委常委；1980 年任广州军区顾问。他是第四届、第五届全国人民代表大会代表。1983 年 8 月 25 日，陈德在广州因病逝世，享年 69 岁。

三、其他革命遗址和革命人物故居目录

　　陈瑞秋烈士故居——凤塘镇南陇村陈厝颖川世家公厅

潮揭丰边游击队榕江总队旧址——凤塘镇南畔社

邱厝村农会会址——凤塘镇围头詹厝角大厅

自卫队抗日指挥中心——凤塘镇英凤村埔上与英乔交界处

红十一军革命旧址——登塘镇白茫洲村居西溜山麓

居西溜革命根据地遗村落——登塘镇白茫洲村

归仁区农会会址——登塘镇白茫洲村

抗战时期国民革命军独九旅旅部——登塘镇伍全村黄竹径村丰德居

解放战争时期中共地下工作者开展隐蔽工作的保校——登塘镇白水村

斗文农会会址——浮洋镇斗文村上村吕厝祠

辛亥革命志士许雪秋故居——彩塘镇宏安三村中宪第、稻花庄、寄云深处

中共潮汕中心县委机关旧址——彩塘镇东里村大夫第

黄村石狮巷风围内革命活动点——彩塘镇金砂三村

桑浦山革命秘密活动和交通点——彩塘镇南方村李古洞

桑浦山田心村抗日游击队活动点——彩塘镇红旗村

礼阳郑地下党支部驻地遗址——东凤镇礼阳郑村和平轩

广东工农革命军第二独立团驻地——沙溪镇西林乡刚克公祠

中共潮安县委机关驻地旧址——沙溪镇上西林村敬乐轩书斋

西林农会第一支农民自卫队、东莆区农会赤卫队、中共潮安工农革命军东莆区大队部驻地、潮安县委临时所在地——沙溪镇上西林村树公巷绍发祠

中国人民解放军第四十一军野战地医院——庵埠镇刘陇村

隆津都农民协会会址——龙湖镇鹳巢乡五桂祠

大革命时期中共潮安县委交通站——龙湖镇鹳巢乡道生堂药店

鹳巢农民协会会址——龙湖镇鹳巢乡开蓁公祠

潮安县工委革命据点——龙湖镇下阁村容祖公祠

登隆都农民协会会址——龙湖镇曾厝宗祠

潮安县农民自卫军模范队训练所——金石镇大寨村灵严庵

中共潮汕中心县委驻地旧址——文祠镇中社村长背山村葡萄园

潮澄饶游击队大东垭革命根据地的办公址、居住地及印刷厂——文祠镇竹园村大东垭

翁烈海烈士故居——文祠镇望岭村飞天燕山

游击队居住房屋——文祠镇望岭村元德居

苏维埃政权机关旧址——文祠镇李工坑

游击队活动据点——文祠镇石坑村麻地下聚居楼

潮澄饶县革命委员会成立处旧址——凤凰镇叫水坑村

潮饶丰边县人民行政委员会驻地旧址——凤凰镇下埔村

人民解放军韩江纵队第十一团司令部、中国人民解放军闽粤赣边纵队第四支队司令部——凤凰镇官头輋村

韩江纵队革命根据地——万峰林场万峰山曾厝村

登荣区革命委员会驻地旧址——赤凤镇

中国左翼作家联盟领导人之一戴平万故居——归湖镇溪口村

韩江纵队第十一团活动处旧址——归湖镇东山村寮北内

韩江纵队活动处旧址——归湖镇高升村石壁头、桔树坑

民主人士刘贤名故居——江东镇井美村

潮汕抗日游击队高厦据点——枫溪镇高厦村后黄公厅

活捉日军伍长加藤始助旧址——枫溪镇云步村柴圈巷 69 号

陈宗如烈士故居——枫溪镇西边村井脚巷 2 号

瓦窑革命据点——枫溪镇池湖村步熙公祠、追远堂

解放战争时期党的秘密交通站旧址——枫溪镇李厝村箩铺厅

四、重要革命历史文物

（正面）　　　　　（反面）

潮安妇女职工协会会徽（1925 年成立）

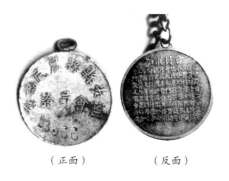

（正面）　　　　　（反面）

潮安县农民协会会员证章（1923 年成立）

土地革命战争时期潮安红军、游击队使用过的独响枪

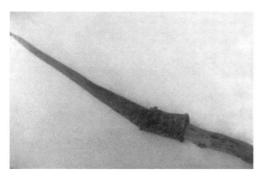

土地革命战争时期潮安红军、游击队使用过的尖串、哨子

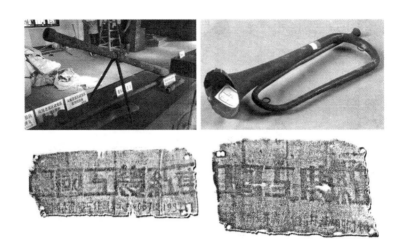

1934 年 4—11 月，潮澄饶澳红军挺进闽南时，部队使用过的抬枪、炮弹、铜军号、袖章

土地革命战争时期潮安县委领导人使用过的马桶、竹篮

土地革命时期潮安县委领导人使用过的蓑衣、油灯

土地革命时期登塘镇黄潭村老赤卫队员陈兴跳埋藏的农民自卫军旗帜（潮州市博物馆收藏）

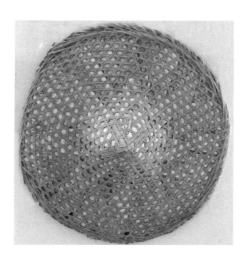

土地革命时期潮安县委领导人使用过的斗笠

土地革命战争时期凤凰镇白水湖村红军书写
在墙壁上的标语

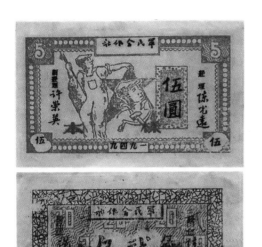

凤凰解放区军民合作社发行的流通券（1949年）

1930年，红十一军军长古大存在登塘镇世田村第二军部使用过的马灯

1952年，原红十一军军长古大存给登塘镇世田村老赤卫队员的信

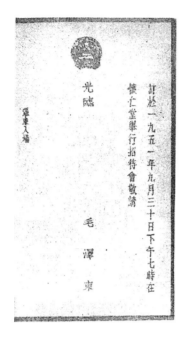

1951 年 9 月，李梨英作为南方老根据地代表团的成员，应邀到首都北京参加国庆观礼。图为毛泽东主席邀请代表出席招待会的请帖

1952 年 3 月中共中央办公厅秘书室给李梨英的一封信

五、革命烈士纪念碑、纪念园

潮州革命烈士纪念碑

潮州革命烈士纪念碑位于原潮安县城西湖公园内（今属潮州市湘桥区）。为纪念新民主主义革命时期献出生命的烈士而建，1955 年清明节落成。碑上刻有李春涛等 25 位烈士的姓名。1987年 12 月，被公布为潮州市重点文物保护单位，1996 年 10 月，被列为潮州市爱国主义教育基地。

红十一军烈士纪念碑

　　红十一军烈士纪念碑位于潮州市潮安区登塘镇世田村树流石。土地革命战争时期，方方、古大存、卢笃茂等党和红军的领导以世田村为据点，领导大小葫芦、锡坑坪等地的革命斗争，在世田设立红十一军军部，开辟游击区，出征攻打国民政府在揭阳的新圩下坝、东寮民团和潮安田东乡团，以及在居西溜战役中共牺牲了22人。1987年，为了更好地缅怀革命烈士的丰功伟绩，激励后人发扬革命传统，振兴中华，广东省民政厅拨款2万元，建成红十一军烈士纪念碑。2018年，烈士纪念碑所在村世田村被省批复为"红色村庄"，省拨给专款扶持修缮纪念碑。

广东人民抗日游击队韩江纵队第一支队烈士纪念碑

韩纵一支队烈士纪念碑位于潮州市潮安区登塘镇。1954 年 12 月，中共潮安县委、县人民政府为纪念"韩纵一支队"周礼平等烈士而建。20 世纪 80 年代，经过全面征集和研究党史资料，发现纪念碑文有些提法不妥，烈士英名也有遗漏，经"韩纵一支队"原政委吴健民等老同志建议，在汕头市委、市政府的重视和支持下，纪念碑由潮州、澄海、饶平、揭阳、丰顺 5 个县（市）于 1987 年联合重修，同年 4 月上旬竣工，4 月 14 日举行重修竣工揭幕典礼。碑文"革命烈士永垂不朽"为吴健民题写，碑上刻着 26 位烈士的英名。

凤凰山革命纪念公园

凤凰山革命纪念公园位于潮州市潮安区凤凰镇欧坑村。凤凰山革命根据地是潮汕地区革命的摇篮，在逾二十年的革命斗争中，无数革命志士面对强敌，前赴后继，抛头颅，洒热血，谱写了一曲曲可歌可泣的英雄赞歌。在这片热土上，壮烈牺牲的革命英烈有姓名可考的就达 1000 多名。为了缅怀先烈，教育后人，在"两纵"潮州老战士联谊会的倡议下，凤凰山革命纪念公园于 2000 年开始筹建，2003

年 11 月竣工并举行落成典礼，公园包括烈士碑、纪念馆、碑廊、浮凤阁、韩凤亭、思源亭等部分。2009 年，凤凰山革命纪念公园被潮州市精神文明建设委员会评为"潮州市爱国主义革命传统教育基地"。

庵埠革命烈士纪念碑

庵埠革命烈士纪念碑位于潮州市潮安区庵埠镇，1957 年秋，为纪念庵埠、彩塘等地在新民主主义革命中牺牲的烈士而建，碑上镌刻着许甦魂、卢根等 40 位烈士的姓名和牺牲时间。1979 年重修纪念碑园区，占地 335 平方米。1983 年，在纪念碑的所在地后墙建立缅先亭碑廊，将原散落在庵埠各处的重要碑刻如"浚河碑记""潮汕铁路""庵埠海关地界"等 20 余块嵌于墙上。

黄秋富烈士纪念碑

黄秋富烈士纪念碑位于潮州市潮安区凤凰镇凤凰圩，是为纪念年仅 16 岁的革命女烈士黄秋富的英勇壮举而建。黄秋富（1918—1934），女，凤凰镇虎头村人。黄秋富自幼父母双亡，15 岁接受革命思想，参加地下工作，张贴革命标语，为掩护革命同志，不幸于 1934 年 1 月 15 日被捕。在狱中，面对敌人的酷刑和利诱，与敌人抗争到底，后被敌人残忍杀害，年仅 16 岁。该纪念碑园区占地面积约 1350 平方米，碑座为六角形，碑身为正方形，碑尖为锥形，顶部有红五星。

潮汕抗战阵亡将士纪念碑

抗战阵亡将士纪念碑位于原潮安县城西湖公园内虹桥北侧（今属潮州市湘桥区），始建于 1946 年 1 月，是国民政府潮安县当局为纪念抗日战争中阵亡的将士而建。1986 年该碑被拆除，1999 年 4 月，由潮州市建筑设计院设计，按原貌重建"抗战阵亡将士纪念碑"，2000 年元旦竣工。

六、其他烈士纪念碑、纪念园及陵墓目录

刘凯（李小刘）、蓝大目二烈士之墓——登塘镇田东林场
抗日英烈陵园——登塘镇栖凤村
陈卧云烈士陵墓——浮洋镇厦里美村

"七二三"纪念碑——浮洋镇深洋村

鹳巢革命烈士纪念碑、纪念公园——龙湖镇鹳巢村

西林乡老苏区革命烈士纪念碑——沙溪镇西林乡

沈序昭烈士墓——彩塘镇华美二村

礼阳郑革命烈士墓园——东凤镇礼阳郑村陈洋埔

曾刘才烈士墓——龙湖镇塘东村曾厝

黄太安、陈英生二烈士墓——归湖镇溪美村

凤南革命烈士纪念碑——归湖镇凤南村

革命遗址是不可再生的红色文化资源，是党和人民的宝贵财富。革命遗址承载的不光有重要的政治教育价值、历史文化价值，还有可观的旅游经济价值。通过开展红色旅游，可以带动经济的发展，极大地改变老区乡镇贫穷落后的面貌。革命遗址的保护与利用具有重要的时代意义，区委、区政府将进一步加大力度，把革命遗址的保护与利用纳入区级战略层面，统筹谋划。

一是加强领导，制订城乡总体规划。

区委、区政府将加强对革命遗址开发利用的领导，明确各部门、各镇（场）的责任，制订城乡总体规划，统筹推进红色资源保护与利用工作。坚持"保护为主，修旧如旧"的原则，加大投入，使更多的革命遗址得到修缮修复和开发开放。并筹集资金修复"左联"创始人之一的洪灵菲与戴平万旧居、参加四次党领导的重大武装起义的革命先锋徐光英旧居，使更多的革命遗址成为广大党员干部党性教育场所，不断激发党员干部在新时代展现出新担当新作为的精气神。

二是加大投入，提升革命遗址内涵。

第一要加大投入力度，提升新时期红色文化宣传教育阵地内涵，着力打造规模大、标准高、管理到位的"红色教育基地"；

第二要通过做好教育基地周边环境整治和配套设施建设，结合实际情况，对红色文化遗产再深入挖掘，再提炼升华；第三要注重史实，提高标准、严格要求、大胆创新，努力打造一批高规格、高内涵的国家级、省级的红色文化宣传教育基地，进一步扩大红色文化的影响力。

三是形式多样，统筹争取各方资源。

要进一步挖掘红色资源所承载的政治、教育、艺术等多重内涵，做好文物史料的收集、整理工作，使更多的革命故事得以保存流传，让革命精神更好地传承下去；要将更多影响深远的革命遗址纳入爱国主义教育基地，推动红色文化进学堂，让广大学生受到红色文化的熏陶。要大力推动红色文化产业发展，培育一批自主经营、自主创新的红色文化市场主体；鼓励文艺工作者创作具有潮安独特亮点的红色文艺作品，讲好潮安红色故事，着力打造红色文艺精品。

四是统筹规划，积极发展潮安红色旅游。

要统筹各方资源，积极争取省、市的专项资金支持，发动社会各界力量积极参与革命遗址的修复工作。在此基础上，积极探索文物胜迹、红色资源和山水资源的深度融合，重点做好红色、古色、绿色资源整合的这篇大文章；要针对革命遗址较为集中的凤凰、江东、登塘、龙湖、庵埠、彩塘和沙溪等镇，结合原有的旅游景点，形成具有潮安特色的红色文化与人文自然的旅游线路：

（1）东北线路

文祠葡萄园曾昭永家（中共潮汕中心县委机关驻地旧址）—三叠泉—叫水坑（潮澄饶革命委员会成立处旧址）—凤翔峡（土地革命战争时期浮凤革命委员会驻地、抗日战争时期中共潮汕中心县委联络点怡祖公祠）—凤凰白湖林尖峰仔—石古坪畲族发祥地—凤凰山（凤凰山革命纪念公园）、凤凰天池—道韵楼—李工

坑畲族民俗村—架桥潭—凤南（凤南革命烈士纪念碑）—幽谷
逸林

（2）西北线路

古巷陈德将军故居及纪念馆—象埔寨—登塘镇（广东人民抗
日游击队韩江纵队一支队烈士纪念碑）—白水岩风景区—绿太阳
度假村—世田村（红十一军军部和烈士纪念碑）—黄竹径村（抗
战时期国民革命军独九旅旅部）

（3）西南线路

庵埠乔林草乐轩（方方秘密活动处旧址）—庵埠龙溪中学
（青年抗敌同志会驻地旧址）—庵埠陈波儿故居（人民艺术家、
新中国电影事业创始人）—彩塘金砂从熙公祠（全国重点文物保
护单位）—桑浦山甘露寺、林大钦墓—东山湖度假村—桑浦山宝
云岩（潮汕青年抗日游击大队成立处旧址）—沙溪西林村紫来轩
（潮安第一个乡农会驻地旧址）—沙溪陈伟南旧居—金石林大钦
状元第

（4）东南线路

龙湖镇鹳巢村（革命纪念公园）—龙湖古寨—江东镇红砂村
亦瑞居（"左联"领导人之一洪灵菲故居）—佘厝洲村（潮澄饶
县委机关旧址）—三元塔（吉祥寺）—仙洲村黄氏宗祠（"潮州
七日红"前后潮安县委机关驻地）

后记

　　为贯彻落实习近平总书记关于"发扬红色资源优势，深入进行党史、军史、老区革命史优良传统教育，把红色基因代代传下去"① 的指示精神，根据中共中央办公厅、国务院办公厅印发《关于加大脱贫攻坚力度支持革命老区开发建设的指导意见》（中办发〔2015〕64 号）和中国老区建设促进会《关于编纂全国1599 个革命老区县发展史的安排意见》（中老促字〔2017〕15号）的要求，中共潮州市潮安区委、潮州市潮安区人民政府于2017 年 12 月成立了《潮州市潮安区革命老区发展史》编纂工作领导小组（本书定稿前改称编委会），下设办公室，办公室设编写组、后勤组、联络组，同时开展编纂的前期筹备工作。

　　2018 年 6 月，《潮州市潮安区革命老区发展史》（以下简称"本书"）编辑工作正式启动，由区老促会副会长、编纂工作领导小组办公室副主任洪坤锡牵头编写、联络、后勤各组的协调及成书的总纂等任务；由陶永庆、孙培存、林少亮、蔡纪昭、黄瑞平、陈树彬等同志组成编写组，负责文献收集、史料考选、文稿撰写和初稿编辑等工作；后勤、联络组的郑焕钿、陈加喜、廖泽远等同志都发挥了应有的服务职能。

---

　　① 中国老区建设促进会老区精神研究会第一副主任郤万增：《关于编纂全国 1599 个革命老区县发展史安排意见的几点说明》，2017 年 6 月 2日，第 1 页。

在省、市、区各级领导的重视和有关部门的关心支持下，经过编写组全体同志历时近一年的共同努力，至 2019 年 5 月底，本书初稿的编纂工作已基本完成。首先，编写组按照省老促会《编纂大纲》的要求，用近一个月时间，在查证、研讨和修订的基础上，完成了本书纲目的初拟工作；在此基础上，编写组按照"统筹安排，有所侧重，明确分工，各负其责"的要求，分段组织了本书的第二至五章（新民主主义革命时期）的编写工作，并于当年国庆前后完成本段的初编任务。接着，对本书后半部分的第六章至附录和"前言""第一章潮安概貌""后记"及有关文献资料等内容的编写，有关图片的征集也同步交叉进行。至 2019 年 2 月底，基本完成了全书约 23 万字"送审稿"的编辑工作。其次，把本书"送审稿"分别报送潮州市《革命老区县（区）发展史》编审组、市有关部门及领导、区编纂工作领导小组（编委会）、区属各有关单位、各镇场进行审核，并送枫溪区征求意见。同年 4 月 17 日，《潮州市潮安区革命老区发展史》专家评审会议在区水务局三楼会议厅召开，市老促会副会长吴作秋、区委副书记翁元、区政府副区长成思钿等领导同志出席会议，会议邀请了潮州市《革命老区县（区）发展史》编审组陈立佳、陈子新、刘庆和、郑佩佩、沈翘、吴馥 6 位专家对书稿进行了认真评议；根据评审专家提出的修改意见和建议，编写组对本书"送审稿"进行了多次认真的修改、补充和完善。最后，把修改后的"初稿"报送区编委会主任终审确定，同时出具《审定意见书》，形成本书的初稿，并于 2019 年 5 月底送交广东人民出版社。

在本书编纂过程中，区委、区政府领导高度重视，十分关心，经常亲临编写组现场检查指导工作，及时解决了编纂过程的实际问题，对本书的编纂和成稿起了关键作用。市委党史研究室、市地方志办公室、区委宣传部、区委党史研究室、区地方志办公室、区档案馆及区文化部门提供了有关文献资料，对本书编纂工作的顺利进行至关重要。

值此编纂成书之际，谨向对本书的编写给予悉心指导的省、市老区建设促进会，市委党史研究室，市地方志办公室，"两纵"老战士联谊会；对本书编辑工作给予关心支持的老领导、老同志、专家学者；对积极帮助编辑工作的区直各部门，各镇、场和提供优良办公环境的区水务局；对为本书提供相片的许永光、谢树荣、林少武、谢秋晓等同志，一并致以衷心的感谢！

《潮州市潮安区革命老区发展史》的编纂工作是一项复杂的系统工程，它牵涉潮安区不同时期的近百年历史，责任重大。然因时间紧，任务重，编写组成员的阅历、经验、专业学识水平和本书的篇幅所限，书中不足之处定然存在，诚祈各界专家和广大读者批评指正。

编　者

2019 年 5 月

广东人民出版社　党政精品图书

围绕中心，服务大局，做最具高度、深度和温度的主题出版物

中宣部主题出版重点出版物

《中华人民共和国通史》（七卷本）

· 全国第一部反映中华人民共和国70年光辉历程的多卷本通史性著作
· 中央党校、中央党史和文献研究院权威专家倾力打造

《账本里的中国》

一册册老账本，串起暖心回忆，讲述你我故事，体味民生变迁。

《全国革命老区县发展史丛书·广东卷》

· 挖掘广东120个革命地区的红色记忆
· 中国老区建设促进会牵头组织

《红色广东丛书》

· 广东省委宣传部重点主题出版
· 传承红色基因、弘扬革命精神

本书配有智能阅读助手，为您1V1定制

《潮州市潮安区革命老区发展史》阅读计划

帮助您实现"时间花得少，阅读体验好"的阅读目的

建 议 配 合 二 维 码 一 起 使 用 本 书

您可根据自己的学习需求，量身定制专属于您的阅读计划：

阅读服务方案	阅读时长指数	为您提供的资源类型	帮助您达到以下学习目的
1. 高效阅读	阅读频次 较低　每次时长 较短　总共耗费时长 ■■	总结类	快速学习和掌握红色精神。
2. 轻松阅读	阅读频次 较高　每次时长 适中　总共耗费时长 ■■■	基础类	简单了解革命老区的历史。
3. 深度阅读	阅读频次 较高　每次时长 较长　总共耗费时长 ■■■■	拓展类	继承和发扬红色精神，推动老区发展。

针对您选择的阅读计划，您可以享受以下权益：

立刻获得的主要权益

▶ **专享本书社群服务：** 提供创造价值与私密的深度共享服务，群内分享阅读干货，发起话题探讨
▶ **1套阅读工具：** 辅助您高效阅读本书，终身拥有

每周获得的主要权益

▶ **专属热点资讯：** 16周社科文学类资讯推送，每周2次
▶ **精选好书推荐：** 16周文学社科热门好书推荐，每周1次

长期获得的主要权益

线下读书活动推荐： 精选活动，扩充知识开拓视野
不少于1次

抢兑礼品： 免费抽取实物大礼
不少于2次限时抽奖

微信扫码

添加智能阅读助手

只需三步，获取以上所有权益：
1. 微信扫描二维码；
2. 添加智能阅读助手；
3. 获取本书权益，提高读书效率。

❶ 鉴于版本更新，部分文字和界面可能会有细微调整，敬请包涵。